변화를 두려워하지 않는

성공한 직업인들이 들려주는 15가지 지혜

신택현 외 14인 지음

예신 Books

머 리 말

현대 사회를 3C의 시대라고 합니다. 3C는 변화의 시대(change), 고객의 시대(customer), 경쟁의 시대(competition)를 표현하는 것으로 지금 우리 모두는 변화와 경쟁의 시대에서 살아가고 있습니다.

요즈음 직장인들 사이에 유행하는 용어들 중 오륙도(56세까지 회사에 있으면 도둑이라는 뜻), 사오정(45세가 정년이라는 의미), 삼팔선(직장인으로 38세를 넘기기가 어렵다는 뜻), 이태백(20대 태반이 백수라는 의미), 5.18(오십대에도 일하는 사람은 팔자가 좋은 사람이라는 뜻)이라는 신조어들은 이제 하나의 낱말이 되었습니다.

오늘날 많은 직장인과 비즈니스를 하시는 분들이 자신들을 변화시키기 위해 여러 모임에 가입하여 study를 하기도 하고, 각종 세미나를 통해 인맥과 지식을 형성하기도 하고 무엇인가를 차별화 하기 위해 부단히 자기계발에 최선을 다하고 있습니다.

이 책은 seri 포럼에서 운영하고 있는 한국프레젠터협회(http:// www.seri.org/forum/koreapt/) 회원들 중 15명이 공동으로 집필한 책으로 각기 다른 산업의 현장에서 배우고 느끼면서 값지게 얻은 체험과 대한민국 최고의 산업현장에 흐르는 숨소리를 담은 책입니다.

"인생에서 경험만큼 위대한 스승은 없다."는 말이 있습니다. 고귀한 경험을 통해 체득한 값진 내용들을 통해 많은 분들이 지금보다 더 적극적이고 긍정적인 사고를 지니기를 바라며, 자기 발전을 위해 자신의 행동에 대한 변화를 끊임없이 추구하기를 기대합니다.

성공의 방정식은 "정신자세와 열정과 실행능력의 곱"이라고 합니다. 꼭 돈을 많이 벌고 사회적으로 인정받는 사람만이 성공했다고는 볼 수 없으나 진정한 성공은 자신의 분야에서 전문성을 가지고 가치 있는 일을 할 때 느낄 수 있는 것이라 여겨집니다.

바쁘신 일정에도 불구하고 그동안 이 책이 출간 되기까지 참여한 15명의 공저자님들께 진심으로 감사드리며 보이지 않는 곳에서 성원과 지원을 아끼지 않은 일진사 편집부 여러분께 다시 한 번 감사드리며 항상 행운이 가득하시길 기원합니다.

신택현 외 14인

Contents

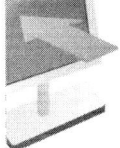

영업은 프레젠테이션이다

나는 1994년 내 나이 26살에 국내 농약업계 2위 업체인 (주) 경농 인사 파트에서 사회생활의 첫 발을 내딛었다. 모든 신입사원이 그렇듯 나 또한 새로운 조직에 적응하기 위해 최선을 다했고, 직무 지식과 인간관계를 배우기 위해 쉬는 날 없이 바쁘게 시간을 보냈던 것으로 기억한다. 그랬던 때가 엊그제 같은데 지금 나는 어느덧 직장 12년차, 그 시간 동안 과연 내가 뭘 배웠고, 무슨 일을 했나 생각해 보니 내세울 부분이 그리 많지 않음에 반성하게 된다.

12년 동안 한 직장에서 근무했다고 하면 능력이 없는 사람이라고 치부될 수도 있겠지만, 남들이 이곳저곳 옮겨 다니면서 경력계발을 하는 동안 나는 한 직장에서 여러 업무를 수행하며 경력을 계발했다. 여러 직장을 옮겨 다니며 몸값을 올린 친구들을 여럿 보았지만 그 친구들의 얘기에 따르면 그것은 그리 즐거운 것만은 아니었다. 새로운 환경에 적응하기가 쉽지 않다는 것이었다. 경력사원이 초월해야 하는 부분이 아니냐고 물으면, 꼭 그렇지만도 않다며 고개를 흔드는 모습이 애처롭기도 했다. 전 직장보다 연봉을 많이 받을 수도 있고, 직책이 상승할 수도 있지만, 그 만큼의 책임과 업무량이 기다리고 있다는 얘기였다. 나 역시 경력계발 차원에서 직장을 옮겨 볼 생각을 안 해 본 것은 아니다. 하지만 한 우물을 파더라도 제대로 한번 파 보자는 생각이 요즘 부쩍 많이 드는 건 왜일까?

12년 동안의 나의 직무 경력은 인사, 기획, 교육 부서 4년, 전산 부서 5년이다. 그리고 지금의 영업관리 부서에서 수석과장으로 3년째 재직 중에 있다.

5년 동안의 전산 파트 직무 경험은 색다른 경험이었다. 일반 관리직 사원이 어떻게 전산직을 할 수 있는지 궁금하게 생각하는 사람도 많겠지만 나는 컴퓨터를 무척 사랑한다. 그러한 열정과 관심이 컴퓨터와 더욱 친해질 수 있었던 원동력이었다.

94년 입사 초기 내가 일했던 회사에서 사용하는 오피스 프로그램은 DOS용 로터스123, 큰별 워드, MS-웍스, dBaseⅢ, 아래아 한글 1.51 등 지금과 비교해 보면 정말 형편없는 것이었다. 컴퓨터 사양도 인텔 286급이 대부분이었고, 부장, 과장급에게만 인텔 386급 컴퓨터가 보급되는 등 OA 수준이 매우 낮았다. 그때 신입사원이었던 내가 마이크로 소프트웨어라는 잡지를 통해 자주 접했던 윈도우 3.1과 MS-OFFICE 5.0이라는 프로그램을 도입하자고 회사에 과감하게 제안했다. 결국 제안은 받아들여졌고, 처음으로 내가 그 프로그램을 사용하게 되었다. MS-OFFICE 5.0 프로그램은 3.5인치 디스켓 20여 장을 설치해야 윈도우 3.1 운영체계에서 돌아갈 수 있었는데, 설치하는 시간이 장장 2시간 정도 걸렸던 것으로 기억된다. 당시 MS-OFFICE 5.0을 사용했던 사람이라면 기억할 것이다.

나는 그때 엑셀, 워드, 파워 포인트를 처음 만났지만, 매뉴얼을 보며 프로그램 하나하나를 배워 가는 것이 너무 재미있었다. 그 후 사내 오피스 강사로 직원들을 상대로 강의를 하게 되었는데, 그 시절을 돌이켜 생각해 보면 어떻게 그런 열정을 표출할 수 있을까 싶을 정도로 나에겐 잊지 못할 시간이다.

오피스 보급을 위한 사내 강사로 활동할 때는 단지 전산교육으로만 생각했는데, 지금 생각해 보면 내가 꿈꿔왔던 멋진 프레젠터의 첫 출발이 아니었나 싶다. 그러한 전산 강사 활동이 인정되어 나는 전산팀에 발령을 받아 개발·기획부터 시스템 개발·운영까지 두루 경험할 수 있었다.

지금도 전산팀에 근무하는 분들을 보면 얼마나 고생이 많을까 하는 생각을 한다. 전산팀 근무는 밤샘 작업도 많았고, 공휴일도 없이 프로젝트를 수행해야 했기 때문에, 지금까지 내가 살아왔던 시간 중 가장 고생스러웠던 기간이기도 했다. 다시 전산팀에서 근무하라고 한다면 사양하고 싶고, 주변에서 전산을 하고 싶어 한다면 만류하고 싶을 정도이다.

지금은 전산팀에서 영업관리 부서로 3년 전에 전환 배치되어 현재까지 영업관리 업무를 담당하고 있다. 영업관리 부서에서 하는 일은 매출, 수금관리, 영업 계수관리, 반품관리, 지점관리, 영업정책 검증, 영업사원 및 지점 여직원 교육 업무이다.

내가 지금까지 영업관리 부서에서 3년간 근무하면서 느꼈던 영업 프로세스와 한국프레젠터협회를 만나면서 알게 된 프레젠테이션과의 상관 관계를 이야기할까 한다.

고객은 훌륭한 비즈니스 프레젠터를 원한다

프레젠터는 새로운 시대, 지식과 창조사회의 꽃이라고 할 수 있다. 왜냐하면 프레젠테이션이란 창조된 가치의 약속이며, 프레젠터는 그 창조된 가치의 약속을 보여주는 사람, 즉 비즈니스의 최일선 또는 한 중심에 있기 때문이다. 따라서 영업사원은 영업이란 비즈니스를 할 때 고객의 진정한 니즈(needs)를 이해하고, 그 니즈를 충족시켜 줌으로써 고객이 기대하는 가치를 실현해야 하는 책임이 있다. 그렇다면 그 기대 가치를 어떻게 실현할 수 있을까?

충분히 준비하자

영업을 하는 사람들이 많이 사용하는 고사성어가 있다면 아마도 "지피지기(知彼知己)면 백전백승(百戰百勝)"이라는 말일 것이다. 즉 영업사원이 거래처 방문이나 영업 또는 상담 등에서 상품의 우수성 및 제안서 내용에 대한 프레젠테이션을 할 때 고객에 대한 충분한 사전 지식이 없다면 훌륭한 영업사원이라 할 수 없기 때문이다. 즉 프레젠테이션에도 파레토 법칙인 80:20법칙이 적용된다. 사전준비가 80이라면 프레젠테이션은 20정도 밖에 안 된다는 것이다. 그만큼 사전준비가 중요하고, 철저한 준비로 무장했을 때 강한 자신감과 열정에 찬 설득과 프레젠테이션이 가능하게 된다.

이때 고객은 영업사원의 철저한 사전준비 자세와 열정을 보고, 구매를 결정하게 되며, 그 영업사원에게 받은 인상이 또 다른 구매를 창출하게 되어 더 높은 영업실적을 올릴 수 있다는 것이다.

우리 회사에서 광주지역 지점장을 했던 분의 사례를 보면, 그 분은 입사 후 몇 년을 빼고는 줄곧 영업 우수상을 받아왔는데, '우수상을 받을 수밖에 없겠구나' 싶을 정도로 영업하기 전의 사전준비가 철저했다. 남들보다 일찍 출근하고, 남들보다 늦게 퇴근하면서, '어떻게 또는 얼마나 고객에게 팔아야 하는가'가 아닌, '고객들은 과연 무엇이 필요할까'라는 부분에 대해 많은 고민과 연구를 한다고 한다.

영업은 단순히 물건을 고객에게 파는 행위가 아니다. 사전적 의미의 영업은 상품이나 서비스를 고객에게 필요한 경로로, 필요한 도구를 활용해, 필요한 시기 이전에 판매해 고객만족과 기업의 이익을 꾀하는 활동이다. 즉, 영업은 고객의 필요를 충족시켜 주는 활동이라고 말할 수 있다. 그 필요를 충족시켜 주려면 항상 고객과 많은 정보를 교류해야 하고, 고객에게 이런 것이 필요하다고 정보를 주기 전에 미리 정보 수집 및 분석을 통해 그 필요를 먼저 제시하게 되면 고객은 감동해 그 영업사원이 추천한 상품을 구매하지 않고는 못 배기게 되는 것이다.

사전 준비의 요건 중에 가장 중요한 부분은 부단한 연습이 아닌가 싶다. 누군가 "최고의 프레젠테이션은 최고로 잘 짜여진 각본임을 명심하라."고 말했다. 훌륭한 프레젠터는 끊임없는 자기 계발을 위한 노력과 더불어 반복적인 연습을 통해 이루어진다. 그러기 위해서는 고객을 만나기 전에 반드시 리허설을 해보아야 한다. 동료 또는 가족들 앞에서 그들이 고객이라 생각하고 리허설을 해보자. 그들은 당신의 잘못된 점을 진심으로 체크해 줄 것이다.

고객을 파악하자

영업을 하기 전에 해야 하는 사전준비의 가장 중요한 부분은 고객의 정보를 파악하는 일일 것이다. 어떤 상품이나 서비스를 판매하는 사람들에게 고객에 대한 정보를 수집하고, 관리하는 일은 아무리 강조해도 지나침이 없다. 경쟁 프레젠테이션이나 실제 영업을 할 때 고객에 대한 정보를 경쟁사보다 더 많이 알게 되면 고객의 감동을 이끌어내 경쟁에서 승리할 수 있고, 그 고객을 통해 더 많은 잠재 고객을 창출할 수도 있다.

영업사원들을 보면 영업 활동 초기에는 고객 정보를 수집하고, 관리하기 위해 많은 노력을 하다가도 어느 정도 시간이 흐르면 고객 정보 관리에 소홀해지는 것을 종종 보게 된다. 대부분 체계적인 고객 정보 관리보다는 자신의 기억력을 과신하게 되기 때문이다. 하지만 이것은 상당히 위험한 행동이다.

"고객은 동사다." 적십자 광고 문구인 "사랑은 동사다."라는 말은 내가 자주 응용해 쓰는 말이다. 고객은 움직인다. 무한경쟁 시대에서 나의 경쟁사 또는 경쟁자들은 나의 고정 고객을 타깃으로 오늘도 열심히 영업 활동을 하고 있다는 사실을 간과해서는 안 된다. 내가 오늘 나의 고객들에게 소홀하거나 고객의 중요성을 망각한다면 나의 영업 실적은 비례적으로 낮아질 수밖에 없다. '움직이는 고객을 잡기 위해 나는 지금 무엇을 해야 할까?' 모든 관점을 고객 중심적으로 바꿔야 한다. 고객의 일거수일투족을 파악하고, 영업 준비를 한다면 그 고객이 반드시 나의 실적을 올려 줄 것이라 확신한다.

벤치마킹도 기술이다

수많은 사람들이 영업을 하게 되면 대부분 최고의 영업실적을 올리고 싶어 한다. 그리고 최고의 연봉을 받고 싶어 한다. 하지만 현재의 영업 환경은 모든 영업사원이 탁월한 성과를 올릴 수 있는 블루 오션이 절대 아니다. 영업 전쟁에서 승리한 영업인의 모습이 무엇인지, 그들이 어떻게 최고의 영업 달인이 되었는지 벤치마킹하는 것이 중요하다. 자료를 인용해 '영업 달인의 9가지 성공법칙'을 살펴보자.

- 영업에 대한 신념과 열정을 가졌고, 영업이라는 일을 좋아하거나 좋아하려고 노력한다.
- 높은 목표를 세우고 이를 달성하기 위해 끊임없이 노력한다. 즉 승부 근성이 있다.
- 기존의 영업 패러다임을 바꾼다.
- 자신에 맞는 자신만의 독특한 영업 노하우가 있다.
- 고객에게 팔려고만 하지 않는다. 고객이 마음을 열어 스스로 구매하게 만들고, 새로운 고객을 추천하도록 만든다.
- 영업 초기부터 최고의 성과를 올리는 것은 아니다. 수많은 시행착오와 좌절을 겪는다.
- 남보다 부지런하고, 더 열심히 일한다.
- 고객과의 신뢰를 가장 중요하게 생각한다. 고객과의 약속을 생명처럼 중요하게 여긴다.
- 고객을 위해 자기 자신을 희생한다. 시간, 돈은 물론 고객의 기쁨과 슬픔도 함께 한다.

위의 9가지 성공의 법칙은 당연한 것이고, 누구나 다 아는 내용이다. 즉, 우리는 답을 알고 있는 것이다. 하지만 실천하기란 그리 쉬운 일이 아니다. 영업의 달인들은 대부분 최고의 프레젠터라고 할 수 있다.

최고의 프레젠터는 청중, 즉 고객을 잘 설득하고 이해시킨다. 그것으로 인해 고객은 새로운 상품과 서비스를 구매하게 되는 것이다. 고객은 영업사원의 프레젠테이션을 귀로만 듣지 않는다.

고객에게 프레젠테이션을 할 때 말로 내용과 사실을 전달하지만, 고객은 그 영업사원의 음성, 발음, 외모, 태도 등을 통해 구매 동기가 유발될 수도 있다. 멋진 영업사원이 멋진 목소리와 태도로 멋지게 상품을 소개한다면 그 상품을 구매하지 않을 고객은 아마 없을 것이다. 따라서 영업사원은 프레젠테이션 스킬을 함양하는데 노력해야 한다.

국내 삼성전기의 사례를 보면 수원 사업장에서 각 사업부별 영업부서 대표 11명이 참가한 가운데 프레젠테이션 경연대회를 개최했다고 한다. 그만큼 최근 기업들이 영업사원 프레젠테이션 능력을 강화하기 위해 많은 노력을 하고, 큰 관심을 보이고 있다.

영업사원이 아무리 두뇌가 명석하고 풍부한 지식이 있다 해도 고객에게 그것을 명확하게 전달하지 못하면 가치를 인정받을 수 없다. 고객이 이해하고 가치를 인정해야만 고객에게 유익한 것이다. 그 만큼 영업사원에게 프레젠테이션 스킬 교육이 절대적으로 필요하고, 영업사원은 스스로 고품격 프레젠터가 되기 위해 최선의 노력을 기울여야 할 것이다.

영업실적은 프레젠테이션 스킬이 좌우한다

앞에서 영업사원에게서 프레젠테이션 스킬이 얼마나 중요한지를 강조했다. 치열한 영업 경쟁에서 '고객의 마음을 사로잡는 설득력 있는 프레젠테이션 스킬은 없는가?', '어떻게 하면 프레젠테이션을 잘

해서 영업실적을 올릴 수 있을까?' 하는 부분이 많은 영업사원들의 고민이다. 그렇다면 영업실적을 향상시킬 수 있는 프레젠테이션 스킬에 대해 알아보자.

프레젠테이션의 프로세스

◎ 사전기획 및 준비를 해라

영업 대상인 고객에게 어떤 정보를 전달할 것인가를 준비하기 위해서는 적절히 자료를 수집하고, 철저히 준비를 해야 한다. 3P, 목적(Purpose), 청중(People), 장소(Place)에 대해 철저히 분석하고, 고객에게 설명할 시나리오를 작성해 전체적인 설계를 해본다.

◎ 프레젠테이션 자료 작성

반드시 파워포인트로 작성하지 않아도 되지만 설득력을 최대로 이끌어 낼 수 있는 매체(파워 포인트, 유인물, OHP, 비디오 등)를 선정하여 작업한다. 프레젠테이션 자료 작성시 프레젠테이션할 장소를 반드시 고려해 작성해야 한다. 예를 들어 프레젠테이션 청중이 다수일 경우 파워포인트로 작성하여 빔 프로젝터를 활용하는 것이 효과적이다.

◎ 프레젠테이션 마무리

프레젠테이션 내용을 수정·보완하고, 팀원이나 동료들 앞에서 실전 리허설을 해본다. 그리고 화법이나 내용 등에 대한 엄중한 평가를 받아 잘못된 부분을 수정한다. PMP(Practice Make Perpect) 원칙을 철저히 이행해 연습하고 또 연습한다.

◉ 프레젠테이션 평가

프레젠테이션의 궁극적인 목적은 고객을 설득함으로써 구매 행동을 유도하는 것이다. 프레젠테이션 평가를 통해 고객의 반응을 파악하고, 구매동기를 재확인해 영업실적과 연결되도록 노력한다. 만약 실패한 프레젠테이션이라면 그 실패 원인을 철저히 분석하고 점검해 다음 프레젠테이션 준비에 시행착오를 겪지 않도록 해야 한다.

영업실적을 향상시키는 프레젠테이션 스킬

◉ 프레젠테이션 전략을 세워라

명확한 영업 목표를 세우고, 그 목표를 달성하기 위한 세부적인 실천계획(Action Plan)을 수립한다. 그리고 고객에 대한 정보를 사전에 최대한 많이 수집한다. 고객에 대한 구체적인 설득 전략을 명확히 세워 고객을 만나야 한다.

◉ 효과적인 준비는 성공의 첫걸음

• 우선 고객에 대해 연구해야 한다. 고객의 지식수준, 구매 경험, 관심 사항, 재무상태, 구매 결정자 정보 등을 사전에 파악해 영업 프레젠테이션을 해야 한다. 프레젠테이션을 할 때 고객의 정보를 100% 활용하게 되면, 팔이 안으로 굽듯이 그 고객의 프레젠테이션 관심도와 설득력이 제고될 것이다.

• 보다 효과적으로 아이디어 및 준비된 자료를 정리해야 한다. 고객 맞춤형 프레젠테이션 자료를 작성하고, 필요하다면 노트북 및

차트 등 시청각 자료를 적절히 활용한다. 또한 첫인상 및 이미지를 단정히 해야 한다. 고객을 만나는 영업사원은 사전에 거울을 보며 자신의 이미지 메이킹을 통해 고객에게 좋은 인상을 심어주어야 영업실적으로 연결될 수 있다. 미소와 깔끔한 복장 및 용모를 사전에 확인하고, 될 수 있으면 손거울을 준비해 식사 후 등에 본인 이미지의 취약점을 확인한다.

◎ 고객 앞에서 절대 떨지 마라

누구나 청중이나 대중 앞에서는 긴장하게 되고, 약간의 긴장은 유익하다고 한다. 그러나 고객은 성공적인 프레젠테이션을 기대하므로 지나친 긴장을 통해 고객에게 좋지 않은 인상을 준다면 프레젠테이션 자체가 평가절하 될 수 있다. 긴장을 풀기 위한 심호흡, 맨손체조 등을 하도록 하자. 가장 중요한 것은 성공하겠다는 열정과 할 수 있다는 자신감이다. 철저한 리허설을 통해 고객에게 긴장된 모습을 보이지 말아야 한다.

◎ 효과적으로 전달할 수 있는 언어 선택에 민감해야 한다

고객 앞에서 프레젠테이션 할 때의 언어는 가장 간결하면서도 직접적인 어휘를 사용해야 한다. 연설투의 화법보다는 대화식의 스토리 텔링 방식을 이용하고, 프레젠테이션 도입부에 예화 및 유머를 활용해 고객의 마음을 환기할 필요가 있다. 또한 말하는 속도와 강약을 조절해야 하며, 무의미하게 되풀이 되는 언어, 속어, 은어, 비어, 사투리는 피해야 한다. 아나운서의 발성법 및 명강사의 강의를 벤치마킹하는 것도 필요하다.

프레젠테이션 초반에 승부를 걸어라

프레젠테이션은 초반 5~10분 이내에 좌우된다고 한다. 그러므로 초반에 고객의 주의를 집중시킬 수 있는 정제된 언어와 시청각 자료를 강화해 고객의 흥미를 유발해야 한다. 수십 장의 기획서보다 함축적으로 표현한 한 페이지의 기획서가 인정받듯이 프레젠테이션도 초반에 핵심 주제를 정확하고 분명하게 전달해야 고객이 프레젠테이션 전체를 듣지 않아도 영업사원이 무엇을 말하려는지 파악할 수 있다. 초반을 성공적으로 이끌기 위한 방법은 문제제기(issue), 흥미부여(funny), 설명하고자 하는 바의 압축적 표현, 암시, 주의력 환기로 분위기를 형성하는 것이다.

적절한 유머와 예화를 활용해라

프레젠테이션은 일단 재미있어야 한다. 지루하거나 연설문을 읽듯 진행한다면 고객은 흥미를 잃거나 프레젠테이션 장소를 벗어나고 싶어 할 것이다. 프레젠테이션을 재미있고, 재치있게 끌고 가기 위해서는 긴장해소, 흥미 유발을 위한 유머와 공감, 긍정성, 참신성을 위한 예화를 적절히 활용해야 한다. 이때 유머와 예화를 프레젠테이션 내용과 별개로 구별해서 해서는 안 되고, 자연스럽게 프레젠테이션 내용 및 성격에 맞는 적절한 것을 선택해야 한다. 지나치게 유머와 예화를 많이 사용하면 자칫 고객이 웃다가 영업사원이 무엇을 말하려고 했는가를 잊을 수 있다.

보디랭귀지(비언어적 요소)를 효과적으로 사용해라

커뮤니케이션 연구에 따르면 메시지는 말 이외에도 여러 가지 수

단으로 전달되는 것으로 나타나고 있다. 메시지의 대부분이 몸의 움직임, 태도, 표정, 말의 억양, 음조의 변화 등 비언어적인 매체로 강력하게 전달된다는 것이다. 따라서 말을 할 때 손을 사용하는 것이 필요하다. 그러나 사람을 향해 손가락질 하는 것은 예의 바른 제스처가 아니다. 검지로 청중을 가리키는 것은 금물이다. 대신 프레젠테이션의 요점을 설명할 때 손가락으로 하나씩 숫자를 센다든지, 길이나 넓이를 표현할 때 두 손을 사용하는 것은 좋다. 제스처는 무엇보다 매끄럽고 자연스러워야 한다. 다른 사람들의 다소 과장된 제스처를 보며, 진지해 보이면서 편안한 제스처를 스스로 개발하는 것이 중요하다.

프레젠테이션에서 몸을 움직이는 것 또한 중요하다. 똑같은 자리에서 가만히 서서 프레젠테이션을 하게 되면 누구나 지루함을 느끼게 된다. 신체를 움직이지 않으면 감정이 억제되지만, 위치를 바꿔 여러 방향으로 움직이면 요점을 강조하는데 도움이 된다. 또한, 규칙적인 움직임은 힘과 여유를 갖게 해 고객 앞에서 자신감을 높여준다.

◉ 질문에 현명하게 대응하라

순조롭게 프레젠테이션를 진행해 프레젠테이션을 끝냈다 해도 고객과의 '질의응답'에 올바른 대답을 제시해야만 비로소 프레젠테이션에 성공했다고 할 수 있다. 프레젠테이션 후 질문에 제대로 응답하지 못하면 발표에 대한 신뢰성이 무너질 수 있으므로 방심하지 말아야 한다.

성공적으로 질문에 답하기 위해서 영업사원은 예상 문답을 만들어 대비할 수 있어야 한다. 그러나, 만약 100개의 질문에 대해 100개의 답변을 준비해도, 실제 질의응답에서 101번째 질문이 나올 수 있으므로 기본을 확실히 익혀야 한다.

영업사원이 고객의 질문 사항에 어떻게 답변하느냐에 따라 프레젠테이션이 성공했는지의 여부가 판가름 나고, 고객의 궁금한 사항을 만족시켜 줄 때 이것은 영업실적으로 연결된다.

◎ 멋있는 마무리로 프레젠테이션을 장식하라

프레젠테이션을 성공적으로 했지만 마무리가 무미건조하거나 강렬한 이미지를 주지 못했다면 그 프레젠테이션은 실패로 끝날 수 있다. 따라서 프레젠테이션 마무리는 좋은 결론과 여운을 남겨야 한다. 기억에 남을 만한 유명 인사의 명언을 인용해 좋은 인상을 주거나 프레젠테이션 전체를 요약하고 결론을 강조해 고객에게 분명하고 긍정적인 마무리를 해야 한다. 또한 프레젠테이션 자료를 고객에게 배포해 다시 한번 검토하게 하고, 고객의 반응을 면밀히 모니터링해서 프레젠테이션의 성공 여부를 판단해야 한다.

영업사원은 멋있는 프레젠테이션을 하기 위해서 상기 프레젠테이션 스킬을 끝없이 연습해야 하고 준비해야 한다. 고객은 동사다. 무한 경쟁 원칙이 적용되는 영업현장에서 살아남고, 1인자가 되기 위해서는 고객을 이해하고 고객의 니즈를 명확하게 파악해야 한다.

영업사원으로서 성공하기 위해서는 항상 상존하는 위기(危機)를 위험과 기회라는 양면성으로 인식해야 한다. 금신전선(今臣戰船), 상유

십이(尙有十二)라는 말이 있다. 이순신이 12척의 배로 울돌목 전투, 명량해전 등에서 왜선 333척을 격퇴한 것처럼 긍정적인 사고와 열정이 있다면 어떠한 프레젠테이션이든지 영업 전선에서 승리할 수 있다고 확신한다. 영업 활동을 둘러 싼 환경에서의 가장 큰 변화는 고객 니즈라고 할 수 있다. 고객의 니즈는 점점 고도화, 다양화 되어가고 있다. 이에 부응하기 위해 영업사원은 단순한 상품이나 서비스를 파는 사람이 아닌 고객과 상호 이익이 되는 파트너십을 확립해야 한다. 즉 고객의 이익은 물론, 자사 이익의 향상을 달성하고, 경쟁사가 모방할 수 없는 장기간에 걸친 파트너로서의 관계를 유지한다면 고객과의 관계를 더욱 강화할 수 있다. 이러한 고객 이익의 창출이라는 점에서 프레젠테이션을 준비한다면 고객은 반드시 구매결정을 행동을 옮기게 될 것이다.

생각을 바꾸면 행동이 바뀌고, 행동을 바꾸면 습관이 바뀌고, 습관을 바꾸면 인생이 바뀐다고 했다. 나의 행복한 가정과 영예로운 나의 미래를 위해 오늘, 무엇을 할 것인가를 고민한다면 당신은 이미 성공한 것이다.

- 최영환

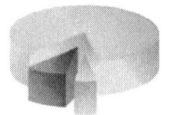

티끌 모아 태산이다

티 끌 모아 태산이라고 말한다. 그렇다면 태산은 무엇을 말하는 것일까?

태산(泰山)은 중국 산동성 중부에 위치한 산으로, 중국 오악(五岳) 중 첫째이다. 태산은 매우 신성하게 여겨져, 고대 중국의 황제들이 봉선(封禪) 의식을 행해 왔다. 해발 1,545m로 크게 높은 산은 아니지만, 중국 산동성 중부는 구릉지대로 큰 산이 없는 곳이기 때문에 태산은 단연 최고로 높은 산이었으며, 산동성 일대의 광활한 평야와 견주어 예로부터 높은 산의 대명사였다.

7천여 개의 계단 등반으로도 유명한 태산은, 정상에서 바라보는 경관도 볼만하지만, 그보다는 산 입구의 일천문(壹天門), 산 중턱의 중천문(中天門), 산 정상의 남천문(南天門)으로 이루어지는, 하늘로 올라가는 세 개의 관문을 통과하며 오르는 등반 과정에서 더욱 웅장함과 커다람을 느끼게 한다. 이러한 태산의 위용이 유명한 시조를 낳기도 했다.

태산이 높다 하되 하늘 아래 뫼이로다

오르고 또 오르면 못 오를리 없건마는

사람이 제 아니 오르고

뫼만 높다 하더라.

이러한 태산에서 유래해 '티끌 모아 태산' 이라는 속담이 나오게 된 것이다. 티끌 모아 태산과 일맥상통하는 사자 성어로는 적소성대(積小成大), 진합태산(塵合泰山), 적진성산(積塵成山) 같은 사자성어가 있다.

'티끌' 은 순 우리말이다. 아주 작은 것이라는 의미지만, 생각해 보면 이 티끌이 얼마나 엄청난지 알고 있을까? 청소를 게을리 하면 집안 구석구석에 먼지가 뿌옇게 쌓여 있는 것을 볼 수 있을 것이다. '티끌' 에 대한 좋은 비유이다. 다른 곳에서 티끌을 찾아보면, 바닷가의 모래이다. 모래의 입자는 매우 작지만 넓은 바닷가를 덮고 있어, 티끌이라는 단어에 대한 좋은 예가 될 수 있다.

그렇다면 이제는 현실에서 티끌을 모아 성공한 기업의 이야기를 소개할까 한다. 바로 주식회사 링네트이다. 이 회사는 엘지 전선 정보통신사업부 전신으로, 현재 내가 근무 중인 회사이다. 링네트는 소규모에서 출발한 회사다. 2000년에 30명이 모여 시작된 밀레니엄(Millenium) 기업이다.

밀레니엄을 모르는 사람은 없을 것이다. 밀레니엄은 유명한 시사어와 '말, 말, 말' 을 만들어 낸 해였다. 대표적인 것이 밀레니엄 베이비. 그래서 1999년과 비교했을 때 2000년에는 출산율이 훨씬 높았다고 한다. 노스트라다무스의 1999년 7월 지구 멸망 예언이 지나간 지 얼마 되지 않아 인류를 초긴장에 빠트렸던 무서운 숫자이기도 했다.

새천년, 새 시대, NEW를 생각하게 하는 이 숫자는 많은 문구에 상용되기도 했다. 그래서 19세기와 20세기를 시작한 지 천 년이 지나 다시 시작된 21세기는 그야말로 감격의 시간들이었고, 많은 사람들이 21세기의 시작과 더불어 자신의 소망을 기원했던 시간이기도 했다. 그리고 또 하나 IT의 최절정 시기였다. 첨단 IT(Information Technology) 산업의 서막을 열기라도 하듯 미래의 IT를 보여주었던 것이다.

밀레니엄에 태어난 링 네트는 현재 6년 된 IT 기업이자 110명의 직원으로 이루어진 중견 기업의 회사다. 지난 6년 간 링 네트의 가장 큰 견인차는 누가 뭐라 해도 아주 작은 티끌을 버리지 않았다는 것이다. 우리는 모든 전사적 환경에서 아주 작은 것들을 중요하게 만들어 온 '티끌 문화'를 만들어 왔다. 이것은 어떤 기업도 흉내 낼 수 없는 우리만의 차별화 전략, 즉 블루오션(Blue Ocean)이었다.

김 위찬 교수와 르네 마보안 교수의 야심작 『블루오션』이 2005년 한국을 한 바탕 휩쓸고 지나간 후 그 블루오션은 우리 링네트에서도 이루어지고 있었다. 그야말로 우리 링네트의 블루오션은 IT의 혈전 속에서 우리만의 틈새와 지속적인 영업 전략과 전술을 통한 시장 공략과 특화 솔루션 그리고 집중화였다.

우리는 작지만 큰 기업, 우리의 미래를 미리 영상을 돌려 보고 분석해 한걸음 더 나아갈 수 있는 위치를 찾았다는 것이다. 작은 전등 하나, 작은 종이 한 장부터 모든 업무에 이르기까지 소중히 여기는 마음 말이다.

사실 기업이 전체적인 사업을 검토하고 진행하다 보면 작은 부분들을 지나치게 마련이다. 그런데 한 기업의 성공과 실패는 이 작은 것,

즉 작은 돌부리에 넘어져 망하지 큰 바위에 넘어지지는 않는다는 것이다.

작은 먼지가 모여 우주를 만든다. 작은 하나하나의 항목들이 모여 전체 프로젝트를 감싸고 있다는 것을 끊임없이 공부하고, 학습하고 따라 하기를 통해 깨닫게 된 링 네트는 작은 것들을 모으게 된 것이다. 여기서 우리의 따라하기는 모방과는 다른 것이다. 모방은 누군가의 사례를 동일하게 적용해 보는 것이지만 우리의 따라하기는 성공 사례의 장점만을 분석해 우리의 장점을 더 강하게 만드는 따라하기였던 것이다.

링 네트가 작은 것을 소중히 여기게 된 것은 큰 줄기를 가지면서 만들어 간 기업이었기에 냉정한 평가를 받는다고 하더라도 대부분의 평가에서 성공 기업의 모델을 찾을 수 있다고 확신한다. 그래서 작은 것을 소중히 여기는 기업이야말로 성공하는 기업이라고 생각한다.

데이브 앤더슨의 저서 『If You Don't Make Waves You'll Drown』의 테마 중의 하나도 바로 작은 것에서부터 시작한다. 즉 성공과 만족은 공헌도가 크냐, 작으냐에 달려 있는 것이 아니라 세상을 바꿔 나가려고 노력하는데 있다는 것이다. 이것은 작은 것에서부터 나오는 자기 동기 부여(Self Motivation)를 말하는 것이다.

마찬가지로 링 네트는 스스로 학습하고, 스스로 만들어 가는 기업 문화를 만들어 온 것이다. 작은 것에 충실한 반면 아무도 상상하지 못한 일을 만들었는데 그 중 하나가 바로 지식 경영(Knowledge Management)이다. 지식 경영은 링 네트의 비전(Vision)과 미래 그리고 얼굴을 만들어 갈 하나의 축과 테마이다. 지식 경영은 오늘의 링 네트를 있게 한 원동력이자 시스템이며, 문화였다.

현재 수많은 NI(Network Integration)업계 기업들이 있다. 그러나 어느 누구도 쉽게 지식 경영을 도입하려고 하는 NI업계 기업은 없다. 이제 지식 경영은 낯설지 않은 용어가 되어버렸을 만큼 우리 주변에는 수많은 기업들이 유행처럼 도입해 왔고 아직도 도입해 나가고 있다.

예컨대 한국 내 기업 가운데 링 네트 규모의 작은 회사가 지식 경영을 도입하고 실행해 본 기업은 아마 거의 없을 것이다. 대기업과 제조사, 서비스 업계를 중심으로 도입되고, 검토 되어 온 경영 기법이기 때문이다.

지식 경영에서도 링 네트와 작은 것과는 연관이 있다. 지식 경영의 실행 모델이 바로 COP(Community of Practice)이기 때문이다. COP는 작은 Study 그룹과도 같은 소규모 단위 학습 조직이다. 링 네트에는 6개월 단위로 새로운 학습 조직을 만들어 활동하도록 시스템화 되어 있다. 이에 2005년 7월 사내 COP 활동의 주제를 'Presentation Skill Up COP'로 정했다. COP활동의 효과를 높이기 위해 오프라인 모임을 찾던 중 삼성 경제 연구소 SERI 포럼에서 한국프레젠테이션협회(Korea Presentation)를 알게 되어 협회 회원으로 활동을 하게 된 것이다.

COP활동의 사내 시삽은 내가 맡았지만 오프라인 모임의 참석자는 한 사람뿐이었다. 주최자나 스텝 그룹이 아니었기 때문에 처음에는 어색하고, 적응하기 어려운 부분들이 있었지만 시삽과 잘 커뮤니케이션 된 스텝진의 도움으로 모임은 금새 재미가 넘쳤다.

모임의 평균 참가자는 30~40명 정도였지만 항상 도전을 주는 강사진의 내용과 참여한 사람들의 열정에서 모임에 매력을 느끼게 되었다. 사내 COP 직원들과 같이 참석하게 된 한국프레젠테이션협회 오프라인 모임은 SERI 내 다른 오프라인 활동보다 훨씬 더 활력을 불어넣는 내용을 전달하고 있었다.

우리 COP 요원들은 한국프레젠테이션협회 모임이 파워 포인트(Power Point) 활용만을 필살기로 학습하는 오프라인 그룹으로 생각했었는데 오히려 더 많은 강의 기법과 또 다른 실행력과 화술, PT기법들을 배울 수 있었다고 이구동성으로 이야기를 나누곤 했다.

지난 해 11월 처음으로 한국프레젠테이션협회 모임 과정에서 파워포인트 필살기를 학습하는 시간을 갖게 되었다. 사실 그 전까지는 파워포인트라는 것이 직장인이면 누구나 쉽게 업무에 활용할 수 있다고 생각했기 때문에 오프라인 모임은 화술과 PT에 집중되어 있으리라고 짐작했다. 그러나 11월에 학습한 협회 파워포인트 필살기는 정말 재미있고, 좀더 흉내 내기 좋은 학습이었다. 기억나는 작품으로는 '독도'가 있다. 파워포인트로도 애니메이션 못지 않은 훌륭한 작품을 만들 수 있다는 것을 알게 된 작품이었다.

우리 사내 COP와 오프라인 모임과의 만남은 여기서 끝나지 않고, 2005년 12월 당사 사내 지식 경영의 축제라고 할 수 있는 지식 경영 페스티벌을 통해 다시 이루어졌다. 그래서 우리는 사내 지식 페스티벌 이전에 우리 학습 COP의 활동을 마무리 하는 시간으로 준비하기 시작했다. 우리는 작품에 전사 직원 및 가족들이 함께 다녀 온 강원도 정선 레일 바이크 사진 모음을 배경으로 채우고 배경 음악에 해와 달의 〈축복〉을 넣어 '링네트, 바로 당신입니다' 라는 메시지를 전달했다.

그렇게 우리 사내 COP 2005는 막을 내렸다. 그러나, 12월에 참석한 한국프레젠테이션협회 오프라인 모임은 한 해를 결산하며 최강의 강사진이 활동을 하며, 더 많은 강사진이 함께 나눌 수 있는 강의를 해 주어 뜻 깊은 자리였다.

얼마 전 사내 임원진과 래리 보시디의 『실행에 집중하라』를 읽고 이야기를 나눈 적이 있다. 지속적으로 실행하는 것, 즉 매일 끊임없이 작은 시간을 투자해 계획에 따라 실행하는 것이 가장 중요하다는 것을 깨달은 시간이었다.

작심삼일(作心三日)이라는 말을 많이 들어 보았을 것이다. 특히, 연초에 사람들은 이번에야 말로 실행할 수 있는 계획을 세워 목표를 달성하겠다고 다짐하곤 한다. 최근에 깨달은 것이지만 작심삼일을 삼일 간격으로 반복해서 실행하면, 즉 3일에 한번씩 계획을 세우면 항상 자기 계획 속에 살 수 있다. 결국 지속적인 실행으로 목표에 도달하는 계획을 수립하면 조금씩 실행할 수 있는 것이다.

직장 생활에서 그리고 지속적으로 실행하는 일에 있어 가장 중요하게 생각하는 것을 말하고 싶다. 'Leading Timing' 이것이 내가 생각하는 가장 효과적인 그리고 가장 훌륭한 전략과 전술이라고 생각한다. 처음에는 'Timing', 즉 과녁을 향해 조준해 쏘아 올린 화살이 정확하게 과녁에 맞듯 시간에 맞춰 정확하게 실행한 일들이 목표 달성에 가장 중요한 요소로 생각해왔다. 그러나 어느 날 밤늦게까지 생각을 하던 중에 다시 용어를 바꾸게 되었다. 그것은 바로 시간을 움직이는 계획, 전략과 전술, 실행의 법칙이야 말로 'Timing' 보다 더 훌륭한 방법 'Leading Timing' 이라는 것을 깨닫게 된 것이다.

이것은 축구 선수가 4년마다 한 번 열리는 월드컵을 위해 자신과의 싸움으로 땀을 흘리고, 골을 넣어 승리하는 장면을 생각하며 끊임없이 연습하고 준비하는 것과 같은 이치이다. 이것은 미리 자신의 미래를 영화처럼 만들어 놓고 반복해서 보며 자신을 그렇게 만들어 가는 것과 같다. 자신이 승리의 순간을 맛보는 것을 목표로 하루하루를 준비하며 흘리는 피와 땀, 이것이 바로 'Leading Timing' 이다. 그리고 'Leading Timing' 은 'Moving Timing' 으로 연결된다. 결국 시간을 내가 움직여 내가 원하는 시간에 내가 이루고자 하는 목표를 만들어 내는 것이다.

우리는 '시간이 없어 못했다' 라는 말을 자주한다. 그러나 이것은 변명밖에 되지 않는다. 만일 자신이 가장 하고 싶고, 원했던 일이 있었다고 한다면 시간이 없어서 못했다는 말은 할 수 없을 것이다. 왜냐하면 자신이 원하고 하고 싶은 것은 시간을 쫓아 또는 시간에 맞춰 할 것이기 때문이다. 그러나 이것은 지극히 수동적인 시간에 얽매인 'Timing' 이다.

'Timing' 은 '시간을 움직여 내가 시간을 만들어 가는 타이밍', 즉 'Leading Timing' 과 '시간에 쫓겨 끌려 다니는 타이밍', 즉 그냥 'Time' 으로 나뉜다. 당신은 어떤 'Timing' 을 원하는가?

이제 한국프레젠테이션 협회와 링네트가 같이 달려갈 새로운 제2의 도전의 시간이 왔다. 그것은 협회를 개설하고, 회원을 모집해 오프라인 활동을 하듯, 회사를 설립하고 매출과 이익 목표를 달성해, 사업을 확장했던 모든 일들의 기초를 다져 새로운 목표점을 향해 달려갈 때 새롭게 준비해야 하는 시간인 것과 같다.

예를 들어 오프라인 모임에 가면 '333운동', 즉 하루에 3번 포럼 사이트 방문하기, 하루 3번 답 글 달기, 하루 3번 글 올리기 등의 운동에 관해 이야기한다. 이런 운동이 바로 지속적으로 실행하는 실행력

중의 하나이다. 이제 이것은 단순한 운동이 아닌 포럼의 문화, 링네트의 문화가 되어야 한다. 그리고 이것은 다른 포럼과 기업에도 마찬가지로 적용된다.

21세기는 엄청난 변화의 소용돌이 속에 살아가는 시대다. 그래서 어쩌면 우리는 더 복잡하고 힘들게 살아가고 있는지도 모른다. 또한 21세기를 혼자만 잘 사는 시대라고도 한다. 즉 '혼자 놀기'의 진수를 보여주듯 혼자 아주 훌륭하게 모든 일을 잘 한다는 것이다. 그러나 둘 이상 같이 놀아보라고 하면 어색해 하고 어떻게 놀아야 하는지 모르는 것이 21세기를 살아가는 사람들의 문제라고도 한다. 같이 놀기 위해서는 서로 의사소통(Communication)으로 이해하고 인내하는 과정이 필요하기 때문이다. 그런데 혼자 놀기에 익숙한 21세기 인(人)들은 같이 놀기를 해보지 않았기 때문에 혼자 놀 때보다도 더 잘 놀지 못하는 것이다.

이제 우리 모두 21세기 정신과 육신에 '다 같이 놀기'의 모습을 찾아 주어야 한다. 같이 놀면 그만큼 더 재미있고, 신이 나는 'Sinergy'가 있다는 것을 알아야 한다. 그래서 한국프레젠테이션 협회와 링네트는 같이 노는 협회와 기업이 되어야 한다. 리더들이 먼저 같이 놀기를 보여 주어야 한다. 같이 놀기는 편을 나누거나 끼리끼리의 모임이 되어서는 안 된다. 여기에도 작은 리더들의 실천, '티끌 모아 태산'의 법칙을 만들어 낼 수 있다.

돌이켜 생각하면 작은 것이 얼마나 소중하고 중요한 것인가를 다시 한번 깨닫게 된다. 수십 년 동안 떨어진 작은 물방울이 바위를 쪼개듯, 손가락만한 구멍이 큰 댐을 무너뜨리듯, 수억 마리의 정자가 경쟁을 이기고 하나의 생명체가 되듯, 천 원짜리 한 장이 아프리카 어린이의 삶을 하루 늘리듯, 작은 눈송이가 눈사태를 만들듯, 야쿠르트 한 병이 연간 2,300억의 매출을 올리듯, 물고기 두 마리와 보리떡 다섯 개가 오천 명을 먹이고도 남았듯, 2002년 한국이 세계를 놀라게 한 붉은 악마와 4강 신화를 낳았듯, 우리는 작지만 엄청난 크기의 힘과 변화를 만들어 낸 작은 것들이 얼마나 소중하고 값진 것인가를 이미 알고 있다.

이제 작은 것을 소중히 여기며 살아가는 삶에 당신을 초대한다. 해답은 이미 당신의 마음속에 있다. 당신의 열정과 마음을 꺼내어 보라. 그러면 열릴 것이다. 그리고 그것이 태산이 될 것이다.

－한정훈

직장인 필살기

직장인 필살기(필히 알아야 살아남는 기법, 이하 필살기)라고 하니 좀 거창한 것 같지만 직장인이 필살기를 위해 무엇을 해야 할 것인가를 나의 경험을 통해 이야기할까 한다.

직장인이 필살기를 위해 무엇을 해야 할 것인가?

첫째, 배우고 공부하는 것이다. 배움에는 왕도가 없다고 말한다. 어떤 이들은 배우고 공부하라고 하면 배우고는 싶지만 나이가 들어서, 시간이 없어서 등의 여러 가지 이유를 말한다.

나는 지금 컴퓨터에 어느 정도 달인이 되었지만 처음부터 그랬던 것은 아니다. 마이크로소프트사에서 윈도우95가 출시가 되었을 당시만 해도 나는 컴퓨터에 '컴' 자도 모르는 이른바 컴맹이었다. 컴퓨터를 잘 아는 회사 직원에게(당시 그 직원은 24, 나는 28살이었다) 부탁해 점심 식사 후 30분씩 컴퓨터를 배웠다.

처음 컴퓨터를 접하니 잘 모르겠고 알려줘도 금방 잊어버리기 일쑤였다. 나는 특단의 조치로 후배 직원에게 실수할 때마다 자로 나의 손등을 때리라고 했다. 그는 어떻게 그러냐고 했지만 그래야 내가 정신을 차려서 배운다고 설득해 나는 손등을 맞아가며 컴퓨터 실력을 늘려갔다. 주변 사람들은 나이 먹어 무슨 망신이냐, 후배한테 맞으면서 컴퓨터를 배우고 싶냐는 등의 말로 나를 비아냥거렸다. 그때마다 나는 '그래, 지금은 내가 이렇지만 나중에 보자'라고 되뇌며 컴퓨터를 배웠다. 그렇게 하기를 3개월, 남에게 아쉬운 소리를 하지 않아도 윈도우95와 오피스를 할 수 있게 되었다. 그러나 회사에서만 컴퓨터를 하다 보니 실력이 늘지 않아 큰맘 먹고 당시 펜티엄급 노트북을 사게 되었다. 노트북을 들고 다니며 회사와 집 양쪽에서 사용하니 컴퓨터를 배우는 것이 한결 수월해졌다.

그런데 어느 날 문제가 발생했다. 노트북을 사용하다 윈도우를 다시 깔려면 하드를 포맷해야 하는데 그 방법을 몰랐던 것이다. 그때마다 회사 경영정보실에 부탁하거나 경영정보실에 아는 사람의 소개로 용산에 찾아가 부탁을 하곤 했다. 그러다 보니 아쉬운 소리를 해야 하고 오고가며 시간을 보내는 것이 아까워 책을 사서 공부 하기 시작했다. 모르는 부분은 물어도 보고 포맷하는 방법과 그 밖의 여러 가지 것들을 하나하나 배워나갔다. 포맷하는 방법을 알게 되자 하루에 3번이나 포맷을 한 적도 있었다. 하나하나 알아가는 것이 재미있고, 좋았던 것이다. 그것을 경험하지 않은 사람은 모를 것이다.

회사에서 비아냥거리던 직원들이 나를 부러워하기 시작했다. 그때마다 나는 지금이라도 늦지 않았으니 공부하라고 조언하며 '모르는 것은 부끄러운 것이 아니다. 모르면서 알려고 하지 않는 것이 부끄러운 것이다'라고 말하곤 했다.

'늦었다고 생각할 때가 가장 빠르다'는 말이 있다. 못한다고 생각하는 것은 하지 않겠다고 생각하는 것과 같다. 지금 바로 계획을 세워, 배우고 공부하자. 그러면 꿈은 이루어질 것이다.

둘째, 건전한 On-Off Line 모임에 참석하는 것이다.

나는 약 3개 정도 포럼의 On-Off Line에 참석하고 있다. 처음 모 사이트의 모임에 참석했을 때는 이른바 먹고 노는 모임이어서 다시는 어떤 Off 모임에도 참석하지 않기로 마음먹었다. 그러던 중 2004년 4월 삼성경제연구소 포럼의 파사모의 총회에 참석하게 되었다. 지금까지 내가 생각했던 Off 모임의 고정관념이 완전히 뒤바뀌는 순간이었다. 그 모임은 서로 자료를 공유하고 있었고 배움의 열기가 가득했다. 모임이 끝나면 술 한잔하는 시간이 있겠지 생각했는데 끝나기가 무섭게 해산하는 것이었다. 바로 이런 모임이 Off-Line 모임의 정석이다 싶은 생각에 한 달에 한 번 정모에 참석했더니 배움은 물론 인간관계 네트워크도 구축되고, 나에게는 인생의 또 다른 전환점이 되었다. 약간은 내성적이었던 나는 모임에 나가 여러 사람을 만나면서 많이 활달해졌고 파사모 포럼에서 챔피언 회원과 교수진으로 강의도 하게 되었다.

'왜 좀더 일찍 이런 것을 알지 못했을까' 하는 생각이 들기도 했다.

또 다른 Off 모임은 '디프리'로 '디지털 프레젠테이션 모임'이라는 단체였다. 그 모임의 90% 이상이 강사를 직업으로 갖고 있었기 때문에 그저 평범한 직장인이자, 강의와는 전혀 관련이 없는 업무를 하고 있었던 나는 계속 정모에 참석해야 하나 하는 갈등이 생겼다. 그러나 한편 내가 모르는 분야를 알아가는 것도 언젠가 도움이 될 것이라는 생각에 계속 정모에 참석했고, 강사님들의 공유 자료를 보며 많은 도움을 얻을 수 있었다. 파워포인트라는 프로그램으로 쟁쟁한 강사님들 앞에서 강의도 하게 되었는데 그 순간이 얼마나 떨렸는지 모른다. 아무리 자료를 잘 만들어 기획해도 발표를 제대로 하지 못하면 정말 아무것도 아닌 것이 되는구나 하는 것을 깨닫게 되었고, 프레젠테이션의 중요성도 다시금 생각하게 된 계기였다.

그래서 나는 한국 프레젠터협회라는 포럼에도 참석하게 되었다. 남들은 업무에 꼭 프레젠테이션을 하지 않아도 되는데 왜 시간을 낭비하느냐고 말하기도 한다. 그렇지만 나는 프레젠테이션이 꼭 해당되는 분야에서 일하는 사람만 배워야하는 것이라고 생각하지 않는다. 후에 사업을 하게 되어 투자자를 유치해야 하는 경우 아무리 사업 아이템이 좋고 훌륭해도 그것을 프레젠테이션하지 못하면 많은 투자자를 끌어 모으지 못할 것이다. 그래서 평소 이러한 모임에 참석해 여러 가지 프레젠테이션 기법을 익힌다면 필요시 적재적소에 활용할 수 있는 것이다. 이러한 자기계발은 시간이 흘렀을 때 그 차이가 분명히 나타나 직장에서 자기의 몸값을 높이는 길이 된다. 나의 내성적이던 성격은 이러한 Off 모임에 참석하면서 활달한 성격으로 변해갔다. 그리고 지금도 변하려고 노력중이다. 직장에서도 2~3년 사이 많이 성장했다고 칭찬한다. 이것은 시간을 투자한 결과이다. 그러나 아는 사람들에게 이러한 모임에 참석하라고 하면 그들은 시간이 없다고 말한다. 그러나 정말 시간이 없는 걸까?

진정한 자기의 가치를 높이는 길은 자기계발을 위한 시간의 투자에 있다. 이렇게 긍정적인 변화를 불러오는 Off 모임에 참석해 자기 역량을 개발하는 것도 직장인의 필살기라고 할 수 있다.

셋째, 가정에 충실하라는 것이다.

가정에 충실하는 것과 직장인 필살기가 무슨 관련이 있을까 생각할 것이다. 그러나 집에서 부모님과 다투거나 부부 싸움을 하고 출근하면 그날 하루가 행복하고, 즐겁고 상쾌할까? 아마 그날 하루는 더없이 우울하고 힘겨운 날이 될 것이다.

내가 참여하는 3개의 Off 모임 중 2개는 주말에 정모가 열린다. 믿을지 모르겠지만 정모에 참석한다고 하면 나의 아내는 적극적으로 밀어준다. 이렇게 아내가 적극적으로 밀어주기 시작한 것은 가정에서 사건이 일어난 후였다.

저녁에 쿠션에 기대어 TV를 보고 있는데 큰 아들 녀석이 나와 똑같은 자세로 누워 TV를 보는 것이었다. 나는 아이들에게 "TV를 보려면 똑바로 앉아서 봐야지."라고 말했다. 그러자 아이가 "흥! 아빠도 누워서 보면서……."하는 것이었다.

사실 나는 그 말에 큰 충격을 받았다. '아이들 앞에서는 숭늉도 못 마신다'는 옛말이 생각났다. 그때 나는 '아이들에게 좋은 아빠가 되지는 못하더라도 나쁜 아빠는 되지 말자' 다짐했다. 그래서 실천한 것이 퇴근 후 아이들에게 동화책을 읽어주고 유치원에서 있었던 일을 물어보고, 자주 스킨십을 하며 사랑한다는 말을 해주고 잠잘 때 이불을 덮어주고, 뽀뽀해주며 잘 자라고 말해주는 것이었다. 아이들은 좋아했다.

아이들이 잠들면 아내와 30분 정도 차를 마시며 대화를 나눴는데 이것은 하루도 빼놓지 않았다. 그리고 한 달에 한 번은 무조건 야외에 나가 연극을 보거나 놀이동산에 갔다. 주말에는 설거지도 하고, 가족을 위해 밥을 짓기도 했다. 평소에 이렇게 잘해야 주말에 정모를 가도 말리지 않는 것이다. 평소에 가정에 잘하지 못하면서 주말에 정모나 모임에 간다고 하면 누구도 좋다고 하는 사람은 없다.

옛말에도 가정이 화목해야 만사가 형통하다고 했다. 작은 것에 충실한 사람이 큰 것에도 충실하듯 가정에 잘 하는 사람이 밖에서 일도 잘하는 법이다. 가정에 충실하는데는 큰 것이 필요한 것이 아니다. 작은 관심과 배려이다. 마찬가지로 직장이나 모든 일에도 작은 관심과 배려는 남을 세움과 동시에 나를 세우는 것이다.

넷째, 돈을 투자하는 것이다.

돈을 투자하라는 말은 큰 돈을 투자하라는 뜻이 아니다. 책을 사거나 배우는 것에 돈을 아끼지 말라는 것이다. 나도 엑셀, 워드, 파워포인트 등 문서를 다루는 프로그램은 책을 보며 독학했다.

모르는 건 On-Line 상에 질문도 하고, 고수에게 물어보기도 하면서 조금씩 알게 되었다. 정모에 참석하면 1만 원이라는 정모 참가비를 내야한다. 그렇지만 반드시 1만 원 이상의 배움과 지식이 쌓인다.

필자는 지금 플래쉬, 화술, 웹 디자인 쪽을 집중적으로 공부하며 투자하고 있다. 항상 배우면서 생각하지만 어느 것 하나 쉬운 것이 없다. 그러기에 더욱 더 노력해야 하는 것이다. 투자한 것이 지금 당장은 보이지 않겠지만 점점 시간이 가면 반드시 그 성과가 나타난다.

'피할 수 없다면 즐겨라' 는 말이 있다. 지금 정상에 서 있는 사람들은 어느 날 하루아침에 정상에 선 것이 아니다. 정상에 오르기 위해 비전(Vision)을 세우고 부단한 자기계발을 통한 노력을 쌓아 정상에 올랐을 것이다.

우리는 성공이라는 정상에 서기 위해 비젼을 통해 꾸준히 자기계발을 해야 한다. 그러기 위해서는 지금도 결코 늦지 않았다. 지금부터라도 비전을 세우고 실행하자. 천리 길도 한걸음부터 시작되듯 사고의 변화는 행동의 변화를 가져오고, 행동의 변화는 장래 운명의 변화를 가져온다. 꾸준한 자기역량 계발이 자신의 운명을 바꿀 수 있는 것이다.

－김수천

프레젠테이션의 허와 실

꼼꼼씨는 오늘 회사를 대표해 기획 제품을 설명하러 간다. 아침부터 부산했던 꼼꼼씨. 몇 번이나 체크를 했고, 팀장님과 과장님 앞에서 시연했던 프레젠테이션 평가도 좋았던지라 그는 자신에 가득 차 있다. 오늘 따라 햇살도 밝고, 기분이 상쾌하다. 오늘 프레젠테이션 결과가 회사에 큰 이익을 준다고 생각하니 어깨까지 으쓱해진다. 프레젠터로 의욕과 자신이 생긴 꼼꼼씨는, 자신이 타고난 프레젠터라 생각하며 아낌없이 자신감을 충전한다.

그는 회의 장소에 도착해 주차를 한다. 가방을 챙기고 백미러에 비친 멋진 자신에게 윙크를 하며 차에서 내린다. 당당한 발걸음으로 설명회장으로 가는 꼼꼼씨. 꼼꼼씨는 준비해 온 유인물과 프레젠테이션을 손볼 요량이다.

그러나 회의장의 노트북에 USB를 꽂은 순간 꼼꼼씨의 눈앞이 아찔하다. '읽은 수 없는 파일입니다', '어쩌지? 어떻게 하지?' 순간, 당황한 꼼꼼씨의 눈이 뻘겋게 충열된다. 인터넷이 연결되었는지 다급히 확인하는 꼼꼼씨의 등줄기로 식은 땀이 흐른다. 회의장의 담당직원에게 자신의 상황을 다급히 말해 봤지만 방법을 찾을 수가 없다. 어이없는 꼼꼼씨, 오늘따라 눈부시게 밝은 햇살이 짜증난다.

꼼꼼씨는 그 동안의 기획, 제작, 연습, 실행 등을 체크하며 고생했던 모든 것들이 물거품이 된다고 생각하니 처참해진다. 이를 어쩐다. 입이 바짝 말라간다. 포기하기에는 너무 큰 프로젝트이다. 설명회 시작 10분 전. 과연 꼼꼼씨의 선택은?

진정한 프레젠터라면 수단적인 프레젠테이션을 사용해야 한다. 프레젠테이션을 전적으로 믿고 의지해서 그 외에 아무것도 하지 못한다면 진정한 프레젠터가 될 수 없다. 프레젠테이션을 하는 방법은 다양하며, 진정한 프레젠터는 프레젠테이션에 의존하기 보다는 내용을 충분히 인식하고 진행 전략에 더욱 신경을 써야 한다. 프레젠테이션은 만능이 아니다. 활용적 수단과 방법으로 프레젠테이션을 이용한다는 것을 잊지 말자.

자, 지금 이 순간 당신이라면 꼼꼼씨의 상황에서 어떻게 할 것인가?

"다음은 ○○기관에서 나오신 ○○씨 입니다."

이름이 소개되고 사람들의 시선이 당신에게 집중된다. 진정한 프레젠터라면 이러한 상황에서 어떻게 대처했을까? 이러한 당혹한 상황을 유머를 통해 말함으로써 청중의 동정표를 얻고, 차분히 유인물로 대처해 충실히 설명해 보는 것은 어떨까?

프레젠테이션의 허와 실

Episode 1 허 & 실

허 : 프레젠테이션은 신이다.	실 : 프레젠테이션은 도구이다.

프레젠테이션의 준비만이 최고의 준비이다. NO
프레젠테이션만 있으면 설명이 저절로 된다. NO

프레젠테이션을 잘 기획하고 제작하면 자신감이 생기고 힘이 넘치지만, 프레젠테이션은 보조적 수단으로 사용해야 한다. 준비를 철저히 한만큼 꼼꼼함과 준비성을 나타낼 수 있지만 이는 상품과 기획에 신뢰성을 주기에는 무엇인가 부족하다. 프레젠터의 어조, 설명 내용의 객관성, 목적에 맞는 모든 기획과 제작이 따라야 훌륭한 프레젠테이션을 할 수 있다.

프레젠터가 프레젠테이션을 너무 의지한 나머지 슬라이드 내용을 그대로 읽거나 프레젠테이션의 내용과 순서를 의식한 강약 없는 설명은 진정한 프레젠터가 아니다. 잘못된 프레젠테이션은 자료를 읽어주는 것만 못하다.

슬라이드를 단순히 읽어서는 안 된다. 노트를 이용해 슬라이드와 비슷한 뉘앙스를 풍기는 정보라든지 지식을 첨부하도록 하라. 만약 청중의 반응이 시원치 않다면 다음 슬라이드로 넘어가도록 한다.

진정한 프레젠터는 프레젠테이션의 내용을 효과적으로 전달하기 위해 그 구조와 내용을 다시 숙지해야 하며, 프레젠터가 기획과 제작을 할 경우라도 충분한 연습을 통해 재구조화 해야 한다.

멋진 프레젠테이션을 제작하는 것이 끝은 아니다. 여기에는 반드시 함정이 있다. 제대로 된 프레젠테이션 내용만 있으면 될 것이라는 생각은 큰 실수다. 어떻게 전달할 것인가? 어떤 것이 중요 포인트인가? '이것만은 꼭~'이라고 말하는 발표 스킬이 필요하다. 어떤 경우 프레젠터의 설명과 몇 가지 유인물로만으로도 충분히 좋은 설명을 맞출 수 있다. 충분한 연습과 성실한 준비만이 최고의 프레젠터를 만든다.

Episode 2 허 & 실

허 : 프레젠테이션 구성의 화려함이 주목을 끈다.	실 : 프레젠테이션의 시각화는 효과적인 전달력을 갖는다.

프레젠테이션의 화려한 도형 사용은 전달력이다. NO
무조건 프레젠테이션에 3D 도형을 도식화하여 꾸민다. NO
프레젠테이션에 슬라이드 효과가 많을수록 좋다. NO

프레젠테이션을 구상할 때 프레젠터가 실수하는 부분은 화려한 도형의 남용이다. 잘 조직화된 3D 구성은 눈을 즐겁게 하고, 주목을 끌 수도 있다. 허나 이것은 프레젠테이션의 중요한 핵심 포인트를 강조할 때 사용되어야 한다.

슬라이드 매장마다 의미 없는 도형의 난발은 무엇을 말하고 싶은지 몰라 식상해지기 마련이다. 결국 슬라이드 각 장마다 강약을 주는 도형을 사용하고 이미지 업을 해야 한다. 프레젠테이션의 이미지는 텍스트를 인식하기 이전에 전달하는 메시지가 분명해야 한다. 텍스트와 무관하거나 어울리지 않는 화려한 이미지가 오히려 독이 되는 경우를 많이 보아왔다. 이미지로 인해 말하고자 하는 텍스트 내용이 뒷전이 되어버리는 경우를 피해야 한다.

슬라이드 구성이 화려해서 주목을 받는 것이 아니라 내용에 힘이 있고, 좋은 제안이 효과적으로 전달되어지는 방법에 주목하자.

- 원리를 이용한 시각화 전략을 갖자.
- 내용과 무관한 디자인 작업을 피한다.
- 멋지다는 자료를 맹신하지 말고 재구조화 하자.
- 창의적인 감각을 키우자.
- 컬러화, 레이아웃화, 이미지화, 멀티미디어화를 하도록 하자.

◎ 슬라이드에 생명을 넣어라

색감을 부여하는 컬러화, 텍스트의 나열보다는 도해나 도표, 애니메이션 추가의 이미지화, 화면을 구성하고 배치해 강약을 주는 레이아웃, 슬라이드에 입체적 효과를 주는 멀티미디어화를 통해 슬라이드 각 장마다 역할을 주자. 이렇게 모인 슬라이드는 하나의 생명체처럼 제 역할을 다할 것이다.

◎ 슬라이드의 원리에 컨셉을 정하라

대상과 목적에 맞는 컨셉을 정하자. 사물에 대한 인식은 각도와 지위, 위치에 따라 다르게 판단된다. 정보를 선택하고 인식하는 인지원리는 색상의 형태와 불규칙, 비대칭, 색채들의 비중, 상대적인 원리에 따라 시각화된다. 일정한 컨셉에 따라 청중의 정보 인식을 위해 산만함을 지양하고 가급적 하나의 컨셉과 내용을 분배로 시각화하는 센스를 갖추자.

◉ 효과적으로 정보를 전달하는 전략 짜기

정보의 내용을 듣는 청중의 수준을 고려하는 것도 중요한 요인이될 수 있다. 학생들 앞에서 이야기할 때는 학생들의 수준에 맞게그리고 전문가들 앞에서 이야기할 때는 전문용어를 사용해도 무방하다. 또한 가능한 정보를 시각화(visual)해야 한다. 정보를 압축, 이를 입체화하는 것보다 프레젠테이션에서 중요한 것은 없을것이다. 우리가 일반적으로 1분간 말했을 때 들을 수 있는 글자의 양이 300자인데 반해, 시각적으로 보는 양은 약 6배가 넘는3,000자 정도라고 한다. 따라서 비쥬얼화를 통한 메리트는 제한된 시간 내에 이루어지는 프레젠테이션의 매력을 충분히 사용할수 있다. 슬라이드 시각화의 원칙은 '읽기 쉽고, 보고 싶고, 알기쉬운' 것이라고 할 수 있다.

Episode3 허 & 실

허 : 준비한 프레젠테이션은 다 해야 한다.	실 : 설명과 진행의 가이드로 프레젠테이션을 사용한다.

잘 만든 프레젠테이션은 준비한 만큼 다 해야 한다. NO
준비한 프레젠테이션 내용을 설명하지 않으면 실패한다. NO

프레젠테이션을 설명할 경우 시간 조절은 필수다. 가령 남은 시간이 7분인 경우 시간을 초과해 무리하게 보여줄 필요는 없다. 초보 프레젠터가 가장 많이 실수하는 이유 중의 하나가 준비한 내용을 충분히 보여줘야 한다는 욕심에 준비한 모든 것을 다 설명해야 한다는 강박관념에 시달리기 때문이다.

이런 경우 청중은 쓸데없는 내용을 지나치게 한다는 생각을 하게 되고, 도입 부분에 멋지게 제시했던 제안들은 오리무중이 된다. 무엇을 말한 것인지 간결하고 분명한 것을 프레젠터 스스로가 정하고, 이것만은 꼭 말하리라 하는 부분을 사전에 정해서 간결한 흐름으로 설명한다. 실제 상황에서는 프레젠테이션보다는 프레젠터의 태도와 신뢰감 있는 설명이 더 중요하다는 것을 명심해야 한다. 또한 시간의 엄수와 주어진 시간에 맞는 내용을 구성해 주제의 명확한 부각, 순서 있는 논리 전개, 중요 Point의 강조, 마지막 결론은 단아한 인상으로 끝맺어야 한다. 이를 통한 프레젠터의 확신과 신뢰감은 청중의 선택에 영향을 주는 핵심 요소이다.

명심하자. 프레젠테이션의 내용은 충분한 설명을 위한 도구로써, 진행 사항과 가이드의 역할을 위한 자료일 뿐이다. 자료를 다 보여주지 않는다고 해서 제품과 기획이 잘못되지는 않는다. 시간은 충분히 고려해서 지켜줘야 한다. 이것은 약속이자 신뢰감이다.

Episode 4 허 & 실

허 : 모든 대상이 좋아하는 프레젠테이션이 가장 좋다?	실 : 가장 좋은 프레젠테이션이란 대상에 맞는 맞춤형이다.

잘 만든 프레젠테이션은 모두가 좋아하는 프레젠테이션이다. NO 선호도가 높은 프레젠테이션 스타일이 가장 좋은 스타일이다. NO

프레젠테이션을 기획·제작할 때는 어떤 대상이 듣는가, 청중은 어디까지 의사결정을 할 수 있는가의 수준을 충분히 고려해야 한다. 대상이 청소년, 주부, 회사의 관리급, CEO냐에 따라 프레젠테이션이 얼마나 달라져야 할 것인가를 생각해야 한다. 보편적 스타일이나 선호도가 높은 스타일이 가장 좋은 프레젠테이션 제작이 아니다. 대상에 맞게 충분히 고려하지 않는다는 것은 맞지 않는 옷을 입은 것과 같다. 누구나 좋아하는 모자를 쓴다고 내게 꼭 잘 맞는 것은 아니다.

◉ 프레젠테이션을 위해 구체적인 대상을 사전에 조사하자

대상이 프로젝트 수주와 연결되는 경우, 특정 클라이언트를 설득해야 하는 작업이다. 누군가를 설득한다는 것은 결코 쉽지 않은 일이다. 확실한 논거를 바탕으로 이성적인 합의뿐만 아니라 감정적인 호응도 이끌어내야 하기 때문이다. 따라서 사전에 대상에 대한 정보를 가능한 많이 수집하고 아주 작은 성향까지도 파악해서 결정권을 갖고 있는 대상에 맞는 프레젠테이션 스타일을 개발해야 한다. 만약 결정권자가 이 분야에 정통한 전문가라면 철저한 지식으로 무장을 해야 함은 물론 그가 생각하지 못한 뛰어난 무기를 갖고 있어야 한다. 만약 클라이언트의 스타일이 개성을 중시하는 자유로운 스타일이라면 두꺼운 기획서와 구태의연한 진행 방식은 버려야 한다. 이때 중요한 것은 수집한 정보의 정확성이다. 잘못 파악했다가는 오히려 낭패를 보기 쉽다. 프레젠테이션은 쌍방향의 암묵적인 커뮤니케이션이라는 점을 명심해야 한다.

◉ 청중의 니즈(needs 수요)를 파악하라

프레젠테이션은 자신을 위해 하는 게 아니라 듣는 사람들에게 자신의 생각이나 필요한 정보를 전달하는 작업이다. 청중이 무엇을 원하는지 미리 조사하고, 프레젠테이션에서 전달하고자 하는 내용을 그 니즈에 맞춰 재구성해야 한다.

○ 프레젠테이션 목적에 맞는 슬라이드 구성하기

대상이 정해졌다면 프레젠테이션 목적 또한 분명할 것이다. 목적이 단순 설명인지, 선택의 설득인지, 객관적인 제안인지를 충분히 생각해 보자. 청중이 익숙해하는 심볼과 이미지 사진을 사용한다. 그 집단의 성격이나 조직이 좋아하는 이미지가 있으므로 비교 분석이나 설명을 위한 상징성을 충분히 발휘해 제작해야 한다. 친근감이 호감으로 호감이 선택의 요소로 변화되는 것을 포착할 수 있을 것이다.

Episode 5 허 & 실

허 : 훌륭한 프레젠테이션만 있으면 멋진 프레젠터가 될 수 있다.	실 : 아무리 좋은 프레젠테이션도 프레젠터의 능력을 뛰어넘을 수 없다.

멋진 프레젠테이션 제작만으로도 멋진 프레젠터가 될 수 있다. NO 프레젠테이션 내용만큼 프레젠터의 분명한 전달이 중요하다. YES

프레젠테이션이 잘 제작되어 그 내용의 핵심과 컨셉이 잘 표현되었다고 해도 그것을 설명하는 프레젠터의 보충설명이 없으면 그것은 쉽게 이해될 수 없다. 자료만 보고 이해가 된다면 잘 만들어진 프레젠테이션이 아닌 것이다. 프레젠테이션의 내용을 보러 오는 사람은 없다.

그것이 어떤 효과와 어떤 선택의 판단이 될지 분명하게 제시하는 것은 프레젠터의 역할이다.

교과의 질이 교사의 질을 넘을 수 없는 것처럼, 잘 만들어진 프레젠테이션은 플러스 요인은 될 수 있으나 그것이 전부일 수는 없다.

◎ 알아야 할 프레젠터의 자세

- 프레젠터는 그 순간만큼은 공인이 되어야 한다.
- 준비가 생각만큼 되어 있지 않아도 먼저 숙여 말하지 않는다.
- 편안한 표정으로 당당하게 말한다.
- 소지품까지 주의하는 세련미를 보여라
- 자신감이 상품과 기획의 가치를 말해준다.
- 순발력과 위기 대처 능력을 키우자.

유능한 프레젠터라면 전달하고자 하는 내용을 명확하게 이해하고 내용에 대한 확신을 가져야 하며 철저하게 준비해야 한다. 또한 돌발 상황에 대처할 수 있는 임기응변 능력도 갖춰야 한다. 프레젠터는 어떻게 보면 무대의 배우와 같다. 청중에게 감동을 주기 위해 엔터테이너의 역할을 감수해야 한다. 적절한 시선 안배, 표정 연기와 음성, 세련된 손놀림과 유머감각 그리고 위기상황 대처능력도 갖춰야 한다. 리허설을 통해 연습하는 것도 멋진 프린젠터가 되는 방법이다.

◎ 프레젠테이션 할 때의 화법

프레젠터의 억양과 말투는 비언어적인 의사표현으로써 매우 중요하다. 프레젠테이션의 보충 설명 시 가장 객관적인 기능과 사실을 설명할 수 있도록 하는 것은 물론이고, 좌중을 편안하게 유도하는 유머를 사용해 분위기를 한껏 띄우는 것 또한 프레젠터의 역할이다.

훌륭한 프레젠터는 따로 있는 것이 아니다. 자신에게 맞는 유형을 찾고, 자신이 분명하고 자신 있게 할 수 있는 스타일을 찾자. 사투리도 좋다. 특이하고 재미있는 아이템을 찾아보자. 스스로 어색하고 어설프다고 생각하지만 않는다면 충분히 개성으로도 받아들여질 것이다. 가장 자기다운 것이 가장 가치 있다는 것을 기억하자.

◎ 프레젠테이션 하기 직전의 프레젠터의 체크리스트

• 준비된 자료 확인 및 실제 상황 점검

– 준비된 요약전이나 시나리오를 어떤 위치에서 어떻게 참고할 것인가?
– 청중에게 필요한 자료가 충분히 제공되었는가?
– 조명과 각도는 청중을 위한 것인가? 쌍방 커뮤니케이션을 할 수 있도록 프레젠터의 위치를 잡는다.
– 목소리 성량을 어느 톤으로 할 것인가?(유무선 마이크 사용 확인)

• 복장 점검

– 어깨 부분이나 주머니 부분에 오물이 있는가?
– 단추는 잘 채워져 있는가? 주머니나 특정한 곳이 불룩하거나 접히지 않았는가?

– 구두나 신발 손질이 잘 되었는가?

– 여성의 경우 스타킹이나 치마 라인이 단정한가?

• 용모 점검

– 얼굴은 깨끗하고 수염, 코털은 보이지 않는가?

– 입 주위와 치아가 청결한가?

– 눈이 충혈되지는 않았는가, 안경은 바로 착용되었는가?

– 손이나 손톱 등은 청결한가?

'작은 차이가 명품의 차이를 만듭니다' 라는 광고의 문구처럼 프레젠터의 이미지는 작은 것에서부터 시작된다. 옥의 티를 만들지 않도록 주의 하자. 프레젠터는 브랜드라는 생각을 잊지 말아야 한다.

◯ 유능한 프레젠터

강단이든 사업 설명회든 그 순간에는 자신이 가장 훌륭한 존재라는 사실을 잊지 말자. 준비 과정이 어떻게 되었든, 그 순간에는 자신만이 내용을 가장 잘 알고 있는 전문가라는 사실에 힘을 얻자. '누가 뭐라 해도 내가 최고다' 라고 100번만 외치고 시작해 보자. 진정 유능한 프레젠터라면 준비하고 또 준비할 것이다. 연습만큼 성공을 위한 열쇠는 없다. 준비한 만큼 자신감이 생긴다. 끊임없이 분석과 노력하는 자세가 유능한 프레젠터를 만든다.

Episode 6 허 & 실

허 : 좋은 프레젠테이션을 만들기 위해서는 많은 인력의 공동 기획이 필요하다.	실 : 관점있고 핵심있는 한명의 기획만으로도 좋은 프레젠테이션이 된다.

제작을 위한 역할 분담은 필요하지만 키를 갖는 주체는 혼동이 없어야 한다. YES

기획은 다양한 점을 충분히 고려해야 하나 결정과 진행은 프레젠터가 한다. YES

'사공이 많으면 배가 산으로 간다' 는 말은 평범한 진리인 것 같지만 프레젠테이션의 기획에서는 절실히 나타난다. 말하고자 하는 컨텐츠를 어느 수준에서 어떻게 말할 것인가? 어떤 것을 단문화하고 어떤 것을 말로 설명할 것인가? 기획 단계에서 충분히 많은 자료와 데이터를 수집하는 것은 중요한 성공 요소임에도 불구하고 많은 것을 말하는 것보다는 분명하게 말하기 위해 자료를 수집해야 한다는 것을 간과해서는 안 된다.

조직의 목적에 맞는 내용 구성과 조직을 위해 도움을 받을 경우도 있고, 공동제작을 통해 보다 나은 프레젠테이션을 만들 수도 있다. 하지만 핵심 항목을 어떻게 구조화 할 것인가는 의사 결정의 단계이다. 프로젝트를 추진하는 주체의 선택 사항으로 남겨두고, 보충자료를 위한 데이터화에 협력하자.

기획→제작→실행이라는 단계별 순서에 일관된 흐름을 갖고, 요점을 간결하고 명확하게 전달하는 것이 요령이다. 기획에서부터 제작을 위한 자료 수집도 영역과 내용을 분명히 알고 요점을 놓쳐서는 안 된다. 제작단계의 이미지 또한 일관성 있는 아이템과 컨셉을 갖고 제작할 때 효과가 증진될 것이다. 프레젠터의 설명 또한 아무리 달변이라 해도 요점이 명확하지 않고, 장황하게 늘어놓기만 한다면 상대를 설득하기 어렵다. 프레젠테이션의 목표를 명확히 설정하고, 전달하고자 하는 핵심적인 사항을 일관된 논리 하에 간결하고, 명확하게 전달하려고 노력하자.

공동의 기획보다는 주체에 의한 기획을 권장한다. 프레젠테이션의 제작이나 과정 및 결과를 발표 때 충분한 피드백을 통한 지적으로 수정·보완할 수 있다. 또한 이런 경우 보다 구체적인 지적과 보완을 할 수 있으므로 보다 쉽고 명백하게 프레젠테이션을 만들 수 있다.

프레젠터의 일관성 있는 진행도 한몫 할 것이다. 장시간 듣는 청중에게 반드시 기억해야 하는 가장 중요한 내용을 도입부와 종결부에 반복해 인지시킨다면 일관된 흐름을 갖고 요점을 명확하게 전달하여 보다 분명한 프레젠테이션이 될 것이다. 일관성 있는 태도와 내용만이 충분한 이해를 돕는 가장 좋은 방법이다.

Episode 7 허 & 실

허 : 애니메이션 효과를 많이 사용해서 다이나믹하게 만들어야 한다.	실 : 애니메이션 효과는 꼭 필요한 부분만 사용한다.

내용의 강조를 위해 애니메이션 효과를 최대한 활용한다. NO
애니메이션 효과는 기능의 활용이므로 독특하게 보일 것이다. NO

제작 시 초보 프렌젠터가 실수하는 부분은 애니메이션 효과 부분이다. 애니메이션은 컨텐츠나 이미지 효과의 강조를 위한 것이지만 실제 상황에서 청중이 인지하는데 또는 내용을 파악하는데 마이너스가 되는 경우가 많다. 애니메이션 실행 순서에서 실수를 하거나 의도했던 대로 나오지 않을 경우 당황하는 프레젠터를 볼 때 참으로 안타깝다. 이미 청중들은 애니메이션 효과에 신선함을 느끼지 않는다. 불필요한 효과를 통해 내용을 인지하는데 더 혼란스럽게 느끼도록 할 필요가 있을까를 신중히 판단해야 할 것이다. 조금이라도 청중의 반응이 다음과 같을 수 있을지 다시 한번 검토하고 사용해야 한다. 과한 것은 모자란 것만 못하다.

- 프레젠테이션은 깜짝쇼가 아니다.
- 청중이 어지럽고 인지하기 혼란스럽다.
- 신기하거나 즐겁지 않고 식상하다.
- 애니메이션과 프레젠터의 말하는 속도가 맞지 않는다.
- 키를 잘못 눌러 의도하지 않은 애니메이션이 나온다.
- 한 슬라이드 안에서 시시각각 따로따로 움직인다.
- 기다리다 지쳐 집중하지 않는다.
- 쉬지 않고 계속되는 애니메이션 쇼
- 말하고자 하는 요지가 객체들의 날라옴인지 컨텐츠인지 다시 한 번 생각한다.

Episode 8 허 & 실

허 : 창의력 있고 파격적인 제작이 좋은 프레젠테이션이다.	실 : 벤치마킹을 통해 훌륭한 프레젠테이션을 분석 적용해 본다.

새롭고 창의적인 프레젠테이션이 최고다. NO
스타일에 맞는 틀이 있는 법, 조금 앞서가는 센스를 보인다. Yes
모방은 창조의 어머니다. 보다 전략적인 활용을 통해 창의력을 보인다. Yes

창의적이고 파격적인 프레젠테이션이 좋은 것만은 아니다. 기업이나 기관이나 그에 맞는 스타일이 있다. 기존의 스타일을 그대로 쓰는 것은 식상함의 대표지만 반대로 친숙함에 대한 인지일 수 있다. 창의적이고 매력적인 제작은 관심을 불러일으킬 수 있으나. 파격적인 도전과 시도로 반발심과 불편함을 줄 수도 있다. 집단의식을 간과하지 말아야 한다.

◎ 창의력 & 인숙함 - 벤치마킹하는 전략을 짜자

프레젠테이션을 만들기 전 가장 중요한 것은 동종의 목적을 가진 잘 만들어진 프레젠테이션을 조사해 보는 것이다. 다른 프레젠테이션을 보지 않고 바로 제작에 들어간다면 더욱 시대에 뒤떨어지는 결과를 낳을 수 있다.
벤치마킹을 할 때 중요한 것은 체계적이고 정확한 분석력이다. 경쟁 프레젠테이션은 무엇이 잘됐고, 무엇이 잘못되었는지 분석할 줄 알아야 제작하고자 하는 프레젠테이션을 보다 경쟁력이 있는 프레젠테이션으로 만들 수 있다.

모든 것에는 기본 룰이 있다. 슬라이드에도 조화가 있다. 강과 약을 표현하고 주와 부가 있다는 생각을 갖고 제작하자. 기본을 80%로 지키고, 20%는 새롭게 하여 신선함이 매력인 있는 프레젠테이션을 만들어야 한다. 진정한 창의력은 기본 스타일의 새로움이다.

Episode 9 허 & 실

허 : 무조건 화려한 전략을 쓴다.	실 : 기본에 충실함이 최고의 전략이다.

심플한 내용 제시는 가장 좋은 설득력이다. YES
목적에 맞는 전략을 가장 기본적인 심리적 설득으로 이어가자. YES

가벼움은 진실을 덮는다. 장시간 프레젠테이션을 잘 듣고, 화려한 말솜씨에 유쾌한 시간을 가졌어도 그것이 제시하는 명료함에 무게가 없어 인상에는 남지만 어딘가 의심스럽다는 느낌을 받아 본적이 있을 것이다. 청중에 대한 전략과 기관에 대한 전략을 세워도, 그것을 행함에 있어서는 진실한 무게와 진지한 태도를 압도하지는 못한 것이다. 기본에 충실할 수 있는 프레젠테이션을 만들자. 화려한 전략과 주의 집중은 그 내용을 뛰어 넘지 못한다. 비록 엉성한 이미지를 사용했다 해도 진지한 태도를 갖고 청중을 압도 한다면 청중의 마음이 흘러가는 것을 느낄 수 있을 것이다. 청중이 알기 쉽도록 내용을 충분히 설명해 숙지시킨다. 기본적인 목적과 범위에 맞는 태도만이 가장 중요한 요소일 것이다.

가끔 치장에 신경 쓰느라 진정 말하고자 하는 메시지를 놓치고 있는 것은 아닌지 의심해 봐야 한다. CF의 경우만 해도 상품의 이미지보다 연예인이나 모델에 대한 이미지가 강해 상품이 무엇이었는지 기억나지 않는 경우가 있다. 기본에 충신하는 것이 성공적인 프레젠테이션을 하는 지름길이다. 심플함이 힘이다. 기본에 충실해보자.

Episode 10 허 & 실

허 : 프레젠테이션의 충분한 설명이면 끝이다.	실 : 프레젠테이션 이후 유발되는 의문점과 정보를 제공한다.

프레젠테이션의 설명만으로도 충분하다. NO
준비한 프레젠테이션이 부족할 때는 성실한 태도로 일관한다. YES
질의응답에 대한 대처 능력을 중요시한다. YES

프레젠테이션을 충분히 잘 준비하고 설명한다면 프레젠터는 한숨 돌릴 수도 있다. 하지만 그것은 쌍방의 커뮤니케이션이 아닌 준비해 온 것을 펼쳐 보인 것뿐이다. 지금까지가 50% 완성이라면 질의응답 및 발표 이후의 태도가 50%를 차지할 만큼 중요한 부분을 차지한다.

초보 프레젠터의 실수는 여기에서 나타난다. 준비해 온 것을 잘 펼쳐든 것만으로도 최선이라고 말하지만 청중은 자신들의 역할이 있는 향후 문제점 질의나 궁금한 사항에 대한 성실한 대답과 태도에 더 높은 신뢰감을 갖는 다는 것을 명심해야 한다. 시작만큼이나 끝도 중요하다. 충분히 준비한 프레젠테이션이 빛나기 위해서는 질의응답에 대한 대처를 충분히 고려해야 한다.

◎ 프레젠테이션의 질의응답을 준비하기

프레젠테이션의 진가가 발휘되는 순간이기도 하다. 청중들과의 질의응답은 발표보다 더욱 집중되기 마련이다. 이를 통해 평가되기 때문에 아무리 효과적인 설명이 되었다 해도 질의응답에서 실패하면 결국 모든 것을 실패할 가능성이 크기 때문이다. 따라서 프레젠터는 질문 리스트를 만들고 미리 답변도 준비해야 한다.

일반적으로 프레젠터들은 질의응답에 대한 준비가 제대로 되어 있지 않으면, 당황하고 큰일 났다는 표정을 짓는데 이는 프레젠테이션의 신뢰감을 상실하게 만드는 계기가 된다. 따라서 프레젠터들은 질문을 받았을 때 환영한다는 태도와 자신감 넘치는 태도를 보여야 청중들의 신뢰를 얻을 수 있다. 또한 청중들이 발표자와 의견이 맞지 않다거나 엉뚱한 질문을 하더라도 질문자의 의견을 묵살하거나 체면을 손상시키는 것과 같은 대답은 절대적으로 피해야 한다. 즉, 반대의견의 제안 내용을 다른 각도에서 해석할 수 있는 의견으로 받아들이고 상대의 착안점을 칭찬하거나 감사하는 태도가 무엇보다 중요하다. 물론 여기서 무턱대고 상대방을 칭찬하거나 너무 지나친 감사의 태도는 오히려 불쾌감을 줄 수 있으니 주의해야 한다. 준비하는 자는 '아싸'를 준비하지 못한

자는 '아차'를 외친다.

'아차' 하면서 진땀을 빼는 일이 없도록 충분히 준비하고, 나만의
체크 리스트를 준비해 마무리를 잘 하도록 하자. 능력의 차이가
있는 것이 아니라 준비에 차이가 있는 것이다. 완벽한 준비 앞에
실수란 있을 수 없다.

- 노희숙

직장인에서 산업강사로

모처럼 즐거웠던 2박 3일 간의 강원도 여행은 그동안 함께하지 못한 가족과의 동행으로 더욱 의미 있는 여행이었다. 아침에 정선을 출발해 태백, 삼척, 옥계, 강릉, 양양, 속초 그리고 서울로 이어진 드라이브 코스. 정선에 강의가 있어 오는 길에 가족과의 여행을 겸할 수 있었던 것이다. 이것은 내가 강사라는 호칭을 부여 받았기 때문에 누리는 혜택이 아닐까?

나는 17년 간 몸담았던 직장을 그만두고 사업을 하면서 여행을 포기하고 살아야 했다. 휴일도 없는 나에게 여행을 한다는 것은 정말 어려운 일이었고, 특히 가족과의 동반 여행은 더욱 그러했다. 그런 내가 지금은 휴일, 평일을 가리지 않고 여행을 즐긴다. 더욱 좋은 점은 시간이 허락하는 대로 가족이 여행을 함께 할 수 있다는 것이다.

처음 강사를 시작했을 때부터 이런 일이 가능했던 것은 아니다. 왜냐하면 강사라는 직함을 얻게 된 것은 사업을 시작하면서부터였고, 조직에 얽매이지 않고 어느 정도 유연한 시간의 여유를 가질 수 있었기 때문이다. 처음 출강 요청을 받았을 때는 전문적인 강사가 아니었기 때문에 여행을 생각할 수 없었다. 그러나 지금은 어엿한 1급 강사의 명예를 안고, 가족과 여행을 함께하며 일하듯 놀고, 놀듯 일하며 인생을 살고 있는 것이다.

기회는 준비한 자에게 온다

누구나 마찬가지겠지만 나 역시 직장 생활을 처음 시작할 때부터 강사의 길을 가고자 했던 것은 아니다. 원래 희망은 컨설턴트가 되어 기업의 경영상태를 진단하고, 지도해주는 것이었는데, 희망했던 것과는 달리 컨설팅보다 강단에 먼저 서게 되는 행운을 얻어 2년여 만에 마침내 한국평생교육강사연합회가 수여하는 2005년도 기업교육 강사대상을 수상하는 영광을 안게 되었다.

강사대상이라는 상은 정말 훌륭한 강사가 받아야 한다. 그럼에도 불구하고 부족한 내게 이렇게 큰 상을 수여한 것은 나름의 이유가 있다고 생각한다. 그것은 한마디로 끊임없이 공부하고 노력한 결과의 산물이 아닌가 생각해 보는 것이다.

과거를 돌이켜 보면 언제부터인지는 정확히 알 수 없지만 나는 직장 생활을 하며 업무상 중소기업을 지도하고, 후배 직원을 가르치는 일을 자주 맡았다. 중소기업의 지도는 업무상의 일로 협력업체 관리를 위해 필요했으며, 후배 직원에 대한 교육은 상사로서 부하직원에 대한 지도육성 차원에서 직무교육과 의식교육을 주로 하는 것이었다. 그러다보니 조직에서 필요한 OJT교육은 시간이 허락하는 대로 내 몫이 되었고, 그 결과 나는 자연스레 비공식적인 사내 강사가 되었으며, 협력업체를 관리하던 경험은 나에게 컨설턴트로서의 자질을 갖게 하는 계기를 만들어 준 것이다.

특히 나는 후배 사원들을 위해 기꺼이 나의 개인적인 시간을 할애했으며, 지도를 위해 여러 가지 직무에 관해 열심히 공부했다. 이것이 지금 나의 모습을 만든 원천이 되었다고 생각하는 것이다. 역시 기회는 준비한 자에게 온다는 진리가 마음 깊이 새겨진다.

말 못하는 고충

이렇게 자연스레 강사의 길을 준비하기 시작한 나였지만, 나에게도 말 못하는 고충이 있었다. 그것은 강의를 처음 시작하는 많은 사람들이 그렇듯 잘 알지 못하는 많은 청중 앞이나, 어려운 사람 앞에서 제대로 말을 할 수 없다는 것이었다. 부하직원들 앞에서는 그 수가 얼마가 되었든 문제가 되지 않았는데 말이다.

그런 이유로 나는 내가 남을 가르치는 강사가 될 수 있을까에 대해 의문을 갖게 되었다. 더욱이 돈을 벌기 위해 강단에 서서 전문적인 이론과 경험적인 사례를 연구해 남에게 전달하고 동기부여를 해야 하는데 그것이 가능할까 하는 우려를 갖기도 했다. 돈을 벌기 위한 강의는 더욱 어려울 텐데……. 과연 내게 그것을 감당할 배짱과 용기가 있을까 하는 의문이 머릿속을 떠나지 않았다.

더 큰 문제는 그것을 해결할 수 있는 방법과 대책을 모르고 있다는 것이었다. 후에 알게 된 일이지만 그러한 문제를 해결해 주고 도와주는 많은 교육기관이 있었다. 하지만 그때는 벌써 어느 정도 강사의 능력을 평가 받고 난 후였기 때문에 필요하지 않았다.

청중 앞에 선다는 것이 그리 쉬운 일은 아니다. 대부분의 많은 사람들이 무대 공포증이라는 것을 갖고 있다고 한다. 그래서인지 서점에 가면 『나 떨고 있니』라는 책도 나와 있고, 이러한 부분을 해결해 주기 위한 많은 교육 프로그램이 운영되고 있다.

만일 독자들 중에 훌륭한 프레젠터가 되기 위해 자신의 부족함을 느끼는 분이 있다면 지금 바로 이러한 교육기관을 활용해 보는 것도 좋은 방법일 것이다. 이것이 하나의 대안이 될 수 있다.

급작스런 환경변화

IMF의 경제체제로 접어든 1997년 말 이후 우리나라의 많은 직장인들이 직장을 떠나게 되었다. 역시 내가 근무하던 직장에서도 많은 동료들이 떠났다. 이런 상황 속에서 관리자급 이상 간부의 일을 해온 사람들 중에는 자신의 경험을 살려 컨설턴트나 강사가 되기를 원하는 사람들이 많이 있었는데, 나 역시 그들 중 하나였다.

1998년 우리 국민들은 혼란 속에서 새해를 맞았다. 경제 상황은 최악의 상황으로 치닫고 있었으며, 이로 인한 경제적 고통은 끝을 알 수 없었다. 나도 예외는 아니었지만 다행이 다니던 직장에서 계속 근무할 수 있는 기회가 주어져, 급작스럽게 떠난 동료들에 비해 준비할 수 있는 시간을 얻을 수 있었다.

처음 입사 후 15년간을 '요람에서 무덤까지' 라는 사고로 열심히 직장 생활을 해왔지만, 사회환경 변화로 인해 내가 갖게 된 사고는 직장에 대한 배신감이었다. 기업은 내 인생을 책임져 주지 않는구나' 였다. 기업은 기업 그 자신이 살아남기 위해 제 살을 도려내는 아픔을 감행할 수밖에 없다는 사실을 깨닫게 된 것이다.

IMF 체제 이전까지만 해도 직장 내 조직 구성원들 간은 가족적인 분위기였다. 그러다 보니 경쟁보다는 협조적이었다. 그러나 환경의 변화는 조직 행동의 많은 것들을 경쟁 체제로 바꿔놓고 말았다. 회사의 개념은 평생직장에서 평생직업이라는 것으로 인식하도록 바뀐 것이다.

평생직업을 갖기 위한 준비, 평생학습

편치 않은 마음으로 다니던 직장 생활에서 나는 미래를 위해 무엇인가를 준비하지 않으면 안 된다는 초조한 생각이 항상 가득해 있었다. '내가 회사를 그만두면 무엇을 할 수 있을까? 무슨 일을 해야 실패하지 않고 경제적 어려움 없이 생활할 수 있을까?' 하는 생각의 끝에는 마음 한 구석에 항상 담고 있었던 컨설턴트의 길을 가고 싶다는 소망이 있었다.

그러던 어느 날 여느 때와 마찬가지로 아침 조간을 펼치는 순간 광고 하나가 눈에 들어왔다. 모 대학에서 대학원생을 모집한다는 것이었다. 순간, 느낌이 왔다. '그래, 내가 가고자 하는 길을 가려면 내 자신을 포장해야 한다'는 생각이 들었다. 바로 나는 그 해 3월 대학원에 입학해 마흔이라는 나이에 늦깎이 대학원생이 되어 자기계발을 위한 투자를 시작했다.

IMF 전만 해도 회사에서 자기계발을 위한 지원이 어느 정도 있었지만, IMF 후 교육 예산의 축소로 인해 전혀 지원을 받을 수 없는 상황이었다. 대학원 진학에는 경제적 어려움이 따랐지만 미래를 위한 투자라는 생각으로 등록했던 것이다. 투자 없는 수익 창출은 요행 밖에 없다는 생각으로 평생학습을 시작한 것이다.

언제 닥칠지 모르는 불확실한 미래에 내가 가고자 하는 길을 가려면 최소한 라이센스가 필요하다는 생각이 들었다. 실무적 경험은 직장에서의 생활이 충실했기 때문에 자신이 있었고, 앞으로가 더 중요하다는 생각이었다. '그래 지금까지 생활했던 대로 최선을 다해 열심히 나의 일에 충실히 임하는 거다. 그리고 배우면서 성과를 내도록 하자. 그래야 미래에 하고자 하는 컨설턴트로서의 일도 할 수 있다. 아니, 할 수 있는 정도가 아니라 잘 할 수 있는 것이다'라는 생각으로 하루하루에 더욱 충실하자 마음도 한결 편안해지기 시작했다.

회사 생활도 재미있고 즐거웠다. 성공한 컨설턴트가 되기 위해 많은 경험이 중요하다는 생각으로 직무에도 최선을 다했다. 또한 후배를 지도하는 일은 내게 있어 실전 경험을 쌓는 유일한 실습시간 이기도 했으므로 더욱 열심히 할 수밖에 없었다. 상사는 부하직원을 지도·육성할 책임이 있다는 인식으로 후배들을 가르쳤다. 나에게 새로운 직장 생활의 시작이 된 것이었다.

변화의 원동력 '궁즉통'

어느 날 변화의 징후가 나타났다. 그래서 나온 말은 아니겠지만 '궁즉통'이라는 말이 떠올랐다. '궁하면 통한다.' 『주역(周易)』의 근본원리에 나오는 말로 궁즉통(窮即通)이라고 쓴다. 그것은 '궁즉변(窮即變), 변즉통(變即通), 통즉구(通即久)'를 줄인 말로 해석하면 '궁하면 변하게 되고, 변하면 통할 수 있고, 통하면 오래간다.'라는 뜻이다. 변화가 있어야 비로소 이루어진다는 것이다. 또한 여기에 '궁(窮)' 이라는 전제가 있어야 한다는 것이다. 우주의 변화 법칙인 『주역(周易)』의 원리는 '궁(窮)' 자가 '곤궁하다' 는 뜻이 아닌 '다하다' 의 뜻으로 '최선을 다함' 을 의미하며, 이는 곧 '최선을 다해 노력해야 변화가 생기고, 변화가 생겨야 비로소 가고자 하는 길이 열리며, 그러한 노력의 결과만이 오래도록 지속된다.' 는 우주자연의 근본 법칙을 표현한 것이다.

이것은 내게도 통했다. 생활의 어려움을 극복하고, 즐겁게 내가 하고 싶은 일을 하면서 살 수 있는 방법이 무엇인가를 끊임없이 추구하고 변화를 모색하던 중 많은 아이디어가 떠오르기 시작했다. 그리고 기회가 찾아왔다. 나는 망설임 없이 17년간의 직장생활을 정리하고, 제2의 삶을 위해 비즈니스의 세계로 뛰어들었다. 이러한 나의 행동이 제조 분야 직장인에서 IT분야의 사업가로 그리고 경영컨설턴트로서의 길을 가도록 한 원동력이 된 것이다.

지금도 전직 직장 동료들은 부러워하듯 내게 이런 질문을 던지곤 한다. '언제부터 그런데 관심을 갖고 공부했어? 공장에서 일만 하는 줄 알았는데……, IT는 젊은 사람들이나 하는 것인 줄 알았는데…….' 하면서 말이다. 당시만 해도 IT 관련 사업은 젊은 청년들 위주로 사업이 전개되던 시기였기 때문이었다.

만일 우리 인간의 삶에서 부족함이 없다면 어떠할까? 우리는 항상 부족한 상태로 살고 있다. 항상 부족하다보니 그 부족함을 채워줄 뭔가를 찾기 위해 노력한다. 바로 그 노력의 끝이 성공이라는 것이다. 자신이 원하는 바를 찾아 끊임없이 노력할 때 바로 통하는 세상이 올 수 있다.

드디어 찾아 온 첫 강의

회사를 그만두고 사업을 시작한지 채 1년이 되지 않았을 때였다. 평소 알고 지내던 산업 강사를 하고 있는 분에게서 전화가 왔다. 강의를 한 번 해보겠느냐는 것이었다. 흔쾌히 수락하기는 했지만 마음 한 구석에 왠지 모르는 불안감이 채워졌다.

나는 교안을 만들고 강의를 준비했다. 원고를 작성해서 외우기도 했다. 거울 앞에 서서 연습도 했다. 신입사원 면접을 보러가는 것처럼 정말 열심히 강의를 연습했다. 강의가 있던 당일 경기도에 있는 모 연수원을 찾았다. 그리고 나는 열심히 강의를 했다. 그러나 스스로 평가한 나의 강의는 실망 그 자체였다. 무슨 얘기를 하고 강의실을 나왔는지 전혀 생각이 나질 않았다. 이렇게 첫 강의가 이루어진 것이다.

누구든 처음이라는 것이 있다. 이 처음이 무척 중요하다는 것을 우리 모두 잘 알고 있다. 그러나 가장 어려운 것 또한 처음이다. 처음이 좋으면 항상 좋다고 한다. 그러나 나는 마침내 찾아온 기회를 이렇게 시작한 것이다.

실패라고 생각하고 있던 차에 새로운 곳에서 또 한 번의 기회가 주어졌다. 역시 나름대로 철저한 준비를 하고 강의에 임했다. 그러나 무엇이 문제였을까? 연강을 하기로 되어 있던 두 번째 강의가 취소되었다는 통보를 받았다.

나는 한동안 스스로를 비관하며 지냈다. 그러던 중 어느 날 우연히 강사의 세계를 알게 되었고, 그때서야 첫 강의에 실패해서 강의가 취소된 것이 아니라는 것을 알게 되었다. 원래 예정되어 있던 강사를 대신했던 강의였기 때문에 일회성으로 끝날 수밖에 없었다는 것이었다.

그 얘기를 듣고 나서야 마음에 위안을 받았지만 그래도 어딘가 모르게 불편함이 가시지 않았다. 분명한 것은 그때까지 나 자신이 강사로서 부족하다는 것을 스스로 인식하고 있는 상태였다는 것이다. 이것이 계기가 되어 후에 자신감을 회복할 수 있는 기회를 맞게 되었지만 나의 첫 강의는 이렇게 시작되었다.

혼자서는 살 수 없는 세상

포기하지 않고 끊임없이 추구하고 노력했던 결과일까? 다시 또 다른 기회가 찾아 왔다. 동반자를 부르며 함께 성공하자고 말하던 성공사관학교장인 서필환 선생님이 나에게 새로운 기회를 제공했다. 그분은 대한민국 국민의 고객만족을 위해 현장에서 뛰고 있는 수많은 사람들 앞에서 나를 알릴 수 있는 기회를 준 것이다. 이를 계기로 나는 그분과 함께 지금도 수많은 사람들에게 혁신과 성공을 외치고 있다.

서필환 교장 선생님은 특히 나에게 많은 인연을 만들어 주셨다. 그것을 전부 나열할 수는 없지만 기획력의 최고 전문가 직무교육개발원의 홍웅식 원장, 평생교육 전도사 전도근 교수, 프레젠테이션의 황제 이중구 소장, 대한민국 CRM의 원조 김환옥 교수 등이 그들이다.

그들은 나에게 많은 것을 가르쳤다. 내가 강단에 서도록 해 주었고, 강의 교재 제작을 위해 자료를 보내 주는 등 나를 성공 강사로 만들어 준 선생님이었다. 그들이 있었기에 현재 내가 존재하고 있는 것이다.

강사로 성공하고자 하는 사람이 있다면 인연을 만드는데 인색하지 말 것을 당부하고자 한다. 무슨 일이든 마찬가지겠지만 조직 내외를 막론하고 인적 네트워크를 구축하는데 최선을 다해야 성공할 수 있다. 그러한 인적 네트워크를 통해 자신의 부족함을 채우고 도움을 받아야 한다. 혼자서는 절대로 살 수 없는 세상이기 때문에 말이다. 만일 당신이 성공을 원한다면 인간관계 지수를 높이는 일에 자신을 투자하길 바란다.

끊임없이 추구하고 노력하라

앞서 잠시 언급했지만 내가 다니던 회사도 IMF 체제 하에서 전 직원에게 사표를 받고 250여명을 정리하는 상황을 맞게 된다. 평소 관심에도 없었던 사상 초유의 사건이 내 앞에 펼쳐진 것이다. 그 상황 하에서 다행이었는지 불행이었는지는 몰라도 나는 그 대상에 들지 않는 행운을 얻게 되었고, 그 행운은 나를 새로운 길로 가게 만든 원인이 되었다.

IMF 체제 하에서 2년여의 직장 생활을 하는 동안의 문제는 해고가 아니라 가정생활이었다. 수 백 %씩 받던 상여금이 없어지니 당장 생활에 문제가 생기기 시작했다. 씀씀이를 줄이고 절약을 해보았지만 불편함이 이만저만이 아니었다. 궁핍한 생활의 연속이었다.

다행이 그 동안 나 자신의 계발을 위해 투자한 것도 많은 도움이 되었다. 남들이 움츠릴 때 나는 대학원 진학을 위해 투자했고, 일을 하다 문제가 생길 때면 해결할 수 있다는 신념을 갖고 문제를 풀어 나갔다. 이러한 신념이 새로운 변화를 모색하게 하고, 도전의식을 갖게 한 것이다. 만일 새로운 길을 가고자 한다면 자신에 대한 끊임없는 문제의식 속에서 찾고자 하는 그 무엇을 위해 끊임없이 추구하고 노력하길 바란다.

미래에는 누구도 행복을 보장받지 못한다

사실 나는 변신의 길을 걷기 시작한 후 2년여 기간 동안 무슨 생각을 갖고 살았는지 모른다. 회사라는 조직을 떠나 사회라는 조직에 첫 발을 내딛어 뭔가 막연히 이루어질 것이라는 기대로 사업을 시작했지만 되는 것이라곤 별로 없었다. 그러나 하늘이 도와서인지 운명의 장난이었는지 몰라도 실패의 늪에서 빠져나올 수 있는 기회가 왔다.

어느 날 나는 내 자신에 대한 여러 가지 문제를 인식하게 되었다. 현재와 같이 사업이 좋지 않은 상황에서 내 미래를 보장 받을 수 있을까 하는 의구심이었다. 순간, 가슴이 철렁 내려앉는 것과 같은 느낌을 받았고 나는 정신을 차려야 한다고 생각했다.

문제의식이 생기자 나를 다시 돌아보게 되었고, 새로운 생각이 떠오르기 시작했다. 그리고 나는 행동을 바꾸기 시작했다. 또 다른 도전을 시작한 것이다. 그것으로 인해 새로운 인연인 서필환 교장 선생님을 만나게 되었고, 그 만남은 내게 새로운 인생을 열어주었다.

강사의 길이 그렇게 쉬운 일은 아니다. 세상을 사는 게 그렇게 호락호락하지 않듯이 힘들고 어려운 것은 마찬가지다. 그러나 나는 지금 내가 하고 있는 강사라는 직업이 힘들고 피곤해도 즐겁다. 왜냐하면 희망이 있으니 좋고, 일하듯 놀고 놀듯 일하기 때문이다.

사람은 누구나 살면서 자신의 미래가 보장되어 있다는 사실을 안다면 무척 행복하다. 그러나 야속하게도 그러한 보장을 받고 살아가는 사람은 이 세상에 단 한 사람도 없다. 현재의 상황과는 관계없이 미래의 행복을 누구든 보장받지 못한다는 것이다. 그러나 희망을 갖고 있다면 행복할 수 있다. 그래서 나에게 강사는 평생직업이다.

명강사

어제 오늘의 얘기는 아니지만 강의 의뢰를 받으면 항상 듣는 소리가 있다. 그것은 다름 아닌 '재미있게 해주세요'다. 물론 이 말이 여러 가지 의미가 담겨진 얘기라는 것을 알고 있다. 의뢰하는 교육 담당자로서는 좋은 강사를 섭외했다는 얘기를 들어야 하기 때문에 당연히 그렇게 주문할 수 있다.

그러나 강의에서 즐거움만을 찾다 보면 교육의 본질이 왜곡되고 만다. 이론적 뒷받침이 없는 강의는 실패로 끝날 수 있다. 재미만을 요구하는 교육 담당자. 강의 주제는 혁신과 변화지만 개그맨처럼 강의하기를 원한다. 물론 내용을 갖고 즐겁게 할 수는 있겠지만 그것이 옛날이야기가 아닌 이상 이론적인 얘기가 시작되면 관심 없는 피교육자에게는 지루할 수밖에 없다는 사실을 알아야 한다.

강제로 동원된 피교육생일 경우 일단 강의가 지루하지 않고 재미있어야 좋아한다. 그러나 스스로 능동적으로 참여한 자에게는 진정으로 깊이가 있는 강의가 명강의로 자리 잡을 수 있는 것이다. 깊이가 있다는 얘기는 오랫동안 가슴 깊이 새길 수 있는 교육이어야 한다는 뜻이다. 스피치도 잘해야 하지만 기본적으로 내용이 충실해야 한다는 것이다. 근거 있는 이론적 뒷받침이 사례와 어우러질 때 그 강의는 명강의가 될 수 있다.

대한민국 최고의 명강사가 되길 원한다면 만능 엔터테인먼트가 되길 바란다. 탤런트가 돼야 한다는 말이다. 나름대로의 개성이 있어야 하고, 외모에 대한 이미지 관리도 해야 하며, 말도 잘해야 하고 주제에 대한 이론과 경험도 많이 갖고 있어야 한다. 그리고 주어진 시간에 최선을 다할 때 명강사가 될 수 있다. 그러므로 강사는 열심히 공부해야 한다. 그래서 청중이 경청할 수 있도록 만들어야 한다. 그런 강사를 우리는 명강사라 부른다.

강사의 성공을 위한 전략적 사고 : 블루오션은 없다

어느덧 17년간의 직장생활을 떠나 마이웨이를 추구하며 살아온 지도 5년 이상이 흘렀다. 이제야 꽉 막힌 도로를 벗어나 여유로운 길에 들어선 기분이다. 비록 신나게 달리는 뻥 뚫린 고속도로는 아니지만 시골의 한가로움을 느끼며 달릴 수 있는 지방도로를 타는 기분이다. 누구든 운전자라면 이러한 상황을 경험해 봤을 것이다.

지방 출장 시 나는 KTX가 연결되지 않는 곳은 직접 운전을 해서 가는데 시간의 여유가 있는 경우 지방도로를 자주 이용하는 편이다. 이유는 한 가지, 마음의 여유를 갖고 산천의 경치를 즐기며 달리다 보면 도시에서 느끼지 못한 편안함을 느낄 수 있기 때문이다. 그러나 이러한 여유로움 속에서도 치열한 강사의 세계에서 살아남기 위해서는 새로운 교육 프로그램 등을 연구하지 않으면 안 된다.

20세기 이후 우리 사회는 지금까지 매우 빠른 속도로 변화해 왔다. 지금도 새로운 기술은 무어의 법칙처럼 빠른 속도로 발전해 가고 있다. 이러한 사회에서 우리가 모든 것에 적응하며 살아가기란 그리 쉬운 일이 아니다.

하지만 남에게 뒤쳐지지 않으면서 최소한의 행복을 추구하기 위해서는 변화하는 사회 환경에 어느 정도 순응하며 살아갈 수밖에 없다. 특히 생활의 대부분을 회사에서 보내는 직장인들은 기업의 환경 변화에 더욱 민감하게 대처하지 않으면 안 된다. 만일 적응하지 못하는 사람이 있다면 언제 구조 조정의 대상이 되어 도태될지 모른다는 위기감을 갖고 살아야 한다.

강사의 세계도 그렇다. 치열한 경쟁 속에서 자신의 영역 확보를 위해 우리는 끊임없이 경쟁하고 있다. 특히 요즘 기업에서는 블루오션이라는 단어가 많은 사람들의 입에 오르내리고 있다. 무척 중요한 말이다. 경쟁력이 없는 저비용의 가치 있는 상품이나 서비스를 개발해 시장에 내놓으면 성공한 상품이 되어 기업의 성장과 발전을 도모할 수 있다는 말이다. 강사도 마찬가지다. 새로운 교육프로그램을 내놓지 않으면 치열한 경쟁에서 살아남기 어렵다. 그래서 끊임없이 연구하고 개발해야 한다.

이 사회는 치열한 경쟁 사회이다. 먹고 먹히는 양육강식의 사회이다. 분명히 말하건대 나는 블루오션은 없다고 생각한다. 오직 레드오션만이 존재한다고 봐야 한다. 레드오션에서 승리하기 위한 차별화된 경쟁력으로 이길 수 있는 전략만이 있을 뿐이다. 만일 블루오션이 존재한다면 거기에는 전략이 필요 없다.

물론 어느 순간은 블루오션이 존재할 수 있겠지만 그것은 잠시뿐이다. 얼마 지나지 않아 그 시장은 다시 경쟁이 치열한 레드오션으로 전락한다. 그러므로 이러한 시장에서 살아남기 위해서는 반드시 개인이든 조직이든 목표를 세우고 그것을 달성하기 위한 계획 수립을 통해 실천해 가는 과정이 필요하다. 이것이 전략이다. 강사로 성공하고자 한다면 전략을 수립해야 한다.

전략적 수립을 통해 미래를 개척하라

나는 많은 사람들에게 질문한다. "당신의 비전이 무엇인가? 비전이 설정되어 있다면 그것을 달성하기 위한 실행 계획을 갖고 있는가?"라고 말이다. 그러나 이 질문에 바로 대답하는 사람은 거의 없었다. 대부분의 많은 사람들은 그저 행복하게 살고 싶다는 막연한 기대감만으로 나름대로 노력하며 인생을 살고 있다.

우리 대부분은 뚜렷한 비전을 정해 살아오지 않았다. 또한 그에 대한 개념조차 생각하지 않고 살아가는 것이 우리의 현실이다. 그저 열심히 노력하면 성공할 수 있고, 행복해질 수 있을 것이라는 막연한 기대감으로 살고 있는 것이다. 그렇게 사는 것이 보통 사람들의 인생이다. 그러면서 자신의 발전을 위해 또는 조직의 요구에 따라 어학공부도 하고 자격증도 따고 직무교육도 받고 여러 가지 자기계발을 위해 노력하고 있다.

여기서 중요한 것은 자기계발에 어떠한 목적과 동기를 갖고, 어떠한 방법을 선택했으며 목표 달성을 위한 의지가 과연 있는가 하는 것이다. 그리고 그 결과 목표 달성에 성공했는가 하는 것이다. 성공한 사람과 실패한 사람의 차이는 무엇일까? 나는 한마디로 그것을 전략이 있느냐 없느냐의 차이로 본다. 물론 실천이 생명이다.

전략이 있는 사람은 그것이 조직의 일이든 개인의 일이든 먼저 자신이 원하고 바라는 비전, 즉 꿈이나 희망을 어느 정도 구체적으로 설정한 후 도전하고 실천한다. 그리고 그 사람은 자신의 명확한 분석을 통해 장·단점이 무엇인지를 인지하고 있다. 또한 많은 정보와 지식을 통해 미래가 어떻게 변하고 전개될 것인가에 대한 예측도 함께 하며,

이러한 분석을 통해 자신의 명확한 진로를 선택하고, 선택된 것에 따라 일련의 필요한 계획을 세워 실행하는 사람들이다.

그러나 실패하고 문제가 있는 사람은 너나 할 것 없이 자신들은 항상 최선을 다해 열심히 노력하고 있으며, 주어진 근무 시간이 부족할 만큼 많은 일을 하고 있다고 생각한다. 그러다 보니 그 일이 뭐가 되었든 자기가 아니면 안 된다고 생각한다. 남이하면 엉터리고 자기가 해야 효율적이며, 효과적이라고 생각하는 것이다.

사실 이러한 사람들의 일하는 모습을 관찰하면 무척 바쁘다는 것을 느끼게 된다. 일도 엄청 많다. 그러다보니 자기 생활은 없고, 항상 회사 일이다. 그런데 시간관리가 안돼 회의시간 하나 제대로 지키는 것을 볼 수 없다. 자기 관리가 엉망이다. 간혹 회사가 어려움을 겪게 되면 더욱 바빠진다. 일과는 관계없는 곳에 관심을 갖게 되고, 하루하루를 전전긍긍하면서 보낸다. 자신의 운명을 스스로 결정해야 하는 시간이 되어도 스스로 결정하지 못해 회사가 결정하게 된다. 내 운명을 내가 결정하고자 한다면 스스로 전략수립을 통해 미래를 개척해야 한다.

아울러 경쟁에 앞서려면 미래를 준비하는 장기적인 비전과 현실을 파악하는 단기적인 안목을 모두 갖춰야 한다. 기회는 준비된 자에게 찾아온다고 하지 않았던가? 최후에 웃는 자가 되기 위해, 스스로 자신의 미래를 창조하기 위한 자기계발로 성공한 강사가 되길 바란다.

－박준서

촌철살인(寸鐵殺人),
한 마디 말로 휘어잡아라

촌철살인(寸鐵殺人)의 사전적 의미는 한 치의 쇠붙이로도 사람을 죽일 수 있다는 뜻으로, 간단한 말로 남을 감동시키거나 남의 약점을 찌를 수 있음을 이르는 말이다. 그만큼 말 한마디가 중요하다는 것이다. 우리 속담에 "말 한마디에 천 냥 빚을 갚고, 세치 혀가 사람을 죽인다."는 말이 있듯이 일상생활에서 언어는 참으로 중요하다.

흔히 21C를 '지식 정보화 시대', '열린 시대'라고 한다. 또 다른 표현으로는 '창조화 시대', '경쟁 시대', '복잡 혼돈의 시대'라고 말하기도 한다. 갈수록 세상이 강퍅해지고 마음에 벽이 높아지고 인정이 결핍되어 가지만 이러한 시대에 사는 우리에게 때로는 위로의 말한마디가 새로운 힘과 믿음, 큰 희망을 안겨준다.

좋은 말을 하는데 걸리는 시간은 짧지만 말의 힘은 평생을 가듯 좋은 말은 훌륭한 무기이자 나의 경쟁력이 될 수 있다. 마음에 힘이 되는 말 한마디가 삶에 희망을 주고, 상심하고 낙심한 마음에 도전과 비전, 그리고 열정을 불어 넣어 준다.

칠수록 가루가 고와지듯 좋은 말은 늘 깊이 있게 생각하고 말하는 것이며, 생각 없이 무심코 내뱉는 말은 상대의 마음에 상처를 줄 수 있다.

우리의 삶에서 언어의 중요성은 아무리 강조해도 지나치지 않다. 지금부터라도 이전보다 더 가치 있는 아름다운 말과 유순하고 부드러운 좋은 말로 치열한 경쟁 시대에서 상대에게 인정받고 동기부여를 하는 사람이 되어야 하지 않을까?

한마디 말로 상대를 휘어잡아라

비즈니스에서 회의를 주관하거나 발표할 때 상대의 관심을 끌기 위한 좋은 방안이 있다면 그것은 바로 상대를 휘어잡을 수 있는 가치 있는 '한마디의 말'일 것이다. 같은 말이라도 어떤 사람이 전달하느냐에 따라 그 말의 깊이와 의미가 달라질 수 있으며, 한마디의 말이라도 평범한 말이 아닌 자신의 경험과 노하우를 통해 오래 숙성된 가치 있는 메시지를 전달해야 한다.

상대를 휘어잡으면 '나'라는 존재를 각인시킬 수 있으며, 상대방에게 전달하는 한마디 말의 가치는 보석보다 더욱 빛나는 법이다.

말이란 자신의 경험이 충분히 녹아있을 때 살아 움직이며, 더욱 가치를 발휘한다. 열정이 담긴 한마디는 상대에게 삶의 에너지를 불어넣어 줄 뿐만 아니라, '할 수 있다'는 자신감과 동기 부여를 심어주는 원동력인 동시에 감동을 주기도 한다. 말을 잘하는 것도 중요하지만 진솔한 순발력과 상황에 맞는 대처 능력이 상대의 마음을 휘어잡을 수 있다.

이런 것은 외워라

세계적으로 유명한 강사나 연설을 잘하는 사람은 계절과 상황에 따라 알맞은 소재로 상대방을 움직일 수 있는 좋은 말들을 몇 가지씩 암기한다고 한다. 지혜로운 사람은 자신이 가장 잘하는 것을 부각시킬 수 있는 힘을 지닌 사람이다. 외우는 것은 자신을 부각시키기 위한 현명한 방법 중의 하나일 것이다.

강의를 한다고 가정할 때, 시작 멘트와 마무리 멘트는 무엇으로 할 것인지에 대한 소재가 항상 2~3가지 이상은 준비되어 있어야 한다. 강의를 처음 시작하는 부분에서 청중의 집중을 유도하기 위해 '몰입'이라는 말의 사용을 예로 들어보자. 먼저 우리나라의 『삼국사기』 이야기를 꺼내 중국에도 우리나라의 삼국사기와 같은 『사기』라는 책이 있음을 알려주고, '사마천'과 관련된 '몰입'이라는 말을 자연스럽게 이끌어 내는 것이다.

이때, 몰입과 관련해 삼망(三忘)이라는 단어가 나오는데, 이것은 "전쟁터에 나갔을 때는 가정을 잊고, 싸움에 임할 때는 부모를 잊고, 공격의 북소리를 들을 때는 자신을 잊어라."라는 뜻이다. 이렇게 시작 멘트에 몰입이라는 단어를 사용하여 교육의 성과가 나타날 수 있도록 간단히 소개하거나, 혹은 이집트의 웅장한 피라미드나 중국의 거대한 만리장성도 돌 하나에서부터 시작되었다는 사실을 상기시켜 시작의 중요성을 부각시켜야 한다.

방송국의 아나운서들도 뉴스를 전할 때 멘트가 상당히 중요하다고 한다. 예를 들어 한의사를 초청해 건강에 대한 이야기를 시작할 때, 한의사를 소개하기에 앞서 '지금 우리 시대가 가장 중요하게 생각하는 것은 건강이 아닌가 싶습니다' 라는 식의 건강과 관련된 멘트를 함으로써 자연스럽게 한의사를 소개하는 것은 단순하게 한의사를 소개하는 것과 큰 차이가 있다.

마지막 멘트 또한 시작 멘트 못지않게 중요한데, 만약 마지막 멘트에 성취동기를 언급하고자 한다면, 성취동기 부여 차원에서 이렇게 멘트를 하는 것도 좋을 것이다. 예를 들어, "살아가면서 우리가 하지 않아도 될 두 가지 걱정이 있는데, 하나는 내 힘으로 해서 안 되는 것과 다른 하나는 내 힘으로 하면 되는 것입니다. 첫 번째, 내 힘으로 해서 안 되는 것은 어차피 해도 안 되는 것이니까 걱정할 필요가 없습니다. 두 번째, 내 힘으로 하면 되는 것은 행동하면 되기 때문에 걱정할 필요가 없는 것이죠." 혹은 "우리가 살아가는 데 있어 잠시 길을 잃거나 장애물이 앞을 가로막을지라도 성공의 길은 항상 우리 앞에 열려 있다는 것을 명심하시길 바랍니다. 꿈만 꿀 것인가 아니면 꿈을 현실로 만들 것인가는 모두 우리 자신의 몫이라고 생각합니다."라는 멘트로 동기를 제공해 주는 것이다.

또 다른 좋은 전략으로는 강의 중간 중간에 인상적인 좋은 내용의 말을 암기해 사용하는 것이다. 그리고 이것만큼은 꼭 외워 보기를 바란다. '오늘의 나는 어제의 내가 만들었으며, 내일의 나는 오늘의 내가 만들었다' 는 것을 말이다. '하루하루 최선을 다하는 사람이 소중한 삶을 살아간다.' 는 것을 청중에게 확고히 심어주어야 한다.

'구름 속에 가린 달빛은 언젠가 빛을 발하며', '잔잔한 바다는 유능한 뱃사공을 만들지 못한다' 는 말과 '인연이란 만날 때 묻는 것이 아니라 헤어질 때 묻는 것' 이라는 간단 명료하면서도 상대의 마음에 감동을 주는 명언도 사용해 보기를 바란다.

상대방을 녹여라

언어로 상대를 녹인다는 것 자체가 쉬운 일은 아니지만, 그래도 상대의 마음을 녹이는 말이 있다는 것을 명심해야 한다.

말에는 긍정적인 말과 부정적인 말, 열정적인 말, 사려 깊은 말, 따듯한 말, 부드럽게 하는 말, 감탄스러운 말, 비난하는 말, 질책하는 말 등 여러 종류의 말이 있다. 하지만 그 중에서도 상대를 녹일 수 있는 말은 부드럽게 말하면서도 상대의 가슴속에서 저절로 감탄이 우러나올 수 있는 말이다.

대인관계에서 열정적인 말이나 사려 깊은 말, 따뜻한 말 등은 상대방의 사기를 높일 수 있을 뿐만 아니라 조직에서는 조직을 화합시키는 에너지가 되기도 한다. 반대로 부정적이거나 비난하는 말, 질책하는 말은 상대에게 관심을 끌지 못할 뿐만 아니라 조직에서는 오히려 갈등을 증폭시키기도 한다.

말은 자신의 경험에서 충분히 녹아 우러나올 때 비로소 상대의 마음을 움직이게 할 뿐만 아니라, 상대방을 녹일 수 있는 것이다.

자신을 차별화하라

치열한 경쟁사회에서 남들과 똑같은 능력으로는 인정받기 어려울 뿐만 아니라 상대에게 자신을 각인시키기도 힘들다. 우리가 일상생활에서 사용하는 상품도 자꾸 차별화되어 새로워지듯, 지금의 나를 차별화하지 않으면 금세 도태되고 만다.

현실에 안주하려는 나에게, 나태해지려는 나에게, 도망치려는 나에

게 변화를 위한 채찍질을 가하지 않으면 내일의 발전된 나는 찾아볼
수 없을 것이다. 진정한 차별화는 변화를 의미하는 것이고, 그 변화는
나의 생각을 바꾸는 것이며 또한 나 자신과의 싸움에서 이기는 것이
자 지금의 나를 극복하는 방법이다.

변화와 관련된 제품의 예를 보자. 모 레코드사가 2004년 12월 초
에 휴업을 했다. 원인은 기존의 LP판만을 고집해 CD와 MP3 등 음악
파일로 음원을 사용하는 변화의 시대에 적극적으로 대응하지 못해 차
별화에 실패했기 때문이다.

자신을 차별화하는 것이야 말로 지금의 시대가 요구하는 것이며,
동시에 다가오는 미래의 시대가 요구하는 것이라 할 수 있다. 이러한
차별화는 자신이 지닌 능력과 상대에게 봉사하고자 하는 헌신, 모든
사람에게 인정받을 수 있는 인격을 말한다. 또한 이러한 능력, 헌신,
인격의 차별화만이 변화의 시대에서 경쟁의 우위를 확보할 수 있다.
그러나 차별화는 하루아침에 이루어지는 것이 아니라, 자기 발전을
위한 부단한 노력과 변화를 위한 계속적인 시도를 통해 만들어지는
것이다.

철저히 준비하라

자신감을 형성하는데 있어 가장 기본적인 전제 조건은 철저한 준비
에 있다. 철저한 준비는 부지런함에 있고, 그 부지런함은 습관화된 노
력에 의해서 형성된다. 사전에 준비되지 않은 발표나 원고가 상대의
마음을 사로잡지 못하듯, 철저한 준비 속에서 진행되는 일련의 활동
들이야말로 상대의 마음을 확실히 사로잡을 수 있는 방법이다.

미국의 16대 대통령 아브라함 링컨은 자신에게 나무를 자를 수 있는 8시간을 준다면, 6시간은 도끼날을 가는데 사용한다고 말했다.

세계 골프의 황제 타이거우즈가 2004년 11월 4일, 대한민국 골프 마니아들을 위해 우리나라에 초청되어 제주도에 왔을 때 무릎을 꿇고 아이언 샷을 연출하는 장면이 중계되었다. 무릎을 꿇고 아이언 샷을 하는 장면이 매우 인상적이었던 한 기자가 인터뷰에서, "이러한 멋진 장면을 어디서 생각하셨습니까?"하고 묻자, 타이거우즈는 "한국에 오기 한 달 전부터 한국의 골프 팬들을 위해 나의 가장 인상적인 장면을 고심하였다."고 말했다.

태평양 화장품의 ○○○사장은 중요한 회의가 있을 때는 일주일 전부터 다른 모든 스케줄을 취소하고, 그 회의를 위해 철저히 준비한다고 한다. 이것은 그만큼 준비를 철저히 해야 한다는 것을 말해주는 실화이다. 상대를 사로잡는 대화의 원칙이 있다면 그것은 바로 철저한 준비일 것이다.

날마다 메모하라

천재불여둔필(天才不如鈍筆)이란 머리 좋은 사람보다 기록하는 것이 더 낫다는 것을 말한다. 아무리 머리가 좋은 사람이라고 해도 기록하는 사람을 이길 수는 없다. 조선왕조가 500년의 유구한 역사를 지탱할 수 있었던 것은 바로 『조선왕조실록』이 있었기에 가능했다.

우리는 지금 두뇌의 경쟁시대에 살고 있지만, 그 두뇌의 경쟁에서 요구하는 핵심은 메모를 통해 나온다. 기록하지 않은 아이디어는 좋은 아이디어라고 할 수 없듯, 우리 삶에서 기록은 매우 중요할 뿐만 아니라 좋은 말과 좋은 글들은 모두 세세한 기록에서부터 시작된다.

가정에서, 직장에서, 사회생활에서 아주 작은 것에서부터 큰 것에 이르기까지 모든 것을 기록하는 습관을 길러야 한다. 습관화된 메모야 말로 최고의 지식 저장고일 뿐만 아니라 행복한 삶을 영위하기 위한 지름길이다.

정보를 습득하라

우리는 지금 21C 지식정보화 시대에서 지식과 정보의 홍수 속에서 살고 있다. 특히 정보의 바다라고 하는 인터넷을 통해 지금 이 시간에도 수많은 정보들이 쏟아지고 있다. 하지만 그 수많은 정보 속에서 정말 나에게 필요하고 유익한 정보를 얻기 위해서는 부단한 노력이 필요하다.

전략 없는 정보가 없듯 정보 없는 전략도 없다. 정보화 시대의 키워드는 정보이며, 정보를 많이 가지고 있는 자가 힘 있는 자이다. 정보를 습득하고, 습득된 정보를 통해 지혜와 지식을 쌓아야 한다. 다시 말해서 정보를 통해 좋은 글과 좋은 내용을 습득할 수 있기 때문에 내 것으로 만드는 지혜가 있어야 하는 것이다.

농경사회에서의 인재는 건강하고 근면한 사람이었고, 산업사회에서의 인재는 기술력이 있고 인내심이 있는 사람이었다. 하지만 정보화 사회에서의 인재는 자발적이고, 창의적인 정보를 가진 사람이다. 정보가 없는 지식은 불빛이 없는 등대와 같다. 꿈이 있는 사람은 누구를 통해서라도 정보를 얻지만, 꿈이 없는 사람은 정보에 관심이 없다.

아날로그 시대의 부자의 기준은 돈이지만, 디지털 시대에 부자의 기준은 정보에 있다. 20C의 경제 핵심이 석유였다면, 21C의 경제 핵심은 인터넷과 정보이다. 정보가 바로 시간이고, 돈이며, 힘이기 때문이다. 얼마나 많은 땀을 흘려 일했느냐가 중요한 것이 아니라 얼마나 유익한 정보를 가지고 활용하였는가가 성공의 비결이 되는 것이다.

단순히 정보를 많이 가지고 있다고 해서 성공하는 것이 아니라 정보를 자신의 것으로 만들고 활용할 때 비로소 성공할 수 있다.

PT로 만들어라

조직 생활에서 발표를 하거나 회의를 할 때, 자신의 생각을 효과적으로 표현하기 위해서는 발표력도 중요하지만 발표를 더욱 빛나게 하는 것은 적절한 매체의 사용이다. 효과적 표현과 시각적인 표현을 위해서는 프레젠테이션 구사능력이 있어야 한다. 그리고 이러한 프레젠테이션을 구사하기 위해서는 매체의 도구로 많이 활용되는 파워포인트가 있다.

파워포인트란 마이크로 소프트 오피스 시스템에서 프레젠테이션을 도와주는 소프트웨어 혹은 시각적 보조 자료로 활용할 수 있도록 프레젠테이션을 도와주는 소프트웨어를 말하고, 여기서 말하는 프레젠테이션이란 대중 앞에서 소개, 발표, 표현, 제출을 뜻하는 용어로 많은 사람에게 효과적으로 메시지를 전달하고자 할 때 사용하는 것을 말한다.

예를 들어, 사이토 다가시의 『원고지 10장을 쓰는 힘』이라는 책의 중요 내용을 파워포인트로 만들면 다음과 같은 형식으로 나타낼 수 있다.

글을 쓰면 좋은점

첫째, 글쓰기는 생각하는 힘을 길러준다.

둘째, 글을 쓰는 것은 사고력을 길러준다.

셋째, 글을 쓰는 것은 가치창조이다.

두 번째 예로 동아일보 2006년 1월 15일자 경제면에 게재된 '2006년 인재의 중요한 요건' 이라는 기사를 파워포인트로 만들면 다음과 같은 형식으로 나타낼 수 있다.

■ 2006년 인재의 중요한 요건 ■

1. 강한 성취욕과 끈질긴 승부근성 - 34.8%
2. 변화를 주도하는 능력 - 19.3%
3. 전문적인 지식과 능력 - 14.4%
4. 기업의 핵심가치에 어울리는 가치관과 도덕성 - 13.8%
5. 창의력과 감성능력 - 11.3%

   ....

   사람을 끌어당기는 인간적 매력 - 3.9%
   글로벌 비즈니스를 수행할 능력 - 2.5%

삼성경제연구소 기업임원 564명 대상

결론적으로, 자신이 가지고 있는 생각이나 각종 정보들을 이와 같은 프레젠테이션을 통해 효과적으로 전달할 수 있다. 파워포인트를 만드는 작업은 자신의 발표력 향상과 더불어 효과적인 내용 전달 방법이자 제2의 표현이라 할 수 있다.

－신택현

직장생활, 쉽게 생각하자

직장인이 가정과 직장에서 보내는 소비 시간을 통계해 보면 직장에서의 소비 시간이 더 많다고 한다. 우리는 사회인이고 사회라는 조직의 구성원으로 생활해야 한다. 입사 동기로 구성된 직장인이라면 새내기 때 직장생활에 긴장감 없이 쉽게 적응할 수 있다. 하지만 입사 동기는 동일 사업장에 많아야 겨우 2~3명이고, 때로는 없을 수도 있다.

새내기 직장인으로서 괴로움과 허전함이 엄습해올 때도 있다. 술자리를 가도 선임과 상사가 있고, 쉽게 말벗 할 동료가 없다면 쓸쓸함이 더해오고 업무에 대한 질책 또한 매우 서럽게 느껴질 수도 있다. 그렇다면 이럴 때 어떻게 저변을 확대할 것인가?

부서 회식이 예정되어 있다면 이때를 잘 활용해야 한다. 유머를 1~2개쯤 준비해 가는 것은 기본이고, 분위기가 무르익어 몇 잔 술이 돌고나면 서서히 자리를 옮겨 다니며 잔을 주거니 받거니 하면서 '위하여'도 외치고, '원 샷, 러브-샷'도 외치며, 그 분위기에 빠져드는 것이다.

화젯거리가 없으면 어떨까? 그저 듣기만 해도 그리고 술잔을 건네기만 해도 정감이 가는 것이 우리 직장인들의 세계 아니던가? 삼소방(삼겹살＋소주＋노래방)의 마지막 코스인 노래방에 가면 동료나 상사들이 자주 부르는 애창곡을 찾아 기계에 입력하는 서비스를 해보자. 그 서비스에 고마움을 느낄 것이다. 머리에 두루마리 화장지를 수건처럼 두르든가, 넥타이로 또 다른 연출을 해보든가, 그렇지 않으면 바지를 걷어 올리고 모심는 농촌아저씨로 변신하든가 말이다. 조명과 취한 눈에 그 모습은 재미있게 보이고, '그 친구 분위기 메이커네' 하며 다음날부터 동료들이 대하는 태도가 달라질 것이다. 직장생활에서는 술을 못해도 관계없다. 회식이 싫어도 2회에 1회씩은 부서 회식을 위해 합류할 수 있는 미덕을 지녀야 한다. 여흥시간에 분위기에 취해서 함께 어울리면 되는 것이다.

삭막한 직장생활을 쉽게 보자. 인간다운 접근을 먼저하고, 애로사항은 건의사항이라는 말로 바꿔 우회적으로 표현하고, 동료가 바쁜 시간에 같이 있어주고, 걱정해 준다면 동료애는 이것으로 그만인 것이다. 직장생활, 정말 이렇게 하면 살맛나는 직장생활이 된다.

직장인의 아침 예절

우리는 직장에 출근했을 때 어떤 형식으로든 아침 인사를 하게 된다. 그런데 간혹 인사해야 할 타이밍을 놓치는 경우가 있다. 상사 또는 선배가 걸어오는데 눈을 맞춰주지 않는다든가, 다른 사람이 인사할 대상의 동선을 가린다든가 해서 말이다. 사실 인사는 서로 기다릴 것이 아니라 먼저 본 사람이 "안녕하세요?" 또는 "상쾌한 아침입니다." 등으로 목소리를 알린 후 목례나 인사를 하면 되는 것이다. 큰 목소리로 말하면 더욱 좋다. 그리고 누가 먼저랄 것 없이 보는 사람이 먼저 인사를 하는 것이 좋다.

아침에 출근해 업무 준비 중 간혹 상사가 출근시간에 임박해 사무실에 들어오는 경우가 있다. 이때도 인사를 나누는데 가만히 보면 상사보다 고참이나 동기 또는 선배인 경우 상사를 먼저 발견하고도 인사를 하지 않는 경우가 더러 있는데 이것은 틀렸다고 본다. 상사보다 선배이고 동기라 하더라도 먼저 보았다면 나 몰라라 하지 않고 인사를 하는 편이 좋다. 그런데 이때 인사를 하지 않은 동료는 마음이 편할까? 절대 그렇지 않다. 그 동료의 마음속에는 혹시 인사를 하지 않아서 한소리 듣지는 않을까 하는 생각도 있다. 먼저 모습을 보고도 모른 체 했다는 쓸데없는 자존심을 그대로 보여주었기 때문이다. 나도 언젠가 그 자리에 오르게 될 텐데 그럴 필요가 있을까? 그렇다고 해서 상사가 왜 인사를 하지 않느냐고 직접 묻지는 않는다. 이 상사는 그 동료에게 아침에 인사를 했던 다른 동료보다 조금은 불편한 마음으로 하루를 시작할 것이다.

만약 입장이 바뀌었다고 가정해 보자. 부하직원이 인사성이 부족하다. 예쁘게 볼 수 있을까? 내가 대우를 받으려면 대우 받고 싶은 만큼의 대우를 해야 한다. 비록 상사가 내 후배, 내 동기라도 직장예절을 깍듯이 갖추는 것이 내 후배와 내 동료들에게 떳떳하고 보기에도 좋다. 우리는 '출고귀면' 하라는 얘기를 많이 듣는다. 외출할 때 보고하고 회사에 귀사해서 얼굴을 대하라는 말이다. 인사를 하지 않는 사소한 나쁜 습관들이 언제 어떻게 어떤 형식으로 본인에게 나쁜 영향을 줄지 모르고, 언젠가는 불이익을 당하게 할 수도 있다.

메모는 직장인의 기본

전화를 받을 때 왼손에는 수화기를 들고 오른손으로 메모하는 모습을 자주 볼 수 있다. 요즘처럼 고객의 문의가 많은 시대에는 문의 내용을 메모해 두지 않으면 기억하기가 쉽지 않다. 전화 한 통화로 고객의 요구 사항이 원-스톱으로 처리되는 요즈음, 내가 처리 하지 못할 사항을 이첩이라도 하려면 문의내용과 고객의 인적사항에 대한 메모는 필수다. 이 메모지를 잊어버릴 경우 양질의 서비스는 차치하고, 그 고객은 회사에 뛰어 들어와 분노 섞인 항의를 할 게 불 보듯 뻔하다. 그리고 여기서 멈추는 것이 아니라 인터넷에 하소연을 하는 경우도 있다. 우리는 고객에 대해 곧잘 전화번호를 기록한 메모지를 잊어버리거나, 항의 내용에 어쩔 줄 몰라 전화번호 기록하는 것을 잊어버리곤 한다.

메모의 중요성을 생각해보자. 상사가 업무지시를 할 때 수첩이나 메모지 없이 '예, 알았습니다' 말하고 자리에 돌아왔을 때 '내가 무슨 지시를 받았지' 하고 머리를 긁적이며 생각하게 되는 경우가 있다. 그러나 그럴수록 생각은 더욱 흐려지고 재차 상사에게 지시한 내용을 묻자니 난감하다. 물론 지시 사항이 간단한 문제라면 상관없지만, 내용이 복잡하고 처리 방향까지 주어진 것이라면 어떨까? 언제나 수첩을 가지고 다니며 메모하는 습관을 갖자. 길을 걷다 떠오르는 업무에 대한 아이디어나 특허가 될 만한 아이디어를 바로 메모할 수 있으니 얼마나 좋은가?

신문, 잡지를 열람하는 순간에도 메모 도구를 준비하는 습관을 기르자. 인생을 살면서 중요하다 싶은 것은 영구히 보관될 수첩에 옮겨놓고, 생각날 때마다 읽어보고 인용한다면 그것은 살아 숨쉬는 메모 내용이 아닐까? 이 내용들이 내 머릿속에 정리되고 튼튼한 기초 지식으로 전환돼 사람들을 설득할 수 있는 언어의 연금술사로 만들어주지 않겠는가? 지금 자신을 돌아보자. 오늘 메모를 했는가? 메모할 준비는 되어 있는가?

실수하지 않는 직장인의 업무자세

요즈음 젊은층이 많은 부서에서는 간혹 부서별 회식을 문화공연이나 레스토랑에서 한다고 한다. 그렇다고 해도 대부분의 회식은 1차와 2차 행사가 주종을 이루는 소주와 삼겹살, 노래방을 거쳐 끝이 난다. 우리는 종종 주석에서 술의 힘을 빌려 평소에 서로에게 불편했던 점을 얘기하는데 서로 수용하지 못하고, 이해가 상충된다면 이는 오히려 화를 자초할 수 있다. 차라리 술의 힘을 빌릴 것이 아니라 평소 인간적인 관계로 보다 많이 접근해 친숙함을 유지하며 마음속 깊이 생각했던 것을 서서히 말하는 것이 좋다.

회식을 하고 난 다음날 출근 과정에서 대개 2부류의 행동 양상을 관찰할 수 있다. 평소와 같이 출근하는 부류와 시간이 경과된 후 출근하는 부류가 그것이다. 그렇다면 후자의 경우 왜 같은 술을 마시고도 늦게 출근하는 것일까? 정상적인 직장인 또는 직장문화에 익숙한 사람이라면 늦게 출근할 이유 없이 정상 출근을 하고, 적당한 직무수행을 이유로 잠시 찜통(목욕탕)의 휴식시간을 맛보고 다시 직장에 복귀

할 수 있을 것이다. 직장에 덜 충만한 직장인은 본인의 판단에 '내가 다른 사람보다 과음을 했으니까 조금 늦게 회사에 출근해도 될 것이다'는 착각으로 늦게 출근하는 경향이 있는데 이건 상사나 동료에게 불편한 심기를 안겨주는 행동이다. 어제의 회식은 어제의 회식으로 끝나야 한다. 그리고 오늘은 새롭고 맑은 정신으로 다시 태어나야 하는 것이다.

직장인들이 쉽게 실수할 수 있는 또 다른 사례가 있다. 직장에서 승진 시험이나 자기계발을 위한 자격증, 시험 준비 등으로 부득이하게 근무시간의 할애가 필요한 경우가 그것이다. 이런 경우 사전에 동료들에게 불가피성을 말하고, 양해를 구한 후 야유회나 명절, 체육행사, 필수요원 등은 본인이 지원해 동료에게 편의를 제공해 우호적인 분위기 속에서 시험공부를 하는 것이 바람직하다. 이 과정에서 개인적인 외출을 했을 경우, 당당하게 사무실에 외출 사유를 알려야 한다. 본인의 판단에 아주 잠깐의 시간이 소요되는 일이라고 해서 말없이 외출했을 상사나 동료가 목격하게 될 경우, 오해하기 쉽다.

직장에서의 내 몸값 올리기

직장 동료가 머리를 빗지 않은 채 9시에 출근해 간간히 하품을 하고, 분장된 업무는 빠듯이 해 나가면서 퇴근 시간이 무섭게 직장 동료들과의 행사는 무시한 채 개인적인 일을 하러 가는 사람이라면 당신은 이 사람을 몇 점짜리 직장인으로 채점하겠는가? 과연 그 사람의 상사와 동료 간의 관계는 원만할까?

우리는 곧잘 원칙을 강조한다. 물론 직장인마다 회사의 규칙과 지침, 업무 편람 등이 정해져 있기 마련이다. 하지만 이 원칙이 지나치게 강조되다 보면 자칫 경색되고, 업무의 흐름이 매끄럽지 않을 수도 있다. 그렇다고 해도 만약 동료가 출근 시간보다 30분 일찍 출근해서 그날 할 일을 준비하고 계획하는 일관된 자세로 일하고, 지정된 날짜보다 빠른 업무 속도를 보여주고, 퇴근 후까지 동료들과의 관계를 유지한다면 그가 설사 업무상 중대한 손해를 끼쳤다 해도 상사는 '그 친구 그럴 친구가 아냐' 하고 넘어갈 것이다. 하지만 겨우 9시에 출근해 인사도 제대로 하지 않고, 보고 기일이 지나 늦장 업무 태도를 보인다면 그 친구의 중대한 잘못은 냉혹하게도 정리 대상이 될 것이다.

그러면 우리는 어떻게 몸값을 올려야 할까? 우선 자신이 하는 일을 직업 그 이상으로 생각해야 한다. 신의 부름을 받은 자가 곧 프로라는 말이 있듯, 업무에 임하는 자세가 다르고 그가 밟은 땅 한 평, 풀 한 포기라도 피어나는 향기가 달라야 한다. 업무가 무엇인가는 별로 중요하지 않아도 끊임없이 완벽을 향해 정진해야 한다. 스타급 선수라도 타율이 부진하면 2군으로 떨어지듯 '완벽'을 향해 자신과 끊임없이 대결해야 한다. 사막의 오아시스가 우리의 갈증을 씻어내고, 뜨거운 태양을 가려주듯 매일 매일의 삶에서 '나만의 오아시스'가 필요하다. 내가 맡은 업무에 최선이 아닌 최고가 되기 위해 장인정신을 발휘하고, 지금 프로의 길을 걷고 있는지를 스스로 자문하고 자기 경영을 통해 끊임없이 정진한다면 내 몸값은 경쟁력 있는 상품이 되고, 구조조정의 칼날이 아무리 매서워도 내가 설 땅은 사방도처에 널려있다.

나도 언젠가는 구조조정을 당할 수 있다는 '위기의식'과 '긴장감'을 가져야 한다. 위기의식이 없는 개인은 성공적인 삶을 살 수 없고,

자신의 역량 강화를 위한 고민이 없다면 위기상황을 극복할 수 없다. 성공의 달콤한 맛을 보고 싶다면 버려야 할 것은 버리고, 새로운 위기 감과 긴장으로 재무장해야 한다. 내 몸값을 올리려면 많이 노력하고, 경쟁자들보다 다른 모습이어야 한다. 괴로움을 추가하면 성공의 확률은 그만큼 높아지는 것이다.

고객만족, 이렇게 향상시키자

내부 경영혁신을 통한 매출 증대가 쉬우리라 느껴지지만 변화와 혁신을 외면하는 인간의 습성상 쉬운 일은 아니다. 사실 변화와 혁신을 통한 사익 창출은 많아야 전년 대비 5~10% 정도 성장하는 것 뿐이다. 차라리 상품을 구입해주는 고객에게 기대 이상의 고객만족을 주어 매출 증대를 꾀하는 것이 순이익 증가에 효과가 있다.

그러면 어떻게 고객에게 기대 이상의 만족으로 자사의 상품구매를 유발할 것인가? 이는 고객에게 회사에 대한 충성도를 높이고 브랜드 파워를 증대시켜 나가는 것이다. 고객이 감동을 받은 경우 평균 7명에게 입으로 전달되고, 불쾌했던 감정이나 몹시 기분 상한 경험은 평균 17명에게 입으로 전달된다고 하니, 우선 불량 사례가 발생하지 않도록 해야 한다. 인터넷의 게시판에 올라오는 불만을 수용해 고객에게 신속한 답변으로 고객의 감정을 아우르고 이를 경영에 반영해야 하며, 그 고객을 서포터즈로 임명해 경영정보 등의 서비스나 고객 사은 행사 초빙, 1일 현장 체험 등의 이벤트를 시행하는 등 지속적인 관심으로 우호적인 세력이 되도록 해야 한다.

인터넷을 통한 고객의 칭찬(직원에 대한 감동이나 상품에 대한 칭찬) 사례이든 불량(상품에 대한 결함이나 서비스 불량 등) 사례이든 이 두 사례를 종업원에게 공지해 교육 자료로 활용하고, 고객에게는 상품권을 제공해 회사의 브랜드를 높이고, 구전 효과를 기대하는 것이다. 우리는 고객이 우리를 해고(상품불매 등)하기도 하고, 회사를 망하게도 혹은 초일류 기업으로 성장·발전시키기도 한다는 것을 잊어서는 안 된다. 기업에게 고객이 없다면 어떠한 계획과 행위도 준비될 수 없다. 고객만족은 일순간에 향상되는 것이 아니고, 천천히 움직이는 것이다. 경제 소비 주체인 우리가 낮에는 직장에서 생산한 물건(용역)을 판매하고 서비스하지만, 퇴근 후에는 소비 주체가 되어 고객이 된다는 것을 명심하고, 내가 고객으로서 대우받고 싶은 만큼 직장에서 고객들을 대할 때 그렇게 해야 한다는 사실을 잊어서는 안 된다.

행사, 감사수감 등의 준비에 철저하자

직장에서의 행사를 들여다보자. 직장에서는 월례 조회에서부터 간담회나 전략회의 등의 행사가 있게 마련이다. 그런데 이런 준비를 개최 전날 또는 몇 시간 전에 체크리스트 등을 통해 행사장 조명, 소품, 준비물 위치 확인, 음향시설 상태, 진행순서 등을 점검해 둬야 한다. 이렇게 준비를 해도 행사 중 마이크 소리가 울린다거나, 녹음테이프의 반주곡이 늘어지는 등의 불미스러운 일이 발생해 행사가 엉망이 되어 망신을 당하는 경우가 허다하기 때문이다. 사전에 준비를 해도 행사가 원만히 진행될까 걱정인데, 준비 미흡으로 인한 타격은 막대한 손실을 부른다. 실무자에게는 주어진 일도 제대로 해내지 못한다는 질책이 쏟아지고, 당사자는 다음 행사 때 실수의 재발 가능성에 대한 중압감, 행사 착오로 인해 부서원 전체에 쏟아지는 협력적인 분위기 미흡이라는 지적, 이로 인한 동료 직원에 대한 미안함이 발생하기 때문이다.

직장인들은 업무의 중요성에 따라 감사 부서의 감사를 수감해야 할 때가 있다. 감사수감은 수감이지만, 감사 자료를 준비하는 과정이 그리 순탄하지만은 않다. 감사를 수감하는데 있어 요령이 있다면 극도의 절제된 말(묻는 말에만 짧게 대답)과 상당히 정중한 예의(피감사자로서 긴장된 자세와 흐트러짐 없는 태도)가 필요하다. 추가 감사 자료를 요청받을 경우 지정된 시간 안에 제출하도록 하되, 기일 안에 제출하지 못할 경우에는 지연 사유를 미리 말해두는 것도 감사관의 미움을 사지 않는 방법이다. 또 비록 내가 집행한 업무가 아니더라도 굳이 내가 하지 않았노라 변명할 필요는 없다. 이것은 후에 개인별 관리 기간을 표시하면 되는 것이고, 우선은 감사관에게 '내 책임이 아니다' 라는 책임 회피성 발언으로 괜한 오해를 살 필요가 없다는 것이다. 다만, 내가 업무에 대해 아는 만큼만 설명하면 된다.

특히 의견 대립으로 업무처리의 정당성을 주장해 감사관을 다운시킨다거나 감정을 자극할 필요는 없다. 그랬을 경우 감사기간 연장이나 또 다른 업무를 파헤치는 결과를 면하기 어렵다. 단지, 내가 한 업무가 옳다면 그 과정과 흐름을 정중히 설명하면 무난한 감사 일정이 될 것이고, 또 업무처리 과정이 회사에 뚜렷한 사익(기간 단축이나 금액)을 초래하였다면 감사유공이라는 표창도 돌아올 수 있다.

행사 준비 등의 사전점검과 철저한 준비로 작은 일에 성공하다보면 신뢰와 믿음이 쌓여 중대한 업무가 주어지고, 무난한 업무처리라는 결과를 얻게 되면 본인에게는 자신감과 회사에서 재목이 될 수 있는 기회를 얻을 수 있다. 또한 내가 행사장의 주빈이라면 "나는 이렇게 하겠다."라는 시뮬레이션과 감사 수감시의 답변 자료를 역지사지의 입장에서 미리 준비하면 개인적으로 큰 성장이 있을 것이다. 이렇게 작다고 할 수 있는 업무도, 완벽한 준비로 거목이 될 수 있는 밑거름으로 만드는 것이다.

2차 술자리 문화, 이런 것은 고치자

어느 집단이든 형식과 종류에 차이는 있지만 회식문화는 존재한다. 우수부서(팀)로 선정되어 포상금이 주어졌거나, 부서별 체육행사 등으로 인한 회식 등이 그것이다. 우리 사회는 언제부터인지 음주문화가 1차, 2차, 3차 등으로 이어지는 것이 관행이 되었다. 1차 술자리가 끝났음을 안내하면 회식 장소를 빠져나오며 몇몇은 2차 약속장소로 옮겨간다. 차라리 1차 술자리에서 분(憤)이 안 풀렸다면 생각 있는 애주가들이 모여서 술잔을 기울이는 것이 더 경제적이고, 애주가들 본인들의 몸도 보호하고 생산적인 언어의 유희가 있을 수 있는데 말이다. 그런데 대개는 1차에서 총총히 빠져나와 우르르 2차로 옮겨 간다. 그 순간 2차 술값을 누가 계산할 것인지는 중요하지 않다. 덜 취한 사람이 계산하면 되기 때문이다.

그러나 문제는 그것뿐만이 아니다. 문제는 2차의 음주 행태이다. 여기서부터는 2차에 모인 사람들 모두 몸이 기울어져 있거나 말은 바르게 하는데 혀가 꼬여 말이 생략되거나 발음이 정확하지 않다. 탁자에 놓인 술잔을 잡거나 놓을 때 술잔이 엎어지기도 하고, 사람들은 고개를 떨구거나 하품을 하며 벽에 기대어 잠이 드는 사람까지 있다. 게 다가 의기양양하게 2차 좌석에서 건배 한 이후는 술잔을 비우는 속도가 길어지거나 늦어지고, 상대의 잔에 술을 채울 때도 넘치거나 지나쳐 손과 탁자에 술을 흘리게 된다. 이성이 있는 사람이라면 잔을 비우고 또 한 잔 받아 놓은 채 핸드폰을 꺼내 전화라도 온 것처럼 술자리 장소를 벗어나 집으로 갈 것이다. 그렇다면 술자리에 끝까지 남아 있는 사람은 어떻게 될까? 이들은 1차 술자리에서 했던 이야기를 반복하며, 청력까지 희미해져 목소리의 톤은 점점 높아 간다. 잔을 비우는 속도는 점점 늦어지고 일행의 누군가는 억지로 마셔대도 줄지 않는 술병을 원망스럽게 볼 것이다. 2차를 끝내고 출입구로 걸어 나오는 행동은 늦어지고, 2차를 계산하겠다던 사람은 신발을 고쳐 신거나 전화를 받고 있을 것이고, 이때 영웅이 나타나 술값을 계산할 것이다. 이제 각자 흩어져 집으로 돌아가 아침이 되면 술값을 계산한 사람은 꾀나 속이 아플 것이다.

어쩔 수 없이 술자리에 동행해 저 술이 언제나 줄어들까 생각하며 마시는 술, 빨리 이 자리가 끝났으면 하는 마음으로 마시는 2차 술 문화가 이대로 유지되어야 할까? 이것이 더욱 문제가 되는 것은 늦은 귀가로 이어져 기다리는 가족은 지치고, 다음날 업무에도 지장을 초래하기 때문이다. 퇴근 후 제대로 휴식을 취하지 못했기 때문에 아무래도 업무 속도가 정상적이지 못할 것이다. 그렇다면 어떻게 2차 안하기 운동을 해야 할까?

첫째는 시간을 정해두고 2차를 가는 것이다. 밤 10시까지만 2차를 진행한다는 식으로 공언을 하는 것이다. 아마 마시는 도중 2차가 끝날 것이다. 왜 10시인가? 당일 귀가를 원칙으로 했을 때 원거리에 있는 사람들은 12까지는 귀가해야 하기 때문이다. 둘째는 술값 계산에서 자기 몫은 자기가 내는 식으로 하는 것이다. 아마 술 맛이 제대로 날 것이다. 셋째는 "오늘은 계획된 2차가 없습니다." 라고 공언하는 것이다. "2차 술자리를 마련하지 마시고, 따뜻한 가정으로 돌아가십시다." 라고 말하면 더욱 설득력이 있을 것이다. 넷째는 "우리 직장에서는 1차 회식 후 2차 술자리를 마련하지 않습니다. 2차를 하시는 금액으로 사회공헌 활동(기부)을 하십시오." 라고 한다면 2차 술자리 문화는 사라지지 않을까?

상사의 지시사항 거부, Win-Win하는 타이밍

우리는 상사로부터 업무지시나 결재(대면 혹은 전자결재)시 결재와 관련된 내용의 업무지시를 추가로 수명 받기도 한다. 문화적 이념과 관점, 생각이 다르기 때문에 이의 해법 과정에서 기안 내용이 상사가 원하는 기안문서로 나오지 않을 수도 있다. 이때 상사는 관련된 내용에 대한 처리 방향, 문구 등에 대해 기안자와 의견을 달리할 수가 있어 의견제시를 하거나 다시 한번 검토해 보기를 권하기도 한다. 그런데 상사가 의견을 제시 했을 때 본인과 의견이 다르더라도 이를 수용하고 업무에 반영하는 경우가 있는가 하면, 상사의 의견제시가 끝나자마자 즉석에서 수용 거부의사를 밝히는 경우가 있다. 수용 거부의사를 밝히는데 있어서도 상사에게 기분 좋게 거부하면 서로가 이기는 승부가 아닐까 한다.

그렇다면 어떻게 거부해야 할까? 상사의 지침을 받은 후 3~4시간 뒤에 의사를 표현하는 것이 좋다. 3~4시간 뒤면 충분히 검토하는 시간이기 때문이다. "팀장(팀장으로 칭함)님께서 지시하신 방향대로 이행하게 되면 이러이러한 문제가 있을 것 같은데요." 라고 의견을 제시하면 상사는 "아, 그런 점도 있겠군." 하면서 의견을 철회하겠지만, 즉석에서 상사의 의견을 묵살하면 상사가 의견을 철회하려고 해도 어쩔 수 없는 체면으로 철회하는데 시간이 소요되고, 그 기안자는 철회하는 데에 따른 값을 치러야 한다. 상사가 강압적으로 밀어 붙이기를 한다던가, 기안자에게 과거의 과오를 들추어내던가 하는 식의 감정대립이 일어나 골이 깊어지고 외출이나 휴가 때 아무래도 서로가 껄끄러워질 것이다.

비록 상사의 의견이나 처리 방향에 착오가 있다 해도 일단은 수용하는 태도를 보이고, 3~4시간 후 기안자의 의견을 말하면서 다시 한 번 처리 방법에 대해 의논한다면 그 업무는 잘 풀릴 것이다. 그리고 상사 앞에서 열중-쉬어 자세로 얘기하는 것보다는 상사의 옆에 서거나 상사 옆 의자에 앉아 서로 의논하는 것이 아무래도 좋아 보일 것이다. 열중-쉬어의 자세는 "빨리 결재를 해달라." 는 강압적인 모습으로 보일 수 있기 때문이다. 의논하는 과정에서도 극단적인 표현으로 간주되는 '절대'나 '결코' 등의 부정어는 사용하지 않는 것이 좋다.

승진대상자, 인사평정 좋게 받는 방법

직장인들에게는 어떤 형식이든 상사가 부하직원을 평가하는 인사평정이라는 것이 있다. 평가자가 인사평정에서 주관적인 요소를 배제하고 평정기간의 평정요소로 객관적으로 평정하게 되어있지만 사실 평정기간 이전의 과오나 주관적인 감정을 배제하고 사람을 평가하기는 어렵다. 이때 피평정자는 상사가 당연히 평정원칙에 입각해 정확히 평정하리라 생각하지만 그러나 정말 그렇게 될까? 사람이 사람을 평가하기가 어려워 정확히 평가하기가 어렵다는 것일까? 꼭 그런 것만은 아니다. 살펴보면 우리 주변에는 객관적인 인사평정을 저해하는 요소가 많다. 예컨대, A 직원이 승진을 해야 하는데 업무처리 과정은 매끄럽지 않으나 인간적인 채취가 물씬 풍긴다고 하자. 그리고 B 직원은 업무처리가 물 흐르듯 흐르고 매사 업무처리가 만족스럽지만 승진 대상이 아니라고 가정하자. C 직원은 경조사는 잘 챙기는 반면 가끔 정의로운 말을 해서 상사의 가슴을 애타게 한다고 하자. 과연 이 상사는 어느 직원에게 근무평정을 잘 줄까? 물론 평정원칙에 의한 답은 B 직원에게 점수가 많이 가야 할 것이다.

사람이 근무평정을 의식하고 평정기간 내내 자신의 습관과 품성을 드러내지 않으면서 일할 수도 없고, 결국 인간 본연의 모습을 드러내며 직장생활을 하기 마련이다. 근무평정이란 업무 성과나 평정요소에 따라 평정하는 것이 원칙이지만, 승진대상 직원의 업무처리 과정이 순조롭지 않다고 해서 승진의 기회가 박탈되도록 인사평정을 좋지 않게 평가할 상사는 많지 않다. 이때 승진을 목전에 둔 피평정자라면 건의 사항이 있다는 등의 이유로 상사에게 다가가 "제가 이번에 승진대상입니다. 그래서 말씀인데요. 인사평정을 잘 해주시길 부탁합니다."하는 등의 한 두 마디를 건네는 것이 평정에 호의적으로 작용하지 않을까 생각한다. 평정자가 알아서 잘 평정해 주시겠지 생각하면 '저 친구 뭘 하자는 건지' 하고 기다리는 상사가 있을 수도 있다는 말이다. 직장인이라면 평소에 인적 네트워크를 잘 구축해 서먹서먹하지 않고 자연스럽게 얘기를 주고받을 수 있도록 원만한 인간관계를 형성해야 할 것이다.

신입사원에서 CEO로

자동차를 운전하는 사람이라면 누구나 싫든 좋든 초보운전 시절을 겪듯이, 직장인도 신입사원의 과정을 밟게 된다. 지금 성공한 CEO들도 신입사원 시절의 에피소드가 있었을 것이다. 신입사원 시절이 순탄한 것만은 아니다. 학교에서 배운 지식과 신참 직장인으로서의 참신한 직장관은 실제 직장 생활과의 괴리로 인해 고통이 뒤따르기 때문이다. 프로 직장인이 되려면 이를 빨리 극복하려고 노력해야 한다.

성장 배경과 지식의 차이는 물론 다양한 계층의 사람들이 모인 집단이기 때문에 끼리끼리 문화에 익숙해 있던 새내기 직장인은 또다른 계층적 문화와의 적응에 긴장과 생소함을 느낀다. 업무를 추진하는 일련의 과정에서 자존심이 구겨지고, 현실과의 타협, 양심의 괴로움, 동료와 상사에게 호응하기 위한 억지웃음, 갈등에 대한 대안 모색 등 초보 직장인의 애환을 겪으며 초급관리자로 거듭나게 된다.

초급관리자 시절부터는 조직 구성원의 아름다운 장점만을 보고 업무를 추진하고, 지시해야 할 것이다. 우회적으로 표현하는 언어 구사의 기술과 각고의 인내가 필요하며, 동료로서 수평에서 지켜봐왔던 구성원과 수직에서 관찰하는 구성원은 또 다른 특징이 있음을 이해하는 시기도 이때다. 그러나 구성원에 대한 평가는 언제나 마음속에 담아두고만 있어야 할 것이다.

초급관리자 시절을 숨 가쁘게 보낸 후에는 중간 관리자로 성장하게 된다. 최고경영자도 아니고 초급관리자도 아닌 중간관리자는 하위자에게 정확한 업무지시를 하고, 상급자에게 완성된 결과물로 평가받아야 하는 위치이다. 초급관리자에게 책임과 자율을 부여하되

부하직원에게는 업무를 꼼꼼히 챙긴다는 인상을 주어야 할 것이며, 상(공)은 하위직이 벌(책임)은 내가 받는다는 인식도 각인해 둘 필요가 있다. 이런 과정을 겪으면서 정확한 밑그림과 직관력, 끈질긴 승부근성과 강한 성취욕으로 리더십이 필요한 최고경영자로 우뚝 서게 되는 것이다.

－양선영

비주얼 커뮤니케이션

프레젠터의 경쟁력은 언어구사 능력 이상의 비주얼 커뮤니케이션 능력이라 해도 과언이 아니다. 프레젠터에게 요구되는 비주얼 커뮤니케이션 능력을 강화하려면 비주얼 씽킹(그림 사고) 능력과 도해(圖解) 작성 능력을 업그레이드 하길 권한다. 비주얼 씽킹은 생각을 논리적으로 정리하는데 효과적이고, 도해는 메시지를 함축하고 시각화하여 전달하는데 효과적이기 때문이다.

비주얼 씽킹이나 도해 작성은 누구나 할 수 있는 손쉬운 방법이다. 그러나 제대로 비주얼 커뮤니케이션을 이해하고 활용하는 프레젠터는 극히 드물다. 한 마디로 '상당히 많은 프레젠터가 초보적 단계에 머물러 있다'고 단언할 수 있는 것이다.

비주얼 커뮤니케이션 능력은 단시간에 얻을 수 있는 성질의 것이 아니며, 이국의 언어를 배우듯 수년의 시간이 걸릴 수도 있다. 최상의 비주얼 커뮤니케이션 능력은 수많은 연습과 시행착오 끝에 몸으로 체화(體化)하여 얻을 수 있는 결실이다.

비주얼 커뮤니케이션이란 무엇인가?

프레젠터에게 커뮤니케이션 능력만큼 중요한 것은 없다. 커뮤니케이션 능력 중에서 비주얼 커뮤니케이션(visual communication) 능력은 확실한 차별점이고 경쟁력이다. 그렇다면 프레젠테이션에서 왜 비주얼 커뮤니케이션이 중요할까?

우리 속담에 '백문이 불여일견(百聞而 不如一見)'이란 말이 있다. '백번 듣는 것보다 한번 보는 것이 낫다'는 말이다. 어느 학자에 의하면, 인간은 귀로 들은 것은 10%, 읽은 것은 30%, 본 것은 80%를 기억한다고 한다. 다시 말하면, 말과 글이 그림이나 도해보다 커뮤니케이션 효과가 떨어진다는 것을 의미한다. 심리학자들에 의하면, 인간은 오감을 통해 정보를 흡수하는데 그 비율이 시각 60%, 청각 20%, 촉각 15%, 후각 3%, 미각 2%라고 한다.

영리한 프레젠터라면 이러한 인간의 특성을 제대로 활용할 수 있어야 한다. 시각적 효과와 청각적 효과를 최대한 활용할 수 있어야 경쟁 우위를 확보할 수 있다는 뜻이다.

시각적 효과를 부각시키는 방법은 될 수 있으면 문장보다는 도해를 활용하거나 일러스트나 도표, 그래프 등을 최대한 활용해 시선을 자극하고, 직관적으로 이해를 돕는 것이 좋다. 시각과 청각 효과를 극대화하려면 멀티미디어를 활용하는 것이 방법이다.

동영상과 애니메이션을 프레젠테이션 중간중간에 배치하여 지루함을 없애고, 흥미를 유발하는 것이 프레젠테이션을 성공시키는 방법이다. 때로 비주얼 커뮤니케이션 능력은 프레젠터의 등급을 결정할 수 있는 척도가 되므로 결코 간과할 수 없는 것이다.

문장보다 비주얼이 효과적이다

타인에게 정보를 전달할 때 복잡하고 어렵고 부정확하며, 지루하고 난해하게 설명하고 싶은 사람은 한 명도 없을 것이다. 그러나 대부분의 프레젠터는 발표 내용을 난해하고 어렵게 설명하는 경향이 많은데 이것은 자신의 결점에 대해 정확하게 모르기 때문이다.

'정보를 전달하는 방법 중 가장 좋은 방법은 뇌가 인식하기 쉽게 하는 것'이라고 한다. 뇌가 정보를 인식하기 쉽도록 하려면 글이나 말보다 그림이나 도해가 효과적이다.

필자의 경우 프레젠테이션을 준비할 때 도해 작성과 디자인에 세심한 신경을 쓰고 있다. 장황한 문장보다 도해와 사진, 일러스트를 이용하면 쉽게 내용을 전달할 수 있을 뿐만 아니라 수용자의 입장에서 한눈에 쉽고 빠르게 내용을 이해할 수 있어 프레젠테이션 목적을 효과적으로 달성한다.

프레젠터로서 경쟁력을 갖추려면 말과 글보다 상위 개념인 비주얼 효과를 확실히 이해하고 커뮤니케이션 도구로서 전략적으로 활용해야 한다. 문장 중심의 커뮤니케이션에는 다음과 같은 문제가 있기 때문이다.

- 내용을 이해하는데 시간이 많이 걸린다.
- 한눈에 내용의 전체를 파악하기 힘들다.
- 상호 인과관계, 가중치 등을 알기 힘들다.
- 내용의 중첩 또는 누락을 알기 힘들다.
- 흥미를 끌지 못하고 점차 집중력을 떨어뜨린다.
- 전달자의 의도를 잘못 이해하기 쉽다.

왜 비주얼 씽킹인가?

비주얼 커뮤니케이션 능력을 향상시키기 위해서는 비주얼 사고 (visual thinking)와 비주얼 전달(visual delivery) 방식에 대해 제대로 알아야 한다. 비주얼 씽킹은 쉽게 말해 '그림 사고' 또는 '도해적 사고'라고 말할 수 있다. 복잡하고 이해하기 힘든 내용들을 도해로 표현하면 전체 구조가 일목요연하게 보이고 상호관계를 보다 쉽게 전달할 수 있듯이 무형의 생각들도 도해로 표현하면 체계적으로 생각이 정리되고 논리를 바로 세울 수 있어 효과적이다.

비주얼 씽킹을 할 때 그림 실력은 그다지 중요한 것이 아니다. '생각을 그리는 능력'이 훨씬 중요하기 때문이다. 무형의 생각을 눈으로 보면서 고쳐 나가려면 종이에 생각을 쏟아 놓아야 한다. 이때 낙서하듯 부담 없이 생각들을 텍스트나 도형, 상징물 등으로 표현하면 된다. 때로는 지도나 도표, 기호 등을 활용해 생각을 구체적으로 정리해도 좋다. 몇몇 생각들은 화살표나 선 등을 이용해 상호 연관 관계를 표

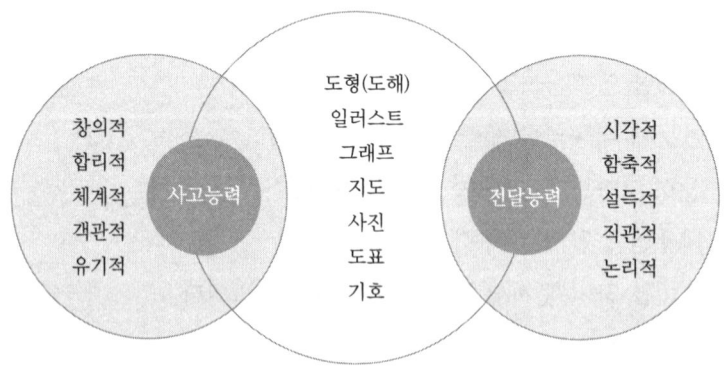

visual communication

시하고 항목을 나누거나 묶어가며 정리하다보면 미처 생각지 못한 부분들이 가미되며 흥미로운 결과를 얻기도 한다.

유기적이고 합리적인 사고력은 곧 논리적이고 설득력 있는 전달 능력을 강화시킨다. 결국 사고 능력이 전달 능력에 지대한 영향을 미치게 되는 것이다. 프레젠터 중에 전달 능력이 떨어지는 사람들은 화려한 디자인이나 유창한 말솜씨에 매달리는 경향이 있는데 문제는 다른 곳에 있다는 것을 알아야 한다. 생각하는 방식이나 시스템을 바꾸면 프레젠테이션 전달 능력은 분명 달라질 수 있다.

도해는 내용을 함축하는 과정에서 태어난다

좋은 도해를 작성하기 위해서는 내용을 최대한 함축하는 과정이 필요하다. 머릿속에 빙빙 돌던 수많은 생각과 아이디어들을 여러 항목의 문장으로 정리하고, 문장들 속에서 주요 키워드를 찾아낸다. 이러한 과정은 도해 작성을 위해 매우 중요한 공정들이며, 간단명료한 도해를 만들기 위한 재료를 준비하는 과정이다. 좋은 요리를 위해서는 좋은 재료가 필수이듯 최적의 도해 작성을 위해서는 사전에 양질의 재료가 준비되어야 한다. 이렇게 준비된 그림이나 키워드들은 도형과 화살표를 가미해 의도에 맞게 도해화하면 된다.

필자의 경우 프레젠테이션을 위한 슬라이드를 제작할 때 처음부터 도해를 작성하는 일은 거의 없다. 우선은 텍스트로 전체 페이지를 구성한 다음 점차 페이지별로 도해화해야 할 곳과 일러스트화해야 할 곳, 도표로 처리할 곳을 구분하여 그림으로 만든다. 그리고 도해화 과정에서 처음부터 디자인에 역점을 두면 안 된다.

처음부터 디자인에 신경을 쓰게 되면 정작 중요한 내용에 소홀해지는 경향이 있다. 우선은 텍스트를 대충 도해화한 것에 만족하고 내용을 최대한 보완해 완성한 다음 최종적으로 그림을 디자인하는 것이 좋다.

도해화 과정

1단계 : 자유발상 단계－아이디어는 최대한 넓고 깊게 한다.

2단계 : 작문 단계－문장 형태로 생각들을 정리한다.

3단계 : 함축 단계－문장을 짧게 다듬거나 한 마디로 정의한다.

4단계 : 도해화 단계－다이어그램, 도표, 구조도, 그래프 등의 형식
　　　　으로 도해화한다.

5단계 : 디자인 단계－정리된 도해는 품격과 조형미 등을 고려하여
　　　　디자인한다.

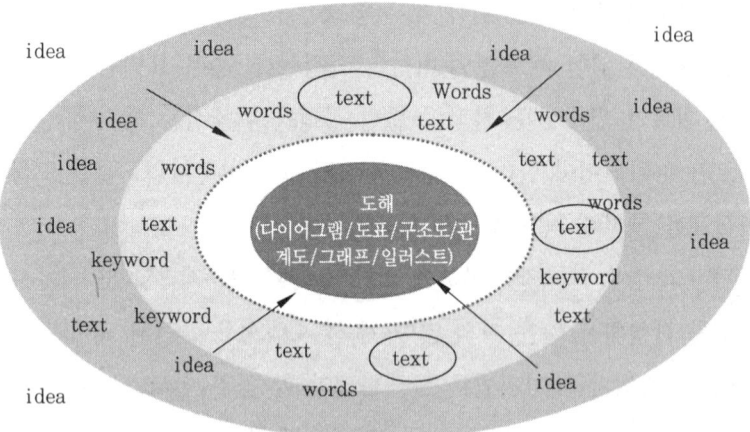

도해의 종류와 기능

다이어그램형 도해

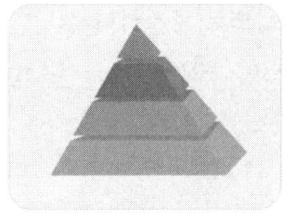

전체를 파악하기 좋은 형식으로, 비교적 정보를 함축적으로 전달할 때 용이하다. 조직도형, 주기형, 방사형, 피라미드형, 벤형, 과녁형 등이 있다.

인과관계형 도해

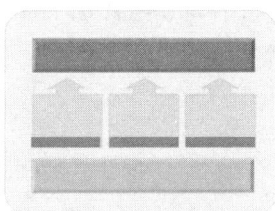

키워드와 도형 등을 활용하여 인과관계, 주종관계 등을 표현한다. 전략을 수립하거나 복잡한 정보를 정리하는 데 용이하다. 순환형, 외주형, 전개형, 계층형, 나열형 등이 있다.

상호관계형 도해

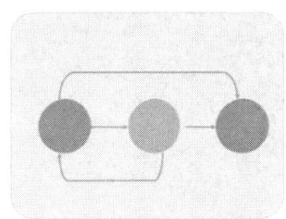

도형, 키워드, 화살표 등을 이용하여 상호관계나 순서 등을 표현한다. 과정 설명, 문제점을 분석할 때 용이하다. 프로세스도, 순서도, 로직트리 등이 있다.

도표형 도해

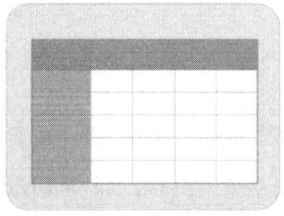

도형, 키워드, 화살표 등을 이용해 상호 관계나 순서 등을 표현한다. 수치를 정리하거나 문장을 항목별로 구분하여 설명할 때 용이하다. 도표형, 항목형, 매트릭스형 등이 있다.

그래프형 도해

수치 데이터를 표현하는 데 용이하다. 비교분석, 실적관리, 점유율, 통계 등을 표현할 때 용이하다. 원형, 도넛형, 꺾은선형, 막대형, 혼합형 등이 있다.

일러스트형 도해

특정 형식의 그림을 이용하여 메시지를 전달한다. 메시지를 인상적이고 감성적으로 전달할 때 용이하다. 클립아트, 일러스트레이션, 캐릭터, 만화 등이 있다.

나쁜 도해와 좋은 도해

도해에는 정답이 없다. 그러나 좋은 도해와 나쁜 도해는 쉽게 구분해 낼 수 있다. 복잡하고, 어렵고, 불명확하고, 산만한 것들은 좋은 도해로서의 가치를 상실하게 된다. 도해를 작성할 때 가장 중요한 원칙은 수용자의 관점에서 만들어야 한다는 것이다. 동일한 내용이라도 연령층에 따라 학력이나 전문 지식의 정도에 따라 도해 작성 형식을 바꾸는 것이 중요하다. 도해는 말이나 글처럼 커뮤니케이션 매개 수단이기 때문에 의사소통이 원활하게 될 수 있도록 작성하는 것이 좋다.

전달자가 100%의 메시지를 전달했는데 수용자가 40%만 이해했다면 전달률이 40%밖에 되지 않았으므로 전달자는 무엇이 문제였는가를 신중하게 고민해야 한다.

초보단계의 프레젠터 중 상당수가 도해 작성에 문제가 있는데 대부분 자신의 잘못을 알지 못한다. 학교 교육과정에서 도해 작성 방법을 배우지 못한 부분도 있지만 대부분 상식이나 즉흥성에 의존하거나 다른 사람들이 작성한 도해를 편집해 활용하는데 문제가 있다.

좋은 도해는 논리 정연함은 물론 포인트가 분명하며, 수용자에게 쉽고 명확하게 메시지를 전달할 수 있는 힘이 있다. 좋은 도해를 작성하려면 도해 작성 후에 논리력, 설득력, 전달력, 표현력 등을 종합적으로 체크하여 커뮤니케이션에 문제가 생기지 않도록 지속적으로 수정 보완해 나가는 것이 매우 중요하다.

구 분	나쁜 도해	좋은 도해
논리력	논리적 모순	논리적 전개
설득력	핵심 컨셉 부재	포인트가 분명함
전달력	내용이 너무 장황함	이해하기 쉬움
표현력	조잡하고 산만함	간결하고 정돈됨

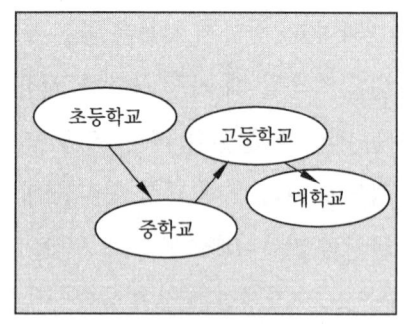
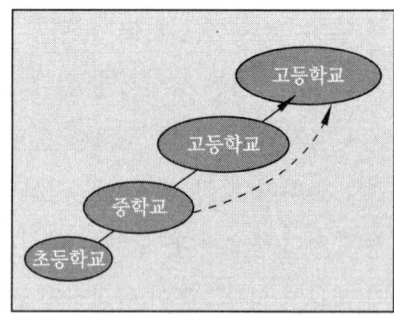

잘못된 도해   정리된 도해

도해 훈련(마인드맵의 활용)

비주얼 씽킹 훈련을 위해 적합한 방법 중에 하나는 마인드맵을 활용하는 것이다. 마인드맵(mind-map)은 영국의 토니 부잔(Tony Buzan)이 개발한 방법으로 전략 수립, 기획·제안서 작성, 사업 구상, 특정 아이디어 발상, 출판 계획 등 사업 구상이나 아이디어 전개 등에 특히 효과적이다.

마인드맵은 '생각의 지도'란 뜻으로 종이 한가운데에 핵심 키워드를 작성하고 방사형으로 가지를 쳐가면서 아이디어를 텍스트, 컬러, 기호, 심볼 등과 함께 기재한다. 마인드맵은 정형화된 구조가 없으며, 필요에 따라 자신의 스타일을 만들어 활용해도 좋다. 머릿속에 복잡하게 얽혀 있는 생각들은 그대로 담아둔 채, 빙빙 돌리지 말고 즉시 종이에 쏟아놓는 것이 도해 훈련의 시작이다. 몇 개의 중간 항목들을 정하여 관련된 내용들을 파생시키며 세포 분열하듯 펼쳐 나가다보면 놀랍게도 생각이 정돈되고, 그 사이에서 훌륭한 아이디어나 전략들을 발견할 수 있게 될 것이다.

작성 방법

- 커다란 백지 중앙에 핵심 키워드를 작성한다.
- 핵심 키워드에서 파생된 하부 항목들을 크고 작게 방사형으로 전개한다.
- 각각의 하부 항목에서 파생되는 세부 사항을 적어나간다.(텍스트, 컬러, 그림, 사진 첨가)
- 세부 사항 중에 파생되는 내용이 있으면 계속 가지를 치면서 확장해 나간다.

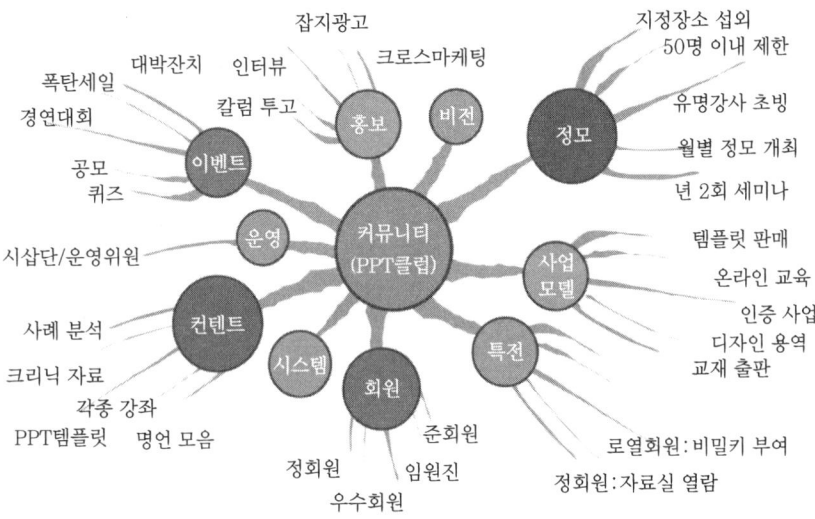

도해사고 훈련(스토리텔링)

초보 단계의 프레젠터들의 최대의 문제는 생각을 제대로 표현하거나 이야기를 명확하게 전달하지 못한다는 것이다. 이는 전달자(스토리텔러)나 수용자(청중) 모두 답답한 상황이 아닐 수 없다. 이야기를 제대로 전달하는 능력을 키우려면 스토리텔링(storytelling) 기술을 습득할 것을 권한다.

스토리텔링이란 사전적 해석으로는 '이야기를 들려주는 활동', 즉 구연을 말한다. 동일한 영화를 보고 스토리를 전달할 때 전달자의 스토리텔링 능력에 따라 마치 영화를 보는 듯한 생동감을 느낄 수도 있고, 반대로 대단히 싱거운 영화로 인식될 수도 있다.

스토리텔링 훈련을 위해 자신의 경험담이나 소설, 영화 등을 보고 줄거리를 말하는 것 등이 좋은 연습이 될 수 있다. 스토리텔링을 잘하기 위해서는 이야기의 뼈대를 도해화하고, 중요 사건들을 중심으로 이야기를 전개하면 크게 문제가 생기지 않는다. 거기에 낭랑한 목소리, 적절한 제스처, 상황에 따른 감정 등을 실어 이야기하면 최상의 스토리텔러가 될 수 있을 것이다.

스토리텔링을 위한 도해 작성법

- 이야기 대상(동화, 소설, 드라마 등)을 선정한다(처음에는 쉽고 단순한 것을 선택).
- 기승전결로 이야기를 나누어 이야기의 뼈대를 구성하고, 주요 사건들은 발췌한다.
- 사각박스와 원, 화살표 등을 이용해 스토리를 도해화한다.
- 완성된 도해로 스토리텔링을 시도해 보고 문제된 곳을 수정·보완한다.
- 기존의 이야기를 변형하여 시나리오를 작성해 본다(변형, 왜곡, 패러디, 반전).

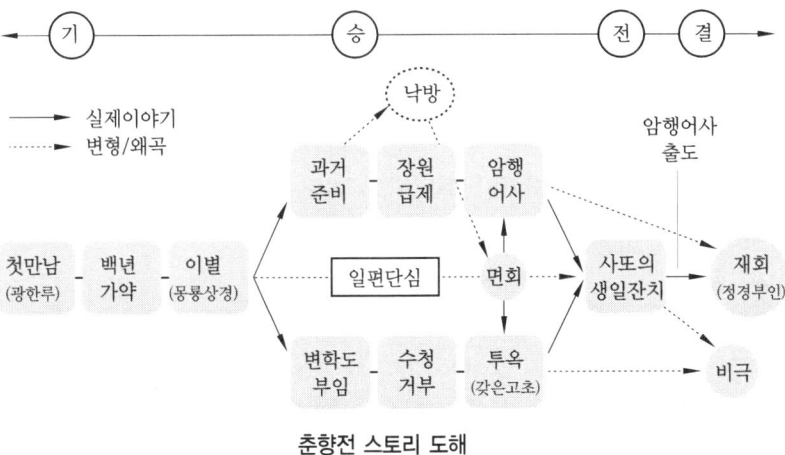

춘향전 스토리 도해

도해 작성 훈련(관계도)

　프레젠테이션을 하다보면 복잡하게 연계된 내용을 설명해야 할 때
가 많이 있다. 말로 풀어서 설명하자니 그 많은 내용을 함축하기 힘들
고, 글로 풀어 작성한다는 것도 상상을 초월하는 어려움이 따른다.

　이럴 때 상호관계들을 간단하게 도해화하면 한눈에 전체 모습을 볼
수 있어 좋고, 복잡하게 얽혀 있는 상호연관성을 명확하게 정리할 수
있어 매우 효과적이다. 관계도는 프레젠테이션 메시지 전달 범위와
관점에 따라 각기 달라질 수 있다.

　누구나 관계도(圖)를 그릴 수 있다. 그러나 한눈에 전체를 파악하게
하고, 의도를 정확하게 담아서 상호관계를 정리하기란 쉬운 일이 아
니다. 때문에 평소에 관계도 작성 훈련을 꾸준히 하는 것이 매우 중요
하다. 처음에는 복잡하고 난해한 소재보다는 가볍고 흥미로운 소재를
선택하는 것이 좋다.

　예를 들어, 드라마나 소설 속에 등장하는 주인공들의 관계도를 작

성해보고 개인, 가족, 집단 등으로 범위를 확장하면서 상호관계를 그려나가는 훈련을 해 보자. 생각보다 쉽지는 않지만 꾸준하게 반복하면 이해하기 쉽고 명쾌한 관계도를 그릴 수 있다.

이렇게 관계도 그리기가 숙달되면 머릿속으로 암산하듯 관계도를 그려가며 말하는 훈련도 병행하는 것이 좋다.

관계도 작성 방법

- 컨셉 설정 : 무엇을 어떤 관점에서 설명할 것인가를 결정한다.
- 핵심 내용 선정 : 관계도에 쓰일 항목이나 이름을 나열한다.
- 관계도 작성 : 도형, 선, 화살표 등을 이용하여 상호관계를 도해로 작성한다.
- 디자인 가미 : 특성에 맞는 디자인을 가미하여 완성한다.

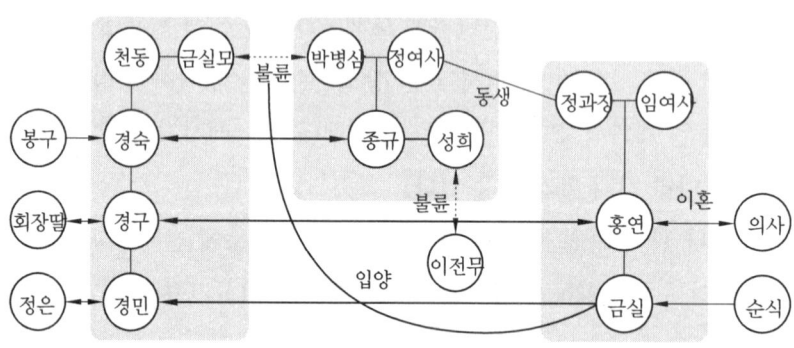

'황금사과' 애정 관계도 (KBS2 수목드라마)

도해 작성 훈련(면접과 자기소개)

취업이 어려운 시대일수록 독특하고 확실한 차별화 전략으로 면접관에게 자신을 어필할 필요가 있다. 필자가 면접관이 되어 수천 명을 면접 보았을 때 면접자 대부분이 준비가 되어 있지 않아 뽑을 사람을 찾지 못해 힘들었던 경험이 있다.

'자기를 간단하게 소개해 보라'고 주문했더니 80% 이상이 평범하고 상투적으로 접근하여 자신의 핵심 역량을 부각시키지 못했다. 이러한 문제를 해결하기 위해 도해를 이용한 자기소개를 해 본다.

첫째, 도해를 활용한 자기소개는 면접관의 흥미 유발은 물론 짧은 시간 내에 간단명료하게 설명하는 센스에 감탄할 수도 있다. 둘째, 면접 당사자는 자신의 핵심 역량 위주로 중언부언하지 않고 논리적으로 말할 수 있어 효과적일 뿐만 아니라 차별화 측면에서도 좋은 점수를 받을 수 있을 것이다.

이러한 방법은 면접뿐만 아니라 프리랜서가 자신의 역량을 PR하는 경우나 영업사원이 간단하게 제품을 소개하는 경우에도 효과적일 수 있다.

작성 방법

- 자신의 핵심 역량 위주로 이력서 및 자기소개서 내용을 재구성한다.
- 주요 이력, 경력 사항, 핵심 역량, 미래 목표 등을 도해 형식으로 배열한다.
- 가로 50cm×세로 40cm 정도의 플립 차트를 준비해 간단명료하

게 내용을 정리한다.

- 조형미와 품격을 고려하여 디자인한 후 면접 전에 수차례 리허설 한다.

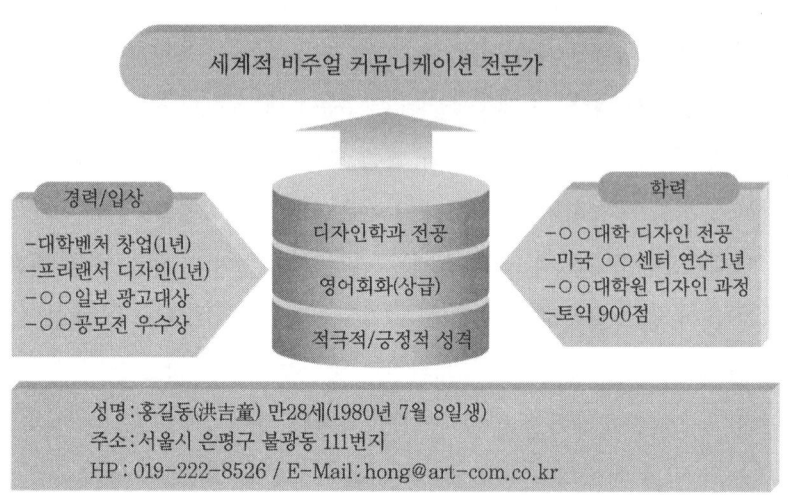

Visual Communication을 위한 도해 작성 10계명

숲을 보고 나무를 보라

도해는 한 장에 전체적인 모습을 볼 수 있다는 큰 장점이 있다. 그러나 지엽적인 관점으로 도해를 작성하면 전체적인 큰 그림을 그리지 못한다. 도해 작성을 할 때는 때로는 대범하게 때로는 섬세하게 카메라가 줌인·아웃(Zoom In/Out)되듯 자유자재로 관점의 반경을 조절할 수 있어야 좋은 도해를 만들 수 있다.

노련한 프레젠터일수록 숲을 보고 나무를 볼 수 있는 시야를 갖고 있기 때문에 동일한 내용으로도 사뭇 다른 느낌을 연출하고 메시지를 전달할 수 있는 것이다. 대부분 숲을 보듯 큰 그림을 먼저 그리고 세부 사항들은 다음 단계에서 전개하는 것이 정석이다.

수용자의 수준을 고려하라

좋은 도해는 전달자의 의도를 수용자가 100% 이해하거나 공감할 수 있는 것이다. 만약 누군가에게 옷을 선물하려 한다면 나이와 성별 취향 등을 고려해 신중하게 선물할 옷을 고르게 될 것이다. 도해를 작성할 때도 이와 같은 마음가짐이 중요하다.

애써 도해를 작성해 설명했는데 수용자가 제대로 이해하지 못하거나 엉뚱하게 해석하고 있다면 다시 한번 수용자의 관점에서 작성되었는지 점검할 필요가 있다. 초보 단계의 프레젠터들의 실수는 전달자의 입장에서 일방통행하는 경향이 강하고, 이 때문에 커뮤니케이션 오류가 자주 발생한다.

메시지를 최대한 함축하라

도해 작성의 최대 목적은 간단명료하고 알기 쉽게 메시지를 전달하는데 있다. 따라서 최대한 메시지를 함축해 한눈에 알아볼 수 있고, 기억될 수 있도록 표현해야 한다. 도해를 작성할 때 내용이 복잡할 경우 단번에 설명하지 말고 분산하는 것이 좋으며, 내용 중에 버릴 수 있는 것은 최대한 버리는 것이 좋은 도해를 만드는 방법이다.

단순할수록 이해하기 쉽고 기억하기 쉽다는 사실을 명심해야 한다. 초보 단계의 프레젠터들의 특징 중에 하나가 메시지에 사족이 너무 많다는 사실이다.

전달 내용을 100% 숙지하라

프레젠터가 발표에 서투른 이유 중에 하나는 자신이 발표할 내용을 100% 숙지하지 못하는데 있다. 발표자가 내용을 완전히 숙지하지 못한 상태에서 성공적인 프레젠테이션을 기대하는 것은 어리석은 일이다.

도해를 작성하는 것도 이와 같아 내용을 완전히 숙지하지 못하면 논리적으로 균형을 잡지 못하게 되고 수용자와의 커뮤니케이션은 당연히 어렵게 된다. 유능한 프레젠터로 인정받기를 원한다면 발표할 내용을 100% 숙지하는 것부터 시작해야 하며 그러한 기반에서 도해를 제작하는 것이 좋다.

컨셉을 명확히하라

컨셉이란 한 마디로 전달자의 생각이나 의도를 말한다. 프레젠터가 아무리 유창하게 말을 잘하고 문장력이 뛰어나도 컨셉이 잘못되면 좋은 결과는 기대하기 힘들다. 도해도 이와 같아 표면적인 화려함은 그다지 중요하지 않다. 좋은 도해와 나쁜 도해를 구분해야 된다면 컨셉을 살펴보면 알 수 있다. 좋은 컨셉의 광고나 제품 등이 소비자에게 깊은 공감을 얻듯이 좋은 컨셉의 도해는 수용자를 매료시킬 수 있는 힘을 갖는다.

도해의 문법체계를 익혀라

프레젠터 중에 도해 작성이 서투른 이유는 도해의 문법체계를 제대로 알지 못하기 때문이다. 바둑을 배우려면 정석부터 알아야 하고, 그림을 그리려면 스케치하는 법부터 배워야 하듯 도해도 나름대로의 정석이 있고, 도해 문법체계가 존재한다.

도해 유형은 크게 순환형, 합류형, 외주형, 계층형 등의 16 종류로 구분할 수 있는데 이러한 도해들을 어느 때 적용하고 응용할 것인가를 이해하고 실전에 활용하며 체화해 나가는 것이 도해 문법체계를 익히는 방법이다.

스포츠도 처음부터 제대로 된 자세를 배우지 않으면 나중에 장애 요인이 되듯 도해도 기본 원칙부터 철저하게 체득하지 못하면 몇 년이 지나도 크게 향상되지 못하는 결과가 생기게 된다.

이해하기 쉽게하라

프레젠터 중에 설명 자체를 매우 어렵게 전달하는 부류가 있다. 어려운 전문 용어와 현란한 영어, 그리고 반도체 회로처럼 복잡한 도해를 이용해 청중을 설득하려 한다.

그러나 해탈한 고승일수록 최대한 말을 쉽게 하고, 경륜이 깊은 선생님일수록 자상하고 알기 쉽게 설명하는 것이다. 진정한 커뮤니케이션은 상대방에게 나의 생각을 정확하게 전달하는 것이다. 잘 만든 도해를 어떻게 측정하느냐고 묻는다면 '이해하기 쉽게 만든 것' 이라고 단언해도 좋을 것이다.

조형미를 살려라

옛말에 '보기 좋은 떡이 먹기도 좋다', '이왕이면 다홍치마' 라는 속담이 있다. 비단 위에 꽃을 더한다는 '금상첨화' 와도 일맥상통하는 말이다.

동일한 내용이라도 조형미가 돋보이면 품위가 있고 신뢰감이 높아진다는 뜻이다. 단순한 도형과 화살표, 텍스트 등으로 마무리한 도해를 80점이라 한다면 세련된 디자인과 적절한 컬러가 배색된 도해는 100점이라고 할 수 있다. 여기에 멀티미디어 요소를 가미하면 100점 이상의 효과를 얻을 수 있다.

흥미를 유발시켜라

프레젠터 중에는 동일한 내용이라도 흥미롭게 메시지를 준비해 전달하는 사람이 있는가하면 정말 평범하고 지루하게 메시지를 전달하는 사람도 있다. 흥미롭게 작성된 도해는 청중을 강하게 유인할 수 있으며 동일한 내용이라도 설득 효과가 훨씬 높아진다. 도해 작성시 흥미 요소를 강화시키기 위해서는 일러스트, 사진, 캐릭터, 만화 그리고 디자인 요소 등을 적절하게 가미하는 것이 방법이 있다.

기억하기 쉽게 하라

프레젠테이션 후 "아무것도 기억나지 않는다"는 말을 듣는다면 프레젠테이션을 잘 했다고 말할 수 없다. 기억지수를 높이려면 중요한 핵심 내용을 엄선하고 도해화하여 인상 깊게 전달하는 방법이 좋다. 촌철살인(寸鐵殺人)이라는 말처럼 도해 한 장이 수천 마디의 말을 능가할 수 있도록 보다 치밀한 구상과 설계가 필요하다.

-이중구

나는 이렇게 배웠다

나에게 커닝은 배움의 시작이었다. 커닝(cunning)은 흔히 부정행위를 말한다. 그리고 똑같은 작품을 만들기 위해 장시간을 투자하는 것은 사실 무모한 행동이라고 말할 수 있다. 하지만 엄밀히 말해 이것은 부정행위가 아니다. 왜냐하면 정말 똑같이 만드는 커닝이 아니기 때문이다. 그 방법이야 말로 공부를 시작하는 가장 좋은 방법이라고 할 수 있다.

나는 다른 사람의 작품을 따라하면서 조금씩 그것에 변화를 주는 요령들을 터득했고, 실력이 늘어가는 것을 느낄 수 있었다. 직장에서 조금만 여유가 생겨도 어김없이 포토샵이나 파워포인트에 관해 공부를 했다. 그러나 무료강의를 들을 수 있는 카페나 일정 사이트는 접속할 수가 없기 때문에 회사에서 운영하는 업무 사이트 중 직원들이 관리하는 파워포인트 동호회에 가입했다. 어느 날 자료실에 올라와 있는 파워포인트 작품을 보던 중 놀랄만한 작품을 보게 되었다. 그 작품을 보자 '와' 하는 감탄사와 함께 '어떻게 파워포인트로 저렇게 할 수가 있지?' 하는 궁금증이 생기기 시작했다.

평상시 내가 해왔던 보고 자료나 교육 자료처럼 단순한 디자인을 이용한 작업과는 차원이 다른 작품이었다. 파워포인트가 아닌 플레쉬나 동영상인 것 같았다. 그러나 그것은 동영상 프로그램을 이용한 자료도 아니었다. 분명 파워포인트로 작업한 작품이었다. 나는 곧바로 그 작품을 만든 이중구씨가 운영하는 사이트를 찾아 회원가입을 했다. 그곳이 바로 지금의 인연이 된 한국프레젠터협회 포럼이다.

멋진 작품들을 보며 나는 '꼭 따라하고 말거야'라고 결심하게 되었다. 그리고 바로 내 컴퓨터에 폴더 하나를 만들었다. 폴더 제목은 '커닝하자'였다. '커닝하자'라는 폴더에 재미, 감동, 깔끔 등 내가 따라하고 싶은 분야별로 자료를 정리해 두었다. 어떤 방법으로 만들었을까 배워보고 싶고 따라하고 싶은 마음에 몇 개의 작품을 저장했다. 그러나 안타깝게도 슬라이드 쇼로 저장되어 있어 어떤 효과를 적용해서 만들었는지 알아낼 수 없었다. 몇 번이고 반복해서 봤지만 궁금증은 해결되지 않았다. 어떤 애니메이션 효과를 적용했는지 알아보기 위해 이것도 해보고 저것도 해봤지만 답을 찾을 수 없어 답답하기만 했다.

그러던 중 포럼의 협회에서 정기적으로 진행하는 월례회에 참석하게 되었다. 그리고 그곳에서 내가 꼭 배우고 싶었던 이중구씨의 파워포인트 강의를 듣게 되었다. 그의 강의를 들은 후에야 나는 '아하, 저렇게 하는 것이구나'하고 여러 번 혼잣말을 내뱉었다. 그렇게 나는 파워포인트를 하나씩 알아가기 시작했다.

집에 돌아오면 컴퓨터를 켜고 파워포인트를 처음부터 다시 시작했다. 그리고 무작정 따라했다. 사진을 내 사진으로 바꾸고, 똑같은 애니메이션 효과와 색상을 사용하면서 내 것으로 만들어가기 시작했다. 시간이 어떻게 지나갔는지도 모를 만큼 재미가 있었기에 시간만 나면 작업을 했다. 토요일이 되면 기회다 싶어 밤늦게까지 피곤한 줄 모르고 작업하기 일쑤였다.

사실 누가 나에게 과제를 준 것은 아니었다. 그렇지만 궁금한 것을 내가 직접 해보지 않으면 잊어버릴 것만 같았다. 첫 작품은 한해를 마무리하는 마음으로 그동안 직장 동료들과 찍었던 사진과 그동안 하고 싶었던 메시지를 삽입해 정리한 작품이었다. 4분 분량의 작품에 들어갈 음악을 만들기 위해 18시간을 투자해야 했다. 작품을 발표한 후나는 큰 박수를 받았다. 무엇보다 동료들에게 작은 감동을 줄 수 있는 선물이라는 데 의의가 있었다.

모방은 창조의 어머니라고 하지 않았던가. 파워포인트를 잘하고 싶으면 우선 잘 하는 사람을 똑같이 따라해 보라고 말하고 싶다. 여기서만큼은 커닝하도록 하자.

아줌마도 배워야 한다

'여자 셋이 모이면 접시가 깨진다'는 속설이 있다. 여자들의 수다는 항상 시끄럽다. 그중에서도 아줌마들의 수다는 더 무섭다. 남편 이야기, 자녀 이야기, 시댁 이야기, 짬나면 드라마 이야기로 그녀들의 수다는 막강파워다.

아침에 남편이 출근하고 아이들을 유치원이나 학교에 보내고 나면 집안일을 정리하고, 이웃집에 사는 또래 아줌마들과 모여 차 한 잔 마시며 이런저런 수다를 나누다가 저녁준비를 위해 시장이나 마트에 가는 모습은 직장생활을 하지 않는 주부들의 비슷한 모습일 것이다.

얼마 전 지방 출장에서 서른이 훨씬 넘은 미혼의 회사 선배를 만났다. 그녀는 본인이 하고 싶은 일을 하면서 퇴근 후나 주말시간을 이용해 관심 있고, 배우고 싶은 것을 공부하면서 개인의 발전을 위해 무엇인가를 준비하는 듯한 눈치였다. 그 선배의 말에 따르면 가끔 친구들이나 후배들이 모여 있는 자리에 나가면 대화에 낄 수가 없다고 했다. 대화의 주된 내용이 결혼하지 않은 사람이 공감할 수 없는 결혼생활에 대한 이야기뿐이기 때문이다.

주부들이 모여 있는 자리에서는 요즈음 사회적으로 이슈가 되고 있는 경제나 정치에 관한 이야기, 자기계발에 관한 이야기는 듣기 힘든 상황이라며 선배는 그러한 현실이 안타깝다고 했다. 아마도 그 선배의 이야기를 아줌마들이 들었다면 모두 이렇게 말할 것이다.

"너도 결혼해 보면 알 것이다."

모두가 그렇게 되는 것은 아니지만 대부분의 여성들이 결혼을 하고, 아줌마가 되어 아이를 키우고 살림을 하면 점점 자신을 잊고 살아가게 된다. 혼자만의 시간은 점점 줄어들고 오직 가족들을 위해 헌신하면서 살아가야 한다. 우리 어머니들이 지금까지 그렇게 살아오신 것처럼 말이다. 그래서 어머니들은 딸에게 나처럼 살지 말라고 말씀하신다. 나는 그 말을 우리 아이에게 하고 싶지는 않다.

TV 프로그램에서 발표한 30~40대 여성들을 대상으로 한 조사 결과에 의하면 자기계발의 필요성을 언제 느끼는가의 질문에 51%가 돈 잘 버는 성공한 여자들이 TV에 나올 때가 1위를 차지했다. 아이가 숙제를 물어보는데 답을 몰라서 눈앞이 캄캄할 때가 22%로 2위를 차지했다.

언제부터인가 나의 어머니는 동사무소에서 주최하는 주부들을 대상으로 한 컴퓨터 강좌의 초보자 과정에서 컴퓨터를 배우기 시작했다. 아무것도 몰랐던 어머니는 이메일을 보내고 받는 기본적인 것들을 배우면서 아이처럼 굉장히 좋아하셨다. 무엇인가 나도 할 수 있다는 뿌듯함을 느끼고 자랑하고 싶었던 것이다. 배웠던 내용을 복습하면서 딸인 나에게 물어보며 뭔가를 더 배우고 싶어 하는 모습을 볼 때마다 나 역시 기분이 좋았다.

예전에 우리가 컴퓨터를 배우는 속도보다 요즈음 아이들이 컴퓨터를 배우는 속도는 세대차이가 느껴질 정도로 빠르다. 가끔 은행에 가면 유치원에 다니는 아이가 엄마가 일을 보는 사이 은행에 설치되어 있는 컴퓨터에 빠져있는 모습을 보게 되는데 요즈음 아이들은 한글보다 컴퓨터를 더 일찍 배우는 것이 아닌가 하는 생각도 든다. 예전에는 오락실이나 학교 앞 문구점에서 엄마 몰래 오락을 했다면 요즘의 아이들은 집에 있는 컴퓨터로 자신이 하고 싶은 게임을 찾아서 하거나, PC방에서 자연스럽게 PC를 즐긴다.

얼마 전 가까이 지내는 언니가 들려준 일화가 있다. 아들이 컴퓨터로 오락을 하고 있는데 언니가 그 방을 청소하던 중 컴퓨터 전원플러그를 건들어 컴퓨터의 전원이 꺼져버렸다는 것이다. 그러자 아들이 다시 처음으로 되돌려 놓으라고 엄마에게 소리를 질렀고, 언니는 컴퓨터를 어떻게 다뤄야 할지 몰라서 게임은 이제 그만하고 공부하라고만 했다는 것이다.

"어, 엄마! 컴퓨터는 언제 배우셨어요?"

"우리 아들하고 대화하려고 배웠지."

한 TV광고에 나왔던 아들과 엄마의 대화다. 말이 없는 고등학생 아들과 채팅으로 대화를 시도하려는 엄마의 이야기. 사실 모든 엄마들이 아이와 친구처럼 편하게 지내고 싶어 할 것이다. 그러기 위해서는 시대가 변화하고 있는 만큼 엄마들도 배움으로 변화를 시도해야 한다. 아이의 미니홈피에 들어가서 칭찬 한 마디를 남기고, 이메일로 멋진 생일 축하카드를 보내거나 파워포인트로 멋진 가족신문을 만들 수 있는 그런 세련된 엄마로의 변화를 말이다.

직접 만들어준 돌잔치 선물

내가 결혼할 무렵, 어머니가 그동안 나의 성장 과정을 담아두었던 앨범을 내주셨다. 백일 사진에서부터 돌잔치 사진, 유치원 사진, 초등학교 입학사진을 담은 몇 권의 앨범과 졸업앨범을 정리해서 주신 것이다.

디지털 카메라가 없던 시절, 아날로그 카메라를 사용한 후에는 무조건 필름을 현상해야 했다. 그래서 집안 곳곳을 굴러다니는 정리하지 못한 사진들을 가끔 보게 된다. 그러나 지금은 디지털 시대다. 사진을 수십 장 찍어도 꼭 필요하거나 잘 나온 사진만 선택해서 인화할 수 있다.

우리 집에는 아이가 태어나면서부터 자라 온 소중한 순간들을 찍어둔 사진이 많이 있다. 디지털 카메라가 있기 때문에 단순히 인화하는 것이 아니라, 파워포인트와 포토샵으로 여러 장의 사진을 편집해 한 장의 사진으로 인화하고 있다. 사진에는 그 순간 아이가 했던 말을 꼬리말로 넣어 만화처럼 재미있게 편집해서 프린터기로 출력해 보관하고 있다. 그러나 캠코더만큼은 아직도 아날로그 캠코더를 쓰고 있다. 요즈음 나온 제품보다 부피가 커서 밖에 가지고 다니지는 못하지만 아이가 태어나면서부터 지금까지의 모습들을 담아 준 소중한 캠코더이다.

몇 년 전 아이의 첫 생일 선물을 어떻게 할까 고민하다가 돌잔치를 준비했다. 주위 사람들이 초대한 몇 번의 돌잔치에 가보니 형식상 진행되는 잔치 분위기 속에서 정신없이 식사를 하고 돌아오기 바빴다. 나는 그러한 돌잔치가 아닌 아이의 생일을 축하해 주기 위해 온 가족들에게 무엇인가 멋진 선물을 해야겠다고 생각했다. 1년 동안 아이가 자란 과정을 편집해서 뮤직비디오로 보여주고 싶은 욕심이었다. 방송국에 다닌 것도 아니었고, 기술이 있는 것도 아니었기 때문에 나는 8m 테이프를 어떻게 편집해야 하는지 몰랐다. 어떻게든 방법이 있겠지 하는 단순한 생각으로 동영상을 편집하고 구상한 글씨와 음악을 삽입할 수 있는 법을 배울 수 있는 카페에 가입해 궁금한 것들을 질문하면서 하나씩 문제를 해결해가기 시작했다.

요즘은 디지털 카메라로 찍어 PC로 다운 받은 후 윈도우에 설치되어 있는 뮤비 메이커(Movie Maker)를 이용하면 되지만 그때만 해도 그런 방법들이 없었다. 물론 내가 하고 싶은 작업을 대행해주는 곳은 있었다. 가격이 그다지 비싸지 않았지만 직접 해주고 싶은 마음에 여기저기 알아보고, 8m 테이프를 PC로 옮기는 캡쳐 기기와 프로그램을 구입했다. 그리고 같이 배송된 사용방법 CD를 보며 하나씩 따라했다. 하다가 막히면 인터넷을 이용해 질문했고, 그 제품을 제조한 회사에 전화 해서 물어가며 작업을 했다.

나는 아이가 태어나서 혼자 뒤집기를 시도하는 모습, 깔깔거리면서 웃는 모습, 보행기를 타는 모습, 기어 다니는 모습, 혼자 서고 걷는 모습 등 1년의 모든 성장 과정을 음악을 넣어 편집했다. 사실 업체에 맡기는 비용이나, 캡처 기기를 구입하는 비용은 비슷하다. 하지만 그것은 엄마가 직접 만들어주는 선물이라는 데 의미가 있었다. 나중에 아이가 자랄 때 즈음에는 아주 간단한 작업이 될 수도 있겠지만 당시 아무것도 몰랐던 내가 혼자서 그것을 만들었다는 뿌듯함은 내 자신에게 할 수 있다는 자신감을 심어주었다.

나에게는 남동생이 있다. 초등학교에서 중학교까지 같은 학교를 다닌 1살 터울의 남동생이다. 어렸을 때부터 사소한 일로 싸운 기억은 많지만 그래도 하나뿐인 남동생이었다. 언제 철이 들까 싶어 걱정도 많이 했고, 군대에 다녀오면 좀 괜찮을까 항상 걱정이 앞섰다. 동생은 군대를 제대한 후에 많이 달라졌다. 다시 공부를 시작해 본인이 가고 싶은 대학교에 다시 입학하는가 하면 직장도 다녔다.

그러던 어느 날 남동생이 결혼을 한다고 했다. 26살이라는 나이에 조금은 이른 결혼일 수도 있었지만 아버지는 반대하지 않으셨다. 부모님도 비슷한 나이에 결혼을 하셨고, 아들이 일찍 결혼해서 가정을 위해 좀더 열심히 살 것이라고 생각하셨던가 보다.

맏이들은 동생이 아무리 나이가 들어도 아직 철없는 동생이라고만 생각한다. 나는 동생에게 결혼 선물을 어떤 것으로 해줄까 고민하다가 아이의 첫 생일 선물을 만들었던 것처럼 감동적인 작품을 만들어 결혼식 날 보여주고 싶었다. 그러나 우리 부모님에게는 캠코더로 찍은 영상이 없었다. 내가 자라온 시대에는 캠코더와 디지털카메라가 없었으니 당연한 일이었다.

생각 끝에 아이디어를 낸 것이 동생 앨범에 정리되어 있는 사진들을 스캐너로 작업한 후 파워포인트로 편집을 준비했다. 돌 사진, 유치원 사진, 초등학교 입학사진, 고등학교 입학사진, 대학졸업 사진, 군대 사진에서 부모님 사진까지 작업할 사진들을 선별하면서 나의 마음은 설레기만 했다. 시간이 얼마나 걸릴지는 모르지만 멋진 작품을 만든다는 생각에 기분이 좋았다.

이제 파워포인트를 회사의 업무와 관련된 일에만 사용한다는 고정관념은 버려야 한다. 사랑하는 아이에게, 동생에게 또는 부모님에게 줄 수 있는 선물의 방법일 수도 있는 것이다. 누군가를 위해 만든 작품으로 감동을 줄 수 있다면 한 번 시작해 보는 것도 좋지 않을까?

대부분의 사람들은 도전과 모험을 하려고 하지 않는다. 숨어 있는 잠재력을 발견하기 위해 노력하는 것에 약하다. 현실에 안주하면서 자신이 변해가는 모습을 보며 아쉬움으로 지나가는 시간을 탓하지 말고 해보고 싶은 것이 있다면 도전해보자. '해주면 좋겠다', '내가 직접 해보고 싶다', '내가 할 수 있을까?', '그래 직접 해야 하는데' 등의 걱정이 '내가 직접 했다' 라고 바뀔 수 있다. 나도 된다. 아줌마도 된다. 그것은 아무나 된다.

잠은 언제 자냐구요?

한국 사람들의 평균 수면 시간은 7시간 44분이다. 2004년 통계청과 여성 가족부에서 조사한 생활시간에 따르면 미국이 8시간 34분, 독일이 8시간 15분으로 한국 여성이 잠을 적게 잔다고 보고했다.

하루 24시간 중에 3분의 1을 수면시간으로 보낸다면 인생의 3분의

1을 자는데 보낸다는 결론이 나온다. 직장생활과 가정생활, 학교생활까지 병행하는 나에게 몇 몇의 주위 사람들이 "잠은 언제 주무세요?" 하고 질문한다. 그러면 나는 농담으로 "잠은 죽으면 영원히 자는 거잖아요."하고 되받는다.

성공하는 사람들의 7가지 습관이나 성공하는 가족들의 습관, 성공하는 10대들의 습관 등 서점에 가면 성공하는 사람들을 분석하는 책들이 여러 권 있다. 그런데 성공하는 사람들의 공통점은 시간관리를 잘해야 한다는 것이다.

사람에게는 누구에게나 똑같은 24시간이 주어진다. 그러나 그것을 어떻게 활용하는가는 모두 다르다. 나는 나에게 주어진 24시간을 좀 더 효율적으로 활용하기 위해 노력한다. 그래서 다른 사람들에 비해 잠을 덜 자는 편이다.

매일 지방으로 출근하는 나는 보통 사람들보다 기상시간이 빠르다. 해가 뜨기 전에 집을 나서면서 잠들어 있는 아이와 남편을 볼 때는 미안한 마음이 들기도 하지만 깜깜한 고속도로를 운전하며 해가 뜨는 풍경을 볼 때는 기분이 상쾌해진다. 퇴근 후에 다니는 학교에서 내주는 과제물까지 끝내면 잠을 잘 수 있는 시간이 3~4시간인 경우도 종종 있다. 그러다 보면 주말에 피곤함이 몰려올 때도 있지만, 포토샵이나 파워포인트 작업을 할 때는 바로 이때다 싶어 아이가 낮잠 자는 시간을 이용해 작업을 한다. 아이의 방해를 받지 않고 작업을 할 수 있는 시간이기 때문이다.

돌잔치를 한참 준비할 때는 솔직히 아이가 빨리 잠들기만을 기다렸던 때도 있었다. 그 정도면 중독이 아니냐고 말하는 사람도 있을 것이다. 혹시나 아이까지 일부러 재운 것이 아니냐고 생각한다면 그것은 더더욱 아니다. 사실 쌔근쌔근 잠들어 있는 아이의 모습을 보며 아이를 위해 내가 해줄 수 있는 것이 있다는 생각으로 작업에 더 몰두할 수 있었으며, 실력이 느는 것을 느낄수록 열정은 더 커져만 갔다.

내 인생의 좌우명은 'Do It Now'이다. 모든 사람들은 무엇인가 해야겠다는 생각을 하면 '내일 해야지' 또는 '조금 있다가 해야지' 하고 잠시 미루는 생각들을 자주 한다. 나는 'Now', 지금이라는 단어를 좋아한다. 대부분의 사람들은 '이따가', '나중에'라고 말하는 순간, 해야 할 일을 잊어버린다. 무엇인가 배우고 싶고, 해야 할 일이 있으면 당장 시작하는 것이 중요하다. 그렇게 시간을 보내면 잠을 잘 수 있는 시간은 자연스럽게 줄어든다.

사부님 도와주세요!

혼자서 포토샵과 파워포인트를 배워야겠다고 마음을 먹었을 때였다. 학원을 다니며 배워야겠다고 생각을 하기는 했지만 아직 채 일 년도 되지 않은 아이를 퇴근 후까지 친정엄마에게 부탁하기가 죄송스러워 학원을 다닌다는 것은 큰 부담이었다.

그래서 생각한 것이 우선 책 한 권을 사서 무작정 따라하며 배워야겠다는 생각이었다. 서점에는 포토샵과 파워포인트에 관한 서적들이 많았다. 아무것도 모르는 나는 제일 두껍고, CD를 부록으로 주는 책을 구입했다. CD가 실습 방법들을 알려 줄 것이라고 생각했다.

책을 보며 하나씩 따라하는 것은 처음 시작하는 초보에게는 약간의 어려움이 있었다. 그래서 일단 책을 접고, 인터넷 카페를 검색했다. 회원 가입만 하면 무료로 동영상 강좌를 볼 수 있는 사이트와 초보자들이 서로 배우면서 도움을 주고받는 사이트도 여러 곳 있었다.

인터넷 카페 중 내 아이 또래의 아이를 가진 엄마가 운영하는 카페에 가입하게 되었는데 그 운영자는 최근 아이의 돌잔치를 멋지게 치른 사람이었다. 돌잔치 후기를 인터넷에 올릴 기회가 있어 올린 후, 그 후기를 읽은 주부들이 카페에 접속하면서 많은 회원을 끌어모은 사이트였다.

그녀는 포토샵으로 아이의 사진과 영화 포스터를 합성해 멋진 포스터를 만들었고, 아이의 탄생 잡지를 만들어 아이가 태어나기 전부터 자라온 모습을 담았으며, 돌잔치에 참석한 사람들을 위한 멋진 이벤트를 위해 덕담보드와 사진보드, 이벤트보드까지 작업해서 돌잔치를 치른 엄마였다.

서울에서는 그게 유행이었는지 다른 아이들의 엄마들도 준비하는 것을 볼 수 있었다. 그러나 그때까지만 해도 지방에서는 보기 힘든 신기한 자료들이었다. 이미 포토샵과 파워포인트에 관심이 있었던 나는 똑같이 작업을 해보고 싶어서 영화포스터 합성부터 배워가기 시작했다.

매일 카페에 접속해 강좌를 보았고, 운영자인 솔비 엄마를 귀찮게 하며 도움을 받았다. 서로 아이를 키우는 입장이었기 때문에 아이가 잠든 후 새벽 시간, 카페의 메신저를 이용해 묻고 답하며 배웠던 기억이 난다. 다른 정보를 얻을 수 있는 사이트를 공유하고, 예쁜 폰트들과 블러쉬를 받아가며 하나씩 배워가며 따라할 때는 시간 가는 것이 아까울 정도였다.

아줌마도 할 수 있다는 것을 대표적으로 보여준 솔비 엄마는 내가 예전부터 사부로 생각해온 사람이다. 몇몇 사이트에 매주 사진 강좌와 포토샵 강좌를 올리는 기자로도 활동하고, 그러면서 살림까지 잘하는 나의 벤치마킹 대상이다.

이제 아줌마 안전모드에서 아줌마 도전모드로 한번 전환해보자. 배우고 싶은 것에 흥미를 느끼고 즐겁게 도전한다는 것은 매우 즐거운 일이다. 나도 할 수 있다는 생각으로 노력한다면 반드시 할 수 있다. '아줌마도 하는데 나는 왜 못해' 라고 외치면서 말이다.

– 이지연

p·r·e·s·e·n·t·e·r

Hello, Magic

내가 마술을 처음 만나던 그날은 폭염이 한창인 무더운 여름이었다. 며칠 동안 계속해서 많은 비가 내려 곳곳에서 수해를 입던 시기이기도 했다. 아직도 마술학원에 처음 들어가던 그날이 기억에 생생하다. 학원 입구의 요란하면서도 어수선한 분위기 속에서 마술의 신비스러움이 느껴지는 것만 같았다. 아마도 마술학원이라는 이미지를 강조하기 위한 학원 측의 전략이었을 것이다.

마술학원에는 다양한 마술도구들이 있었다. 100원짜리 동전보다 스무 배는 더 커 보이는 동전과 여러 색깔의 실크, 머리도 들어갈 것 같은 양철로 만든 깡통(head fire), 비둘기, 여러 종류의 카드, 마술사 옷 등 수많은 마술도구들이 벽면에 가득 채워져 있었다. 지금도 잊혀지지 않는 것은 마술도구들 한 편에 놓여져 있던 많은 VTR과 DVD다. 나중에 알게 된 사실이지만 그것은 유명한 마술사들의 공연 실황과 Lecture라고 하는 마술강좌용 자료였다.

내가 그 자료를 보기까지는 많은 시간이 걸렸다. 문하생이나 프로

마술사를 꿈꾸는 이들에게만 특별히 관람이 허용되는 '마술 통로의 비밀' 이었기 때문이다.

마술은 오랜 시간동안 자신과의 약속을 이행한 자에게만 특별히 허락되어지는 것이다. 관객이 마술을 보는 것은 잠깐이지만 마술을 준비하고, 무대에서 그것을 관객에게 보여 주기까지는 상당히 많은 시간과 노력이 요구되기 때문이다.

마술학원에는 여러 명의 마술 수강생들이 있었고, 그들은 아주 진지한 표정으로 마술을 배우고 있었으며, 청강을 하던 나의 눈에는 모든게 정말 신기하기만 했다.

눈앞에 있던 동전이 사라지는가 싶더니 어느 순간 내 귀에서 동전이 나오는 동전마술에 나는 어린아이처럼 좋아했고, 가위로 잘랐던 로프가 다시 하나로 연결될 때의 놀라움은 이루 말할 수 없었다. 모든 것이 나의 눈을 의심하게 만들었다. 다음 날, 그 마술의 신비를 풀기 위해 나는 학원에 당당히 등록했다.

그렇게 해서 나는 39살에 마술을 시작했다. 새로운 시작을 꿈꾸는 스무 살 청년처럼 들떠있던 나에게 마술은 도전의 대상이었다. 대학 교직원 8년의 생활을 접고, 네버랜드의 피터팬처럼 더 이상 어른이 되기 싫었던 나의 마음은 마술사의 삶을 택했다. 불혹(不惑)이라는 인생의 무게를 이기지 못했던 나는 지금 책상 앞에서 펜이 아닌 마술이라는 옷을 입고 있다.

나는 대학에서 연극을 전공했다. 가슴에 작품 속 인물의 마음을 간직하고, 얼굴에는 작품 속 주인공의 얼굴을 그려놓고 연극이 시작되기를 기다리던 분장실에서의 그 시간들이 나는 좋았다. 공연이 끝난 후 관객들의 상기된 얼굴 속에서 기쁨을 보게 되면 배우는 그 순간 최고의 행복을 누리게 된다. 나는 대학의 교직원으로서 생활하면서 그때의 그 시간들을 한시도 잊은 적이 없었다.

대학이라는 안정되고 보장된 직장을 내 젊은 시절의 꿈과 바꿀 수 있다면, 나에게 그런 기회가 주어진다면 나는 결코 변화의 두려움에 떨지 않을 수 있다는 자신감으로 나를 다잡아 새로운 돌파구를 찾기 시작했다.

무대로 돌아가기 위해 나는 대학로나 방송국에서 연기자로 활동하고 있는 옛 동료와 선후배들을 찾아 나섰다. 그러나 그들을 만났을 때는 매우 기뻤지만 헤어질 때면 왠지 씁쓸한 느낌을 지울 수가 없었다. 그들은 나를 도울 수 있었지만, 내가 준비되어 있지 않기 때문이다. 이미 나는 오랫동안 그들의 세계에서 이방인이 되어 있었던 것이다.

그러던 어느 날, 아내가 마술을 배워보겠다며 몇 권의 마술 책을 사 가지고 왔다. 여자가 마술을 배워서 뭘 하느냐며 책망했지만 아내는 마술을 배우면 학교 수업시간에 아이들에게 마술을 보여주며 공부의 재미와 집중력을 키울 수 있다면서 책에 쓰인 방법들을 자꾸 내게 물어왔다.

이튿날 저녁 TV에서 신세대 마술사 이은결의 공연을 보았다. 나는 놀라지 않을 수 없었다. 정말 재미있는 공연이었다. 또한 즐거워하는 관객들을 보며 '마술이 저렇게 무대에서 멋지게 보여 질 수 있구나' 싶어 책상 밑에 치워두었던 마술 책을 다시 꺼내 보기 시작했다. 며칠 동안 연습한 뒤에 아내와 아이에게 보여주자 눈이 휘둥그레져서 자꾸만 가르쳐 달라고 졸랐다. 이렇게 마술은 뜻하지 않게 내 손에 쥐어졌다. 마치 마술처럼.

나는 자신이 생겼다. 무대는 나에게 낯설지 않은 고향이었고, 무대에 대한 경험으로 관객에 대한 두려움은 없었다. 남은 것은 한 가지, 마술사 옷을 입으면 되는 것이었다. 나는 퇴근 후 마술학원으로 출근했다. 매일 새벽 2~3시까지 연습하고, 한 가지 한 가지씩 기술을 익혀 나갔다. 힘든 과정이었지만 마술사가 되기 위해서 그리고 멋진 연기자가 되기 위해서 손바닥이 부르터지도록 열심히 노력했다. 하지만 마술사 옷을 입은 것은 그로부터 1년이 지난 후였다. 손이 굳어 마술의 기초인 동전마술 한 가지만 배우는데도 한 달이 넘게 걸렸다. 프로 마술사의 비디오를 수십 번씩 돌려보면서 그들의 손동작과 표정을 익히고, 비밀을 하나씩 풀어 나갔다. 그리고 어느 새 나는 무대에서 공연을 하고 있는 나를 발견할 수 있었다.

마술을 찾는 기쁨

어느 날, 탤런트 생활을 하며 극단을 운영하는 선배에게서 만나자는 연락이 왔다. 선배는 대뜸 연극 대본을 던져주며 나에게 배우를 하라고 했다. 주인공 역이라고 하니 더욱 감사할 일이었다. 내가 그렇게 기다리던 연극을 드디어 다시 시작할 수 있게 된 것이다. 그것도 주인공으로 말이다.

나는 대본을 읽기 시작했다. 그러나 발음이 제대로 되지 않았고, 끊어 읽기, 글 속에 숨겨진 행간의 의미도 찾지 못해 등에서 식은땀이 흐르기 시작했다. 선배와 함께 대본을 읽은 시간이 30분도 채 되지 않아서 나는 그 작품을 포기하고 말았다. 참으로 부끄러운 고백이다.

그 작품은 장애인을 대상으로 한 무료공연을 위한 것으로, 15일 동안 공연된다고 했다. 나는 아쉬웠지만 연기자로의 재기를 나중으로 미룬 채 마술사가 되어 무대 위에 섰다. 반응은 폭발적이었다. 비록 작은 소극장 무대였고, 장애인 대상이었지만 모두가 탄성과 박수로 나의 공연을 즐거워했다. 공연이 끝난 후 좋아하면서 돌아가던 장애인들의 얼굴을 잊을 수가 없다.

관객들은 대부분 말을 하지 못하거나 고개를 제대로 가눌 수 없는 이들이었다. 그러나 그들에게 더욱 재미있는 공연을 만들어 준 것은 수화를 도와준 선생님들이었다. 나는 수화선생님들께 고마움을 전했다. 하지만 그 분들은 장애 아이들의 감사의 마음까지 함께 전하는 것이라며 나에게 몇 배의 감사를 전하는 것이었다. 마술과 연극이 끝날 때까지 손짓과 표정으로 장애인들의 입과 귀가 되어 주었던 수화 선생님들의 사랑에 다시 한번 감사드린다. 마술은 사랑이라고 한다. 일상화된 단어처럼 느껴졌던 사랑이라는 단어가 그때처럼 내 기억 속에 깊이 간직되었던 시기도 없을 것이다.

요즈음은 장애인을 위한 가족사랑 연구소와 사회복지시설 등 몇몇 단체와 관계를 맺어 활동하고 있다. 물론 나의 비즈니스를 위한 시간을 제외한 자투리 시간이라 미안한 마음이지만 그 시간만큼은 행복한 마음과 더할 나위 없는 사랑과 기쁨으로 함께하고자 한다. 또한 작지만 더욱더 많은 기회를 가지려고 노력하고 있다.

일전에 모 단체에서 주관하는 장애인 행사 공연 중에 있었던 일이다. 마술 중에 비둘기가 나타나고 사라지는 과정에서 토끼로 변하는 장면이 있었다. 그런데 한 아이가 그것이 신기했는지 공연 중에 무대 앞으로 나와서 토끼를 달라고 보채는 것이었다. 계속해서 공연을 해야 되는 상황이었지만 아이가 나와서 토끼를 달라고 보채고 있으니 무시하고 공연을 할 수도 없는 노릇이고 도중에 끝낼 수도 없어 참으로 난감한 순간이었다. 그때 행사 관계자가 나와서 아이를 제지하자 아이는 더욱 큰 소리로 투정을 부리기 시작했다. 분위기는 흐트러지기 시작했고, 무대 위에 서 있던 나는 어떻게 하면 좋을지 쉽게 판단이 서지 않았다.

이러다가는 행사 자체를 망칠 수도 있겠구나 싶어 나는 토끼를 꺼내 아이에게 주었다. 아이는 마냥 신이 나서 어쩔 줄 몰라 했다. 그 모습을 보며 마이크에 "여러분 아이에게 축하의 박수를 보내주세요."라고 이야기하자 많은 사람들이 뜨거운 박수를 보내주었고, 나는 박수 소리와 함께 무사히 공연을 마치고 무대를 내려올 수 있었다.

아마도 아이는 그 어떤 것보다도 소중한 것을 얻었으리라 생각한다. 장애인 아이의 갑작스런 행동으로 치부하면 그만이겠지만 그때 내가 공연만 생각하고 토끼를 주지 않았더라면 공연장은 더 큰 소란으로 엉망이 되었을 것이다. 내 공연 또한 빛이 바래졌을 것이고 아이는 자기가 좋아하는 것을 얻지 못해 슬퍼했을 것이다.

마술이 좋은 이유는 아주 많지만 시기와 장소의 구분 없이 어디서든 공연이 가능하다는 점, 남녀노소를 불문하고 모두가 좋아한다는 점이 있다. 물론 아이들의 눈에 비친 마술과 어른들이 바라보는 마술은 상상과 이성의 만남이라고 해도 좋을 만큼 다를 수도 있지만 말이다.

가정의 달 5월을 맞이하여 전라북도 고창군에서 열린 어버이날 특별 잔치에서 공연을 하게 되었다. 많은 분들이 손자, 손녀의 손을 잡고 오셨는데 무대 앞까지 보조의자를 놓고 공연을 관람했다. 어르신들은 공연이 진행되는 동안 박수와 함성을 아끼지 않으셨다. 공연이 끝난 후 마당에 마련된 여흥자리에서 몇몇 할머니들께서 찾아오시더니 어쩌면 그렇게 마술을 잘하냐고 칭찬하시며 거친 손으로 내 손을 잡고

놓지 않았다. 마술사의 손을 처음 만져보신다며 주변 사람들에게 자랑할 때는 부끄러운 마음에 쥐구멍이라도 찾고 싶은 심정이었다.

한번은 군포시 시민대축제 행사로 준비된 어린이를 위한 프로그램에서 3일간 공연을 하게 되었다. 보통 하루에 1~2천 명씩 사람들이 찾아오는 곳이라 매우 혼잡했지만 공연은 순조롭게 진행되고 있었다. 야외광장에서 공연을 마친 후 어린이들과 함께 사진을 찍는 시간이 있었다. 사실 그 시간은 내가 아이들을 위해 특별히 제공하는 서비스였다. 아이들은 꿈같은 마술을 선보인 마술사와 사진을 찍기 위해 줄을 서서 차례를 기다리고, 사진을 찍은 후에는 마냥 신난다는 표정으로 악수를 하며 돌아갔다.

사진을 다 찍은 후 차에 돌아와 지친 몸을 추스리고 옷을 갈아입는데 할머니 한분이 빨리 나오라고 재촉하셨다. 왜 그러시냐고 묻자 할머니는 당신의 손자가 사진을 찍지 못해 울고 있으니까 다시 광장으로 가자고 하시는 것이었다. 조금 당황스러웠지만 울고 있을 아이를 생각하며 다시 마술사 옷을 입고 비둘기를 꺼내 할머니와 함께 광장으로 갔다. 아이들은 다시 마술사가 온 것을 알고서는 한꺼번에 몰려들었고, 비둘기를 만지작거리기 시작했다. 순간 놀란 비둘기는 근처 나무로 날아가 앉았다. 아이들이 비둘기를 잡으려고 달려들자 다시 비둘기는 높은 나뭇가지에 앉아버렸다. 이렇게 손을 쓸 틈도 없이 아이들이 비둘기를 쫓아다니는 동안 비둘기는 자꾸만 더 높은 나뭇가지로 날아가 버렸다. 야외에서의 공연이었고 아직 충분히 훈련되지 못한 비둘기여서 조심스러웠는데 일이 터진 것이다.

비둘기는 내가 아무리 손짓을 해도 못 본 척 나무 위에 앉아있었다. 장대를 구해 비둘기를 태워 나무 아래로 내려오는 순간 또 다시 아이들이 달려들었다. 비둘기는 근처 전철 고가다리 위로 날아가 버렸다. 점점 불안한 생각이 들었고, 창피하기도 했다. 마술사가 분신과도 같은 비둘기를 날려 보내다니 한심한 꼴이었다. 하지만 아주 새끼 때부터 내 손에서 자란 비둘기를 포기할 수는 없었다.

어쩔 수 없이 119에 구조요청을 하기로 했다. 다행히 비둘기는 어느 정도 훈련을 받아서 특별한 경우가 아니면 한 자리에 앉아서 쉽게 도망가지 않는 습성이 있었다. 소방서의 구조팀이 도착해 상황을 설명하고 고가 밑에 사다리를 세워 구조 요원이 올라가 그물을 펼쳤다. 그러나 비둘기의 날개를 건드리는 바람에 비둘기는 고가 안쪽으로 깊숙이 들어가 버렸다. 이미 그곳에는 많은 야생비둘기들이 있었는데 이제 비둘기는 그들의 세계로 들어가 버린 것이었다. 도저히 손을 쓸 수 없는 상황이 되어 버렸다. 우리 때문에 주변은 교통정체가 일어났고, 사람들은 구경거리가 생겼다며 하나 둘 모여들어 일대는 더욱 혼란이 가중되었다. 결국 비둘기는 포기해야 했다.

사무실에 돌아와 하루를 정리하며 부족한 나를 반성했다. 비둘기 값이 얼만데…… 어떻게 키운 비둘기인데……. 그때, 어디선가 '찰리 아저씨, 좋은 일하다가 일어난 일이니까 복으로 돌아올 거예요' 하는 소리가 들렸다. 주변을 살펴보았지만 아무도 없었다. 그 소리는 낮에 공원에서 비둘기를 잡으려고 정신없이 뛰고 있을 때 그 상황을 지켜보시던 어떤 아이의 어머니가 나를 위로하면서 했던 말이었다. '그래, 공연이 끝났다고 그냥 돌아왔다면 비둘기를 잃어버리는 일은 없었겠지만, 손자를 위해 나를 찾아왔던 할머니와 마술사를 기다리면서 기쁨에 부풀어 있을 어린이의 꿈은 어떻게 되었을까'를 생각하자 마음이 편안해졌다.

마술의 세계

마술이란?

마술(魔術)은 무엇인가? 마술의 사전적 의미는 대략 다음과 같다.

- 사람의 마음을 호리는 이상한 술법
- 사람의 눈을 속여 이상한 일을 해 보이는 재주. 요술(妖術)
- 상식적인 판단으로는 불가능하다고 생각되는 기묘한 현상을 엮어내는 솜씨 또는 그러한 기능

마술사들이 공연이나 강의 중에 관객이나 학생들에게 항상 하는 질문이 있다. '마술이 무엇이라고 생각하세요?' 가 그것이다. 얼마 전유아들을 대상으로 한 겨울 방학 마술캠프에서 아이들에게 이렇게 물었다. 첫날, 아이들은 '종이나 불이 변해 비둘기가 되는 것', '마술은 궁금한 것', '마술은 무서운 것', '마술은 속임수' 라고 했다. 마지막날 아이들에게 마술이 무엇인지 다시 질문했다. 그때 아이들은 '마술은 재밌다', '마술은 즐겁다', '마술은 상상이다', '마술은 과학이다', '마술은 관찰이고 집중력이다', '마술은 자신감이다', '마술은 노력' 이라고 대답했다.

이것은 마술을 배우는 과정에서 마술의 원리를 깨닫고 재미와 상상력을 동원해 마술을 만들어 친구들 앞에서 시연해 보는 과정을 통해자연스럽게 아이들이 깨우치고 느꼈던 바를 이야기한 것이다. 물론가르치는 선생님의 교습법도 많이 작용되었으리라 여겨지지만 이렇듯 마술은 기쁨이자 즐거움이고, 상상력이자 꿈이며, 소외받고 아픈

사람들에게는 따뜻한 사랑이기도 하다.

그렇다면 아이들이 마술을 배우며 보이는 다양한 변화에는 어떤 것들이 있을까?

첫째, 자신감이다. 자신의 마술을 다른 이들에게 보여줌으로써 아이들은 자연스럽게 자신감을 키워간다. 소극적인 성격을 적극적인 성격으로 변화시키는데 많은 도움이 된다. 둘째, 감성과 지성의 발달이다. 마술을 이해하고 습득할 때 감성의 발달과 함께 마술을 생각하고, 판단하며 표현함에 있어서 자연스럽게 지성이 발달한다. 셋째, 추리력과 상상력, 창의력의 향상이다. 마술을 이해하고 파악하는데 추리력이 향상되고, 마술을 스스로 만들어 내는데 상상력이 길러진다. 또 자신만의 독특한 마술을 만들어 내는 창의력을 키울 수 있다. 넷째, 표현력의 극대화와 사회활동의 활력소를 제공한다. 다양한 마술을 보여주기 위한 표현 방법의 개발로 자신의 표현력을 극대화하고 독특한 자기만의 장기를 계발해 사회활동에 활력소가 된다. 다섯째, 리더십의 향상이다. 대중 앞에 나설 수 있는 기회가 많아지는 요즈음, 즐겁고 재미있는 마술을 보여줌으로써 대중의 시선과 집중을 받고, 대중을 내편으로 만드는 방법을 발견하면서 자기 표현력이 강해진다. 리더십이 향상되는 것이다. 마지막으로 꿈이다. 아이들에게 가장 소중한 꿈을 이야기할 수 있다. 상상력과 꿈, 이것은 성장하는 어린이에게 비타민보다 더욱 중요한 마술이다. 마술은 상상력과 꿈을 통해서만 이룰 수 있다.

이렇듯 아무리 쉬운 마술이라도 손동작이나 연기가 어설프지 않도록 꾸준한 자기 연습을 거쳐 집중력과 인내력 또 멋진 마술을 보여주기 위한 연구 분석과 원리를 파악하려는 탐구심이 배양된다. 더불어 고정관념을 파괴하고, 주변의 생활용품을 응용한 생활마술이나 과학적 현상을 체험하게 하는 과학마술로 생활의 재미와 학습 및 지각 능력을 향상시킬 수 있다.

성인들 또한 마술을 배워 다양하게 활용할 수 있다. 첫째, 매직을 서비스 한다. 즉, 나의 고객들에게 신비한 마술을 서비스함으로써 나를 기억하게 하고 나를 선택하게 한다는 것이다. 둘째, 매직으로 리더십을 키운다. 마술로 화술과 리더십을 키워 주변 사람들의 시선을 사로잡아 멋지게 이끌어 본다. 셋째, 매직과 레크리에이션의 만남이다. 웃음으로 가득 찬 마술, 다함께 참여하고 즐기는 마술로 모두에게 기쁨을 줄 수 있다.

마술은 웃음과 따뜻한 정이 그리운 불우 이웃이나 나의 손길을 필요로 하는 곳에 아낌없이 줄 수 있는 선물이 될 수 있으며, 사랑하는 사람에게 자신의 마음을 표현하는 긴요한 도구로 활용될 수도 있다.

재미와 깊이 있는 마술을 보여주기 위해서는 자연현상과 과학, 수리, 조명, 음악, 연기, 마임, 춤 등을 함께 공부해야만 하는 다양하고 풍부한 지식의 습득이 필요한 종합엔터테인먼트의 산실인 것이다. 마술을 보는 즐거운 사람들, 그들에게 그 즐거움을 가져다주는 '나'는 기쁨과 희망의 메신저이다. 상상력과 꿈의 이미지다.

마술의 역사

마술은 일찍이 서양(西洋)에서 발달했다. 마술은 문명의 발상(發祥)과 함께 행해져온 만큼 역사가 오래되었다. 초기의 마술은 구슬이나 작은 돌 등이 손 안에서 사라졌다가 나타나는 정도의 속임수에 지나지 않았으나 여기서 조금 더 발전해 사람을 통에 넣은 뒤 둘로 베었다가 다시 붙이는 마술이 행해졌다.

이집트에서는 5000년 이전에 마술이 행해졌던 기록이 있다. 웨스토커 파필루스(BC 1700년)에는, 이집트 제4왕조 시대에 왕궁에서 마술사의 연기가 있었다는 기록이 있는데, 이것은 밀랍으로 만든 악어를 진짜 악어로 살려내는 마술, 샘 웅덩이 바닥에 보석을 떨어뜨린 다음 주술을 외며 웅덩이를 둘로 쪼개 보석을 꺼내는 마술, 펠리컨이나 소의 머리를 잘랐다가 원래대로 살려 놓는 마술 등이었다. 이 중에서 목을 베는 마술은 그 후 변형되어 오늘날에도 행해지고 있다. 다른 지방에서의 고대 마술이 주술적인 요소가 많았던 대신, 고대 이집트에서는 예능으로서의 마술이나 요술이 행해지고 있었던 같다.

그리스 로마시대에도 마술 소재의 주류는 컵과 구슬 등이었고, 그 방법은 3개의 컵을 사용해 여러 가지 현상을 일으키는 것이었다. 아테네의 아르키프론의 작품에 "한 사나이가 테이블 위에 3개의 접시를 놓고, 그 접시 밑에 작은 돌 하나씩을 넣었다. 그리고는 이 돌을 접시 하나의 밑에 다 모았는데, 이번에는 그 돌들이 접시 밑에서 모두 없어지고 말았다. 그런데 다음 순간, 사라졌던 작은 돌들은 그 사나이의 입 속에서 나왔다."라는 기록이 있다.

중세는 마술이 그다지 발달되지 않았다. 소재의 주류는 여전히 컵과 구슬이었고, 그 밖에도 빈 주머니에서 달걀을 꺼내 보이는 마술, 로프를 잘라 다시 이어 놓는 마술 등이 있었다.

근세에 들어오자 과학기술의 발달과 함께, 여러 가지 도구나 설비를 이용한 규모 있는 마술들이 연구·고안되어 독립된 예능으로서 차원을 높였고 곡예와도 분리되었다. 18세기에는 대도구를 사용한 마술이 행해져, 무대에 올릴 수 있는 예능의 하나가 되었고, 19세기에 들어서는 과학을 응용한 호화롭고 대규모적인 무대장치의 마술인 인체 부양(人體浮揚) 등이 고안되어 비약적인 발전을 이루었다.

동양의 마술과 요술의 발상지는 중국과 인도다. 인도의 『우파니샤드』라는 힌두교 경전이나 불교 경전(經典)에는 마술에 관한 기록이 있다. 인도의 마술로 유명한 것은 관객이 보는 앞에서 망고나무를 쑥쑥 자라게 하는 마술, 컵과 구슬을 이용한 요술, 상자 속에 소년이 들어가면 사방에서 칼로 찌르는 마술, 한 손으로 기둥을 잡고 공간에 몸을 눕혀 잠을 자는 마술, 쌀이 든 항아리에 막대기를 꽂아 그대로 들어올리는 마술, 저절로 위로 뻗어 오르는 로프 등이 있었다. 그 중에서도 특히 뻗어 오르는 로프의 마술은 유명했다. 이것은 로프를 땅에다 놓고 주문을 외면 로프가 뻗어 오르기 시작해 그 끝이 구름 속으로 숨고, 이어 소년이 이 로프를 타고 올라가면 마술사가 입에 칼을 물고 뒤쫓아 올라가 두 사람 모두 구름 속으로 사라져 버린다. 이윽고 비명이 들리면서 하늘로부터 두 토막 난 소년의 시체가 떨어지고, 마술사가 뒤따라 내려와 그 토막 난 소년을 바구니에 담고 주문을 외면 다시 소년이 되살아나는 것이다.

이러한 마술이 실제로 있었는지는 모를 일이지만, 전설일 것이라는 의견이 지배적이다. 중국에도 오래 전부터 마술이 있었다는 여러 가지 기록이 남아있다. 그 중에서도 흥미를 끄는 것은 공중을 나는 접시라든지 작은 항아리에 사람을 넣는 마술 등이다. 인도나 중국의 마술은 고대에는 상당한 수준과 발전을 이루고 있었음은 부정할 수 없으나, 중세와 근세를 거치는 동안 더 발전된 내용은 없고, 단지 명맥만 잇는 정도였다.

20세기에 들어 마술은 비약적인 진보를 이루었고, 서양에서는 연달아 걸작이 발표되었다. 수갑을 채우거나 사슬로 몸을 묶고, 상자나 수조 속에 들어가 짧은 시간 안에 탈출 또는 벗어나는 탈출마술(escape magic), 관객이 보는 앞에서 자동차나 코끼리를 없애 보이는 마술, 사람을 트렁크 속에 넣어 다른 사람으로 바꿔치기하는 마술, 회전 톱으로 인체를 절단하였다가 다시 붙이는 마술 등 근대의 기계 기술이나 기구를 이용한 대규모적인 마술이 그것이다. 거기에 심령술의 유행에 따라 붐을 일으킨 예언, 텔레파시, 독심술과 같은 형태를 가진 멘탈 매직(mental magic) 등, 매우 넓은 범위의 마술이 선보이기 시작했다.

현대 마술의 특징은 심리적인 트릭을 교묘하게 이용하고 있다는 점이다. 이것은 미스디렉션(misdirection)이라 불리는 것으로, 관객의 관념이나 시각적 실제를 엉뚱한 방향으로 쏠리게 하는 것인데, 이와 같이 하여 설치된 내용이나 응용 방법, 또는 솜씨의 한계를 초월할 수 있다.

우리나라의 마술은 남사당패의 출현과 함께 했다고 볼 수 있다. 남사당패의 공연은 일반적으로 여섯 가지로 구성되는데 풍물(사물놀이), 버나(대접 돌리기), 살판(재주넘기), 어름(줄타기), 덧뵈기(탈춤), 덜미(인형극) 등이다. 남사당패는 이러한 연희를 통해 기술과 기예를 익혀 전수하고 전국을 순회하면서 많은 사람들에게 공연을 보여주었다.

마술은 순수한 우리말로는 '얼른', 한자어로는 '요령'으로 불렸다. 비록 '얼른'이라는 말과 '요령'이라는 말의 의미는 많이 변했지만 아직까지 우리의 일상생활에서 자주 쓰이고 있는 것으로 보아, 과거에도 마술이 우리 생활을 어느 정도 차지하고 있었다고 볼 수 있다.

그렇다면 우리나라 마술의 시작은 누구일까? 우리나라의 최초 마술사는 김연수 선생이다. 아직까지 우리나라 마술의 정확한 시점을 확인할 수는 없으나 1900년 초 미국의 매직 연감에 따르면 한국에 왔던 선교사들의 증언을 통해 '김연수'라는 마술사의 행적이 기록되었다. 그는 동네 장터 등을 다니며 몸을 띄우는 부양마술을 선보여 많은 호응을 얻었다고 하며, 현재까지는 이를 우리나라 마술 역사의 시초로 보고 있다.

이후 1세대 마술사라고 일컬어지는 마술의 대부 이흥선 선생이나 윤광식 선생이 활동하였으며, 이후 한국마술협회 회장인 정은선 선생과 김청 선생, 정하성 선생 등 많은 원로 마술사들이 활동하고 있다. 지금은 신세대들에게서 폭발적인 인기를 얻고 있는 이은결, 최현우 등의 마술사들이 활동하고 있다.

마술의 비젼

요즘엔 마술을 배우는 학생들의 분포가 다양하다. 유아, 초·중·고등학생, 주부, 일반 직장인까지 마술은 대중화를 이루어 그야말로 마술의 붐을 이루고 있다. 현재 마술을 전문직업으로 하는 프로마술사와 마술을 취미로 배우며 활동하는 아마추어 마술사, 인터넷 On-Line과 각종 교육시설에서 마술을 배우는 마술 마니아는 수십만 명으로 추산되고 있다. 또한 마술 인구의 폭발적 증가로 마술 시장의 경제력도 연간 수백억 원대로 성장했다(일부에서는 천억 원대 이상으로 추정함). 마술관련 업종에 활동하는 전문가들은 앞으로 경제 발전과 문화산업의 다양한 욕구로 마술시장이 지속적인 성장을 거듭할 것이라고 이야기한다.

마술 산업은 마술교육과 마술공연으로 구분된다. 마술교육은 교육비와 마술교육용 도구로 나뉘어져 있으며, 일반적인 타 교육 과정보다 훨씬 비싸게 운영된다. 현재 마술 교육은 전문 마술학원과 지역사회나 백화점에서 운영하는 문화센터, 교회나 시설에서 운영하는 사회복지관, 인터넷, 초중등학교, 대학의 평생교육원 등에서 교육이 이루어지고 있다.

마술교육에 꼭 필요한 마술도구는 마술이라는 특수성, 비밀스런 제조법과 사용법으로 인해 값비싸게 팔리고 있다. 2~3년 전까지만 해도 마술도구는 대부분 미국이나 일본에서 수입한 것이 대부분이었는데 마술 인구의 폭발적인 증가로 아시아권 특히 중국, 태국, 대만, 인도, 이란 등에서 제작하는 도구들이 수입되고 있으며, 가격도 저렴하게 판매되고 있다. 최근에는 국내에서도 전문 제작자에 의한 좋은 제품들이 제조·판매되고 있다. 일부 저가공세로 인해 제품의 질적 문제가 발생되기도 하지만, 아직까지 마술은 그 신비스러움으로 인해 많은 사람들이 배우고 싶어 하는 문화산업임이 틀림없다.

마술의 한 축인 마술공연에 있어서 마술사는 누구나 한 번쯤 꿈꾸는 선망의 대상이 되었다. 화려한 조명과 음악 속에서 멋진 의상과 모자를 쓰고 불과 비둘기를 마음대로 조종하면서 여러 가지 도구들을 이용한 마술쇼와 사람이 공중에 뜨는 공중부양, 무대에 있던 마술사가 어느 순간 사라지고 객석에서 나타나는 순간이동 마술 등은 관객들의 탄성을 자아낸다.

마술공연은 대극장과 소극장의 공연용 마술과 그리고 각종 모임, 생일파티 등에서 펼쳐지는 파티형 공연으로 나눌 수 있는데 대형 공연에 출연하는 톱스타 마술사의 공연료는 회당 천만 원 가까이 지불되고 있으며, 아무리 작은 규모의 파티라도 수십만 원의 공연료를 지불한다. 이렇듯 마술은 현재 경쟁력 있는 문화산업으로 자리하고 있으며 이는 마술을 취미나 특기 또는 마술을 통한 연예인으로 진출하고자 하는 많은 청소년들에 의해 인기와 더불어 더욱 발전하고 있다. 또한 이를 매개체로 한 매니지먼트 사업과 엔터테인먼트 등의 사업으로 확장을 추구하고 있으며, 꾸준한 성장을 거듭하고 있다.

이와 같이 마술 산업이 발전하는 이유는 남녀노소 할 것 없이 누구나 쉽게 배울 수 있으며, 사람들이 모이는 장소라면 어느 곳에서든 즐거운 장면을 연출할 수 있기 때문인 것 같다. 특히 아이들이 마술을 배우면 상상력과 창의력, 감성과 지성의 발달, 과학적 사고 개발, 자신감 증대 등의 향상으로 소극적인 성격을 적극적인 성격으로 변화시키고 표현력의 다양화로 자신만의 독특한 장기를 개발해 사회활동에 활력소가 될 수 있다. 일반 성인이나 직장인 또한 마술을 이용한 비즈니스 매직이나 레크리에이션 매직으로 고객 서비스나 직장 내 리더십을 키우는데 활용할 수 있다.

마술은 작은 파티나 레스토랑 등에서 소수의 관객들과 친밀하게 펼쳐지는 Close Up Magic, 야외무대나 이벤트 행사 등 좀더 넓은 장소에서 관객과 함께 공연을 만들어 가는 형태인 Parlor Magic, 무대에서 쇼의 형태로 보여지는 Stage Magic, 사람을 공중에 띄운다던가 인체를 분리하는 Illusion Magic, 야외에서 행해지는 것이 특징인 탈출 마술이나 대형 건조물을 사라지게 하는 등의 Grand Illusion Magic 등으로 구분된다.

그럼 마술을 관람하는 사람들이 지켜야 할 법칙과 마술사가 지켜야 할 법칙은 무엇일까?

◎ 마술을 관람하는 사람의 법칙

- 박수와 환호를 많이 하라.
- 절대 두 번 이상 보여 달라고 하지마라. 신비함이 떨어진다.
- 궁금하다고 해서 가르쳐 달라고 조르지 마라.
- 마술사의 도구에 손을 대지 마라.

특히 일반인이 궁금하다고 마술사의 도구를 이리저리 살펴보는 것은 절대 삼가야 할 금기로 이는 마술사들 사이에서도 지켜지는 불문율이다.

◎ 마술사가 지켜야 할 법칙(The Rule of Magic)

- Never tell anyone how the tricks are done.
  결코 매직이 어떻게 이루어지는지 말하지 말라.

- Never repeat a trick.
  결코 매직을 반복하지 말라.

- Always practice your tricks in private before showing them to anyone.
  항상 관중에게 매직을 보여주기 전에 개인적으로 먼저 연습하라.

- Be neat and tidy.
  청결하고 깨끗하라! (매직도구와 마음가짐)

- Try not to worry about stage fright. The best way to avoid unnecessary worry is to practice your act until you know that you can do it perfectly.

무대공포증을 갖지 않도록 노력하라. 가장 좋은 방법은 그 매직을 완벽하게 할 수 있다고 믿을 수 있을 때까지 연습하라.

- Read all you can about magic and magicians.
  매직과 매지션에 관련된 모든 것을 읽어라.

- Make your performance entertaining watch other magicians and you will see.
  너의 공연을 즐겨라! 다른 매지션의 공연을 많이 보라.

- Believe that you are a real magician as David Revant said "a good magician is an actor playing the part of a magician." To be a good magician you must be a good actor and believe in what you are doing.
  네가 진짜 매지션임을 믿어라. 좋은 매지션이 되기 위해서는 좋은 연기자가 되어야만 하며, 자신이 공연하고 있는 것을 믿어라.

마술을 만드는 사람들

프로마술사나 마술강사가 되는 길은 학원 등에서 일정한 교육과정을 이수하여 자격을 인정받거나 문하생이나 전문가 과정을 통해 마술사로 활동하는 경우 등이 있다. 현재 국내 마술과 관련된 공식 단체는 사단법인 한국마술협회가 있다. 사단법인 한국마술협회는 2003년에 설립되어 협회 본부와 전국 18개 지부로 구성되어 있으며 정기적인 모임을 통해 마술 산업의 발전과 국내외 마술대회 개최 및 참가, 마술관련 자격증 등을 논의하고 심사하는 국내 최대, 유일의 마술협회이다.

동아인재대학에서 마술학과가 설립되어 2년제 과정으로 운영되고 있으며, 2006년 2월 최초로 졸업생이 배출되어 왕성한 활동이 기대된다. 세계마술관련 협회로는 FISM, SAM, IMS, IBM 등의 단체들이 있으며, 국내의 많은 마술사들이 실력을 인정받아 정회원으로 활동 중에 있다.

세계적인 마술대회로는 FISM(파즘)이 있는데 마술의 올림픽으로 불리며 3년마다 개최된다. 올해는 7월에 스위스에서 개최될 예정이다. 또한 각 나라 마술협회에서 개최하는 세계적인 대회들이 있는데 최근에는 국내 마술사들이 많은 대회에 참여하고 있다. 국내 마술대회는 한국마술협회에서 주최하는 전국마술대회가 있고, 기타 일부 단체에서 마술대회를 마련해 운영 중이다.

국내의 마술관련 자격증을 살펴보면 마술사와 마술강사는 1급, 2급, 3급으로 구분되어 있고, 각 급의 발급 과정은 다음과 같다.

각 과정은 협회 본부 또는 지부에서 주관하는 일정 시간 이상의 교육을 이수해야 한다. 기본적인 구비서류는 지부교육이수 확인증, 자격발급신청서, 이력서, 주민등록등본, 사진 4장 등을 제출해야 한다. 3급 자격증은 30시간 이상의 교육이수와 소양교육을 받으면 발급 받을 수 있다. 2급 자격증은 50시간 이상의 교육이수와 소양교육을 받고 본부에서 실시하는 필기시험(70점 이상)과 실기시험(각 지부장 또는 프로매니저의 심사)에 통과해야 한다.

1급 자격증은 2급 이상의 자격을 취득하고 1년 이상의 실무경력이 있어야 응시할 수 있다. 또한 1급 자격증 시험은 1년에 2회 실시하고 있다. 2급 이상의 자격을 취득한 자에게는 전원 협회 본부나 지부에서 취업 또는 공연 할 수 있는 기회를 제공할 의무를 가진다. 이는 협회와 지부에서 교육생에게 신뢰와 책임감을 갖고 교육을 전담할 수 있도록 강제한 결과이다.

교육과정에는 실기능력뿐만 아니라 교육자로서의 자질과 예의범절 등에 대한 교육을 병행하고 있다. 이는 마술강사와 마술사들에 대한 인격과 존중심을 배가시키기 위함이다.

마술사는 주로 소극장, 대극장 등 전문공연장에서 매직쇼 형식과 백화점, 청소년 수련관 기타 무대가 꾸며진 곳에서 작은 규모의 다양한 공연을 하게 되며, 공연시간은 고객의 요청에 의해 이루어지나 20~30분에서 1시간 또는 그 이상의 공연이 이루어지고 있다.

마술강사는 학원, 복지관, 문화센터, 대학 평생교육원 등에서 정규과정으로 강의하며, 기업이나 세미나 등 특정 집단에서의 강의 요청이 있을시 출장 강의를 하기도 한다.

마술 엿보기

◎ 핑거 팜(Finger palm) : 손가락을 이용하여 동전을 숨기는 기술

• 동전을 오른쪽 손가락 중지와 약지 안쪽에 올려놓는다.

• 오른손을 왼손으로 가져가면서 동전을 왼손 위에 떨어뜨리는 척한다.

• 왼손을 동전을 쥔 것처럼 하고 관객들이 볼 수 있는 눈높이까지 손을 올린다.

• 동전을 쥐고 있는 오른손은 자연스럽게 허리춤에 갖다 댄다.

• 왼손에 입김을 불고서 손을 비비면 동전이 사라지고 없다.

• 오른손을 상대방 왼쪽 귀밑에 갖다 대고서 동전을 가져오는 것처럼 연기한다.

동전 마술은 실제로 동전을 오른손에서 왼손으로 옮겨진 것처럼 연기해야 한다. 반복 훈련을 통해 거울을 보면서 정확한 동작을 연습하면 관객들에게 즐거운 마술을 보여줄 수 있다.

◎ 휴지 찢고 되살리기 : 휴지를 찢은 후에 다시 펼쳐 온전한 휴지로 되살리는 마술

• 티슈를 뽑기 전 미리 한 장을 작게 말아서 오른손 안쪽에 보이지 않도록 쥔다.
• 티슈를 한 장 뽑아 관객이 보는 앞에서 여러 번 찢은 후에 양손으로 비벼서 동그랗게 만든다.
• 티슈를 비빌 때 오른손에 미리 쥐고 있던 티슈와 합쳐서 마치 한 장의 티슈가 뭉쳐진 것처럼 보이도록 한다.
• 찢어진 티슈는 오른손 안쪽에 감추고 온전한 티슈를 주문을 외우면서 펼치면 된다.

휴지를 찢고 붙이는 마술은 한두 번만 연습하면 누구나 쉽게 할 수 있는 마술이다. 오른손에 미리 쥐고 있던 휴지 때문에 오른손 동작을 부자연스럽게 연기하면 관객들에게 들킬 수 있으므로 주의해야 한다.

마술과 함께 가는 길

내가 마술을 가르칠 때 가장 좋아하는 대상은 직장인으로 구분되는 40~50대 성인들이다. 이들은 마술을 이성적으로 판단하지만 실제 배우는 과정에서는 손동작이나 시선처리 등 마술 기교를 배우는데 굼

뜨고 서툴러 적극적으로 배우길 원하며 또한 가르침을 받아들이는데 능동적이다. 이에 반해 청소년 특히 중학생들은 마술은 배우지만 방송이나 인터넷 등을 통해 마술을 한두 번은 경험했기 때문에, 선생님의 지도에 한 번 반응하면 곧 자기들만의 마술 세계로 들어간다. 대부분의 학생들이 다양하고 많은 것을 배우기를 원하기 때문이라고 생각된다. 달리 말하면 방금 배웠으니까, 다른 것을 가르쳐 달라는 것이다. 그러나 마술은 방법을 가르쳐 주고, 숙달이 되도록 하는 지도 과정이 필요한데 그들은 익숙해지는 과정보다는 더 많은 정보를 원하는 경향이 있다.

마술은 주 1회 1~2시간 정도로 교육되며 초급, 중급, 고급으로 분류해 각각 2~3개월 정도의 단위로 교육된다. 주 2회 수업이 진행되기도 하지만 기본적으로 주 1회 1시간 수업이 적당하다. 사실 마술의 기교는 방법을 아는 것만으로는 마술을 표현하기가 여간 어려운 것이 아니다. 1시간 동안 약 3~4가지 기교를 배우는데 1주일 동안 열심히 연습해도 마술의 기교를 익히는 데는 부족한 시간이다. 하지만 요즘 학원에서는 각 단위별로 약 2개월씩 주 2회 수업으로 이루어지는 경향이 있다. 단축된 기간에 빨리 배우고 싶은 학생들의 욕구와 학원의 필요가 맞아떨어지기 때문이다.

어쨌든 마술은 배우기도 어렵지만 가르치는 것도 쉽지 않다. 마술을 배우는 학생들의 수준과 적응력이 각각 다르기 때문이다. 인원이 많지 않을 때는 개별 지도를 통해 수준을 맞추기도 하지만 인원이 많을 때는 오늘 배울 수업 내용을 빨리 알려주고 굼뜬 학생들의 특별지도를 통해 평균을 조율하는 방법을 선택하기도 한다.

마술사나 마술강사가 갖추어야 할 것 중에는 많은 연습과 더불어 뛰어난 연기력이 요구된다. 마술은 관객들의 눈을 속이기 위한 행위가 아니라 관객들이 마술사의 행위를 믿게 하는 것이기 때문이다. 달리 말하면 먹지 않았어도 먹은 것처럼 하고, 손에 없어도 있는 것처럼 태연스럽고 능청스럽게 연기를 해야 하는 것이다. 손이 빠르기 때문에 관객들이 속는 것이 아니라 관객들이 믿기 때문에 손이 빠르게 보이는 것이다.

더불어 마임을 배울 때도 마임 속의 표현력과 공감각을 찾아보는 노력이 매우 중요하다. 결국 마술도 배우처럼 연기자가 되어야 한다. 관객에게는 무대 위에서 보이는 객체로서의 대상일 수밖에 없기 때문에 훌륭한 배우가 되어야 주체적인 관계 속에서 멋진 공연을 평가 받을 수 있다.

나는 마술을 가르칠 때, 내가 배웠던 그 순간을 떠올려 본다. 어찌 보면 마술은 단순한 손놀림에 불과한지도 모른다. 아니면 어떤 도구라는 것을 잘 다루는 방법을 배우는 정도에 지나지 않는다. 그래서 마술을 배우는 초급 단계에서 중급으로 진급하는 비율은 매우 낮다. 마술을 조금 알기 때문에 여러 가지 방법을 찾아서 스스로 배우고자 하는 경향이 많이 나타난다(물론 수강료도 상당히 비싸다). 하지만 그들 중 상당수는 마술을 포기한다. 포기는 아니더라도 마술을 아는 정도로 만족해 버린다. 그러나 마술은 반복된 훈련을 통해 성숙해 가는 과정을 거쳐야 한다.

나는 지역과 장소의 특별한 구분 없이 나를 필요로 하는 곳이라면 어디에서라도 마술공연과 마술강의를 하고, 더불어 봉사 개념의 시간을 요구하는 곳이라도 가능한 한 언제든 찾아간다.

하지만 마술이 내 삶의 최종 지향점은 아니다. 지난 시절의 꿈을 접고 직장인으로 살아야 했던 시절 이전의 내 생활로 돌아가기 위해 준비하는 과정이기도 한 것이다. 나는 훌륭한 연기자로서 거듭나기 위한 일련의 과정으로서 마술을 택했고, 그 선택은 지금 올바른 선택으로 판단된다. 가끔씩 방송이나 영화 등에서 개최하는 연기자 오디션을 보기도 한다. 운이 좋게도 지금은 영화배우로 활약 중이다. 4월에 크랭크인 하는 영화 오디션에 합격했기 때문이다.

나는 마술이 얼굴이라고 생각한다. 얼굴은 어떻게 가꾸는가에 따라 피부가 고와지기도 하고 거칠어지기도 한다. 또한 어떠한 표현력을 갖추었는가에 따라 표정도 액션도 다양하고 멋있어 진다. 마술은 얼굴이다. 매일 매일 씻고 예쁘게 치장할 때 나의 얼굴을 보는 관객의 눈은 더욱 빛나고 호기심에 가득 차서 조금 더 가까이 다가가 보고 싶어하기 때문이다. 내 얼굴에 관심을 잃은 마술은 재미없다.

-이진영

160

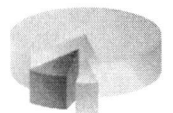

공포감 해결이
프레젠테이션 성공의 시작이다

미국 샌디에이고 캘리포니아 대학과 캐나다 마니토바 대학의 공동연구팀은 의학전문지 〈일반 정신의학 기록〉 최신호의 프레젠테이션 연구 보고서에서 2천 명을 대상으로 실시한 인터뷰 조사 결과 7.2%가 사회공포증 환자라는 사실이 밝혀졌다고 보고했다.

이 조사에서는 여러 형태의 사회공포증 증상들이 밝혀졌는데 사회공포증 환자들이 두려워하는 것은 대중 앞에서 연설하는 것이 15%로 가장 많았고, 누군가가 지켜보는 가운데 먹거나 마시는 것이 두려운 사람이 4.2%나 됐다.

사회공포증의 여러 가지 증상에 해당되지 않는 사람이 60%, 1~3가지 증상이 있는 사람이 28%, 7가지가 넘는 증상을 가진 사람이 3.4%로 나타났다. 사회공포증이 교육에 지장을 초래했다고 대답한 사람은 5명에 1명 꼴이었으며, 이들 중 절반이 사회공포증 때문에 학교를 중퇴한 것으로 나타났다. 사회공포증이 직장을 갖는 데 문제가 된 사람 역시 5명 중 1명 꼴로 집계됐다.

우리나라 사람들은 프레젠테이션 문화가 생활화되어 있지 않기 때문에 프레젠테이션을 앞두게 되면 보편적으로 심한 스트레스를 느낀다. 실제로 통계자료를 보면 우리나라 직장인 10명 가운데 9명은 업무와 관련된 각종 프레젠테이션 때문에 심한 스트레스와 심적 부담을 느낀다고 한다.

요즘은 입사 때부터 프레젠테이션 능력을 갖춘 창조적 인재상을 요구하고 있으며, 기업 환경이 점점 '커뮤니케이션'을 중시하는 문화로 바뀌어 집단토론, 브리핑, 프레젠테이션, 제안, 기획회의, 고객 상담이 늘어가고 있다. 제아무리 빛나는 생각과 톡톡 튀는 아이템을 가지고 있다 해도, 이를 고객이나 직장상사 앞에서 효과적으로 표현하지 못한다면 성공적으로 목표를 달성할 수 없다. 따라서 프레젠테이션 능력은 자신의 미래를 발전시키는 중요한 결정 요인이며, 나아가 회사를 발전시킬 수 있다.

누구나 프레젠테이션을 하게 되면 긴장하고 떤다

누구든지 처음 프레젠테이션을 하게 되면 여러 사람 앞에 선다는 생각만으로 긴장하고 실제로 강단에 서면 사시나무 떨 듯 하는 경우가 많다. 몸이 떨리다 보니 목소리까지 떨리게 되고, 결국 말까지 더듬게 된다. 그렇게 되면 아무리 많은 것을 안다고 해도 제대로 전달하기는 커녕 말 한마디 제대로 하지 못하고 강단을 내려오게 된다.

프레젠테이션을 자주하는 분들도 대상에 따라서는 프레젠테이션을 제대로 하지 못하는 경우가 있다. 이러한 이유는 자신보다 청중들이 높은 지위를 가졌거나 전문가라고 생각해 자신감이 없어지고 프레젠테이션하는 자신의 초조함을 신경쓰다 보니 정작 전달한 내용을 잊어 버리기 때문이다. 그렇게 되면 프레젠테이션 내용은 더욱 뒤죽박죽되고, 두서가 없어지는 것이다.

프레젠테이션 이상 증상에는 무엇이 있는가?

대부분의 사람들은 청중 앞에 서면 여러 가지 정신적인 변화와 신체적인 변화를 겪는다. 프레젠테이션에 대한 공포 증세는 프레젠터가 자신 없어 하는 것을 청중들에게 알리는 것이며 충분히 준비를 하지 않은 것처럼 보이기 쉽다.

• 정신적인 증상 : 불안감, 긴장감, 당황, 흥분 상태
• 신체적인 증상 : 가슴이 두근거림, 남 앞에만 서면 얼어 버림, 얼굴이 빨개짐, 남 앞에만 서면 사시나무 떨 듯 떨게 됨.

떠는 현상은 사람에 따라 입술을 떠는 사람, 손이나 다리가 떨리는 사람, 몸을 유난스레 떠는 사람이 있다. 그러나 떨림 현상은 목소리까지 떨리게 만들어 듣기가 거북하다.

무엇이 흥분하게 하고 떨리게 하는가?

떨리는 이유에는 여러 가지가 있다. 정서가 불안해 어쩔 줄 몰라 떨기도 하고, 자신감이 없어서 닥쳐올 실패에 대한 두려움 때문에 떨기도 한다. 흥분이나 기대가 지나치면 심장 박동수가 높아지며 가슴에 통증이 오기도 하고, 시선을 한 곳에 머무르지 못하게 된다. 떨림의

이유를 원인별로 나누어 보면 다음과 같다.

- 정신적인 원인 : 자유롭고 싶은데 프레젠테이션을 해야 한다는 부담감, 실패에 대한 두려움, 실패했을 때의 공포감, 남들보다 잘 할 수 없을 것 같은 열등감, 프레젠테이션을 해본 경험이 없는 두려움, 정서불안, 실패해 본 경험
- 기술적인 원인 : 말을 잘 할 수 없다. 대화에 자신이 없다. 화제가 부족하다. 연습이 충분하지 않다.
- 육체적인 원인 : 추위로 인한 떨림, 건강이 좋지 않을 때, 몸살, 감기, 두통으로 인해 컨디션이 좋지 않을 때.

떨림과 공포에 대한 실체를 알면 공포는 사라진다

정도의 차이는 있겠지만 사람은 누구나 사람들 앞에 서면 떨리고 흥분된다. 사람은 두려움과 흥분이 생기면 상황을 피하려고 하게 되는데 이를 회피반응이라고 한다. 그러나 어쩔 수 없이 상황에 부딪쳐야 하는 경우에는 상황이 발생하기 전부터 미리 불안을 느끼는데 이것을 예기불안이라고 한다. 피할 수 없는 정도가 클수록 일상생활에 장애가 오고, 극심한 불안 반응이 일어나게 된다.

그러나 어떠한 불안도 막상 일이 해결되고 나면 의외로 별게 아닌 것으로 끝나는 경우가 많아 허탈감이 생기기도 하다. 이것은 우리가 공포나 불안을 느끼는데 충실했지 공포나 불안을 해결하기 위한 방법을 생각하지 않았기 때문이다. 결국 공포는 무지와 불안의 산물로 차분히 준비하면 공포도 사라진다.

떨지 않고 자신감 있게 프레젠테이션하는 방법

긍정적인 암시로 자신감을 갖는다

프레젠테이션을 하기 전에 '나는 잘할 수 있다', '나는 자신 있게 프레젠테이션 할 수 있다'와 같은 긍정적인 암시로 자신감을 갖도록 한다. 그리고 프레젠테이션에 들어가기 전에 크게 심호흡을 한 번 하고, 배에 힘을 주면 떨리는 현상은 상당히 줄어든다. 청심환을 먹으면 심리적으로 안정돼 자신감 있게 프레젠테이션을 할 수 있다.

자신감은 준비에서 온다

프레젠테이션에 두려움이 있거나 처음 강단에 서는 프레젠터는 프레젠테이션에 대한 준비를 철저히 해야 한다. 프레젠테이션 준비 중에 제일 먼저 해야 할 일은 자신의 상황과 청중의 배경을 정확히 인식하는 것이 중요하다. 적을 알고 나를 알면 백전백승이라고 했다. 이에 맞춰 프레젠터가 준비해야 하는 것은 다음과 같다.

- 프레젠테이션 대상이 누구이며, 학력, 경제적 수준이 어느 정도인지 등에 대한 청중의 배경을 철저히 분석한 후 그들이 필요한 것이 무엇인가를 생각한다.
- 프레젠테이션 주제에 맞고 청중에게 유익할 수 있는 내용을 프레젠테이션하기 위한 관련 자료들을 모아 분석하고 프레젠터 자료를 만든다.
- 예상 질문에 대한 답변 등을 마련해 어떠한 상황도 극복할 수 있는 자신감을 가져야 한다.

프레젠테이션 순서를 적어둔다

주제와 순서를 칠판의 구석이나 메모지에 적어 볼 수 있도록 하면 프레젠테이션 순서가 일정하게 진행될 수 있으므로 프레젠테이션에 집중할 수 있게 된다. 또한 당황해서 내용을 잊어도 프레젠테이션 순서를 보면 다시 기억할 수 있으므로 최악의 상황에 도움이 된다. 프레젠테이션 순서를 적어두는 것만으로도 순조로운 프레젠테이션을 진행하기가 어려우면 교재를 놓고 보면서 하는 것도 자신감을 갖게 되는 요인이 될 수 있다. 비록 매끄러운 프레젠테이션은 아니지만 프레젠테이션을 다시 차분히 시작할 수 있게 해준다.

타인은 진지하게 듣지 않고 있다는 사실을 명심한다

프레젠테이션에 대한 두려움을 갖거나 떨리는 이유는 남들보다 잘 해야 한다는 부담감, 청중들이 자신의 프레젠테이션을 처음부터 진지하게 듣고 있다는 생각에서부터 시작된다. 그러나 청중들은 의외로 프레젠터의 프레젠테이션 내용에 대해 처음부터 진지하게 듣지 않는 경우가 많다. 따라서 프레젠테이션을 완벽하게 해야 한다는 부담감에서 벗어나 최선을 다한다는 생각으로 임하면 여유가 생긴다.

잘하려는 욕심을 버린다

우리가 프레젠테이션을 할 때 대충해야겠다고 생각한다면 대화체로 이야기하듯 자신감 있게 프레젠테이션을 진행할 수 있을 것이다. 그러나 프레젠테이션에 대한 공포가 생기는 것은 훌륭한 프레젠테이션이 되길 바라는 프레젠터의 욕구가 강하기 때문이다. 따라서 프레젠터 스스로 너무 잘하려는 의지를 버리고 조금 성의 없이 보일지라도 자연스럽게 1 대 1 대화를 한다고 생각하고 진행하면 무사히 프레젠테이션을 마칠 수 있다. 그러나 이러한 프레젠테이션 공포증은 조금만 프레젠테이션을 해보면 금방 잊게 된다. 강단에만 서면 신바람이 나서 프레젠테이션이 인생에서 가장 행복하다고 말하는 사람도 본 적이 있다. 그도 처음 시작은 매우 떨리고 힘들었지만 그러한 떨림을 극복해 가는 과정이 더욱 즐거웠다고 한다.

실전처럼 연습한다

완벽한 준비 후에는 실전처럼 연습해 봐야 한다. 특히 '프레젠테이션 공포증'을 많이 느끼는 사람일수록 청중들 앞에서 프레젠테이션하듯 소리 내어 연습해야 한다. 가장 좋은 방법은 여러 청중을 놓고 연습해 보는 것이 좋지만 거울을 보면서 실제로 프레젠테이션하는 것처럼 연습하면서 잘못되거나 어색한 부분을 수정해 나가는 것이 좋다. 전체를 연습하는 것이 바람직하지만, 적어도 첫 10분 정도에 해당하는 부분은 연극 대본을 외우듯 연습하는 것이 좋다. 프레젠테이션의 시작이 바라던 만큼 매끈하게 진행되면 어느덧 '프레젠테이션 공포증'은 사라진다.

프레젠테이션을 준비한다

입으로만 프레젠테이션을 하려면 모든 것을 외워서 내 것으로 만들어야 한다. 프레젠테이션을 잘하려면 프레젠테이션 내용을 완벽하게 숙지하는 것도 중요하지만 프레젠테이션 스킬도 좋아야 한다. 프레젠테이션을 처음 하는 사람들이 두 마리 토끼를 잡기란 어렵다. 그러나 프레젠테이션을 준비하면 프레젠테이션 내용을 전부 외우지 않아도 되므로 부담에서 벗어날 수 있다. 또한 프레젠테이션의 흐름을 구체적으로 제시할 수 있으므로 프레젠테이션 중 말이 막히거나 잊어버려 당황하는 경우가 생기지 않는다. 그러나 프레젠테이션에 너무 많은 것을 의존해 프레젠테이션만 읽어 나가면 청중들은 프레젠터의 뒤통수만 보게 된다. 따라서 프레젠테이션을 자신의 단점을 보완하는 차원에서 사용하면 의외로 좋은 효과가 나타나며, 훌륭한 프레젠터가 될 수 있다.

청중에 대한 정확한 이해가 성공적인 프레젠테이션의 시작이다

프레젠터가 청중의 정체를 규명하고, 그들에 대해 세밀하게 탐구·조사하고, 그들의 복잡한 내면 심리와 성향을 깊이 이해하지 않고서는 절대 프레젠터로 성공할 수 없다. 프레젠테이션을 성공적으로 하기 위해 사전에 청중에 대해 알아야 할 사항으로는 다음과 같은 것들이 있다.

청중의 참가자 수, 성별

청중의 참가자 수와 성별은 프레젠테이션 내용을 선정하는데 참으로 중요하다. 청중의 참가자 수에 따라 장소의 크기를 결정해야 함은 물론 청중의 대상이 여성인가, 남성인가에 따라 프레젠테이션 내용도 다르게 준비해야 한다. 프레젠테이션 경력이 많은 프레젠터들은 남녀

구 분	내 용
예상 참가자수	성별 남( ), 여( )
평균 연령	
직 종	
직 업	유선 무선
직 급	
교육 수준	
경제적 수준	
선수 학습의 이해	
내 프레젠테이션의 위치	처음, 중간, 마지막
참가비 유무	
과정에 대한 이해	
과정의 수준	
참가 동기	자발적, 비자발적
기타 유의사항	

구분 없이 자연스럽게 프레젠테이션을 진행해 나갈 수 있지만 여성에게만 프레젠테이션을 해 본 프레젠터가 갑자기 남성들에게 프레젠테이션을 하게 되면 경직되어 남성들에게는 흥미 없는 프레젠테이션을 하는 경우가 있다. 반대로 남성만을 대상으로 했던 경우도 마찬가지이다. 따라서 프레젠테이션 전에 청중들의 성별 파악을 통해 그들이 좋아하는 주제나 내용을 선정해야 명프레젠터가 될 수 있다.

청중의 평균연령

청중들의 나이는 천차만별인 경우가 많다. 특히 초등학생, 청소년, 여성, 노인 등 다양한 대상이 한 자리에 모이는 경우 어느 한쪽을 대상으로만 프레젠테이션 내용의 포인트를 맞추면 다른 쪽에서 흥미를 잃는 경우가 발생한다. 따라서 이렇게 다양한 계층을 대상으로 프레젠테이션을 할 경우에는 모든 계층에 맞는 일반적인 프레젠테이션을 해야 한다.

청중의 직업과 직급

청중들의 직업에 따라 프레젠테이션 내용을 어렵게 할지 쉽게 할지를 결정해야 한다. 청중들의 직업이 전문직인 경우에는 그들의 수준에 맞는 용어로 전개해야 한다. 노동자 계층인 경우 딱딱하고 재미없는 이론적인 이야기보다는 밝고 교훈적인 경험담이 좋다. 직급이 높은 청중을 만난 경우에는 그들에 대한 예우를 깍듯이 해주어 불쾌한 감정이 생기는 일이 없도록 해야 한다. 물론 직급이 낮은 청중을 만나도 존경받는 프레젠테이션을 받는다는 의식을 심어주어 자기주도 학습을 유도해야겠지만 직급이 높은 청중을 만난 경우에는 더욱 신경을 써야 할 부분이다.

청중의 교육수준

청중의 교육수준은 프레젠테이션 내용의 수준을 결정하는데 중요하다. 성인들을 대상으로 할 경우에는 학력의 편차가 심한 경우가 많다. 경우에 따라 프레젠터 자신의 학력보다 높은 집단을 대상으로 프레젠테이션을 하게 되는 경우도 발생하는데, 이때 너무 두려워하지 말아야 한다. 두려운 마음을 갖게 되면 프레젠테이션 도중 자신감을 잃게 되어 말을 더듬거나 강한 주장을 펼 수 없다. 그러나 청중들이 고학력자라 해도 그 부분을 잘 모르기 때문에 프레젠테이션을 듣고자 하는 것이므로 자신을 갖고 임해야 한다. 이와 같은 자신감이 청중들로부터 프레젠테이션을 들어야겠다는 동기를 유발한다. 실제로 박사들을 대상으로 기업교육을 다니는 분들 중에는 초등학교 출신이 있어 가끔 화제로 등장하기도 한다.

청중의 경제적 수준

청중의 경제적 수준은 프레젠테이션 주제나 언어수준을 결정하는 데 중요하다. 우리나라에서 평균적으로 상위 계층이 사는 곳에서는 일반적인 프로그램이 운영되지 않는다고 한다. 예를 들어 강북의 평생교육기관에서는 '조리기능사 자격증' 취득과 같은 실질적이고 취업에 관련된 프로그램들이 좋은 반응을 얻는 반면, 강남에서는 그러한 프로그램보다는 고급스러운 취향을 좋아한다고 한다. 따라서 '봄나물을 이용한 스테미너 요리 10선'과 같은 주제로 프레젠테이션 내용이 같다 하더라도 프로그램의 이름을 고급스럽게 다시 지어야 한다. 이것은 지역의 경제적 수준이 프로그램의 종류에 영향을 끼친다는 것을 반영하는 예이다. 프레젠터의 언어 사용에도 청중의 경제적 수준이 고려되어야 하는데 경제적 수준이 높은 청중들일수록 고급스럽고 교양 있는 언어를 사용하는 것을 선호한다. 그렇다고 경제적 수준이 낮은 청중들에게 그렇게 하지 말라는 뜻은 아니다.

선수 학습의 이해

선수 학습이란 이미 청중이 수행한 학습을 말한다. 선수 학습의 이해가 중요한 것은 프레젠터가 프레젠테이션하기 전까지 청중이 받은 교육의 내용이나 진도 및 수준 등을 미리 알아보아 프레젠터가 진행하고자 하는 부분과 중복된 것이 있다면 그 부분을 과감히 삭제하고 프레젠테이션을 해야 청중들이 지루해하지 않는다. 물론 같은 내용이라도 복습 차원에서 제시는 할 수 있지만 같은 내용을 자세하게 다루는 것은 청중을 지루하게 만든다.

내 프레젠테이션의 위치

같은 내용을 여럿이 진행하는 팀티칭(team teaching) 같은 교육이나 같은 주제를 가지고 여럿이 세미나를 하는 경우 다른 프레젠터의 진행 정도를 특히 주의 깊게 살펴보아야 한다. 다른 프레젠터가 이미 자신이 가르칠 부분을 넘어서 가르쳤다면 내용을 빨리 전환해야한다. 또한 이전에 청중들이 교육 받은 내용 중에서 내가 진행할 내용의 기초가 빠진 것은 없는지 확인해서 부족한 부분을 보충해야 전 과정을 이해하는데 도움이 된다.

참가비 유무

프레젠테이션에 참가비를 내고 참가하는지, 아니면 무료로 참가하는지를 알아야 한다. 참가비의 유무에 따라 청중들의 마음 상태가 다르기 때문이다. 예를 들어, 참가비를 내면 청중들은 무언가를 알거나 배우려는 욕구를 바탕으로 참여하기 때문에 교육 태도가 진지하다.

그러나 무료로 참가하게 되면 내용에 크게 관심을 두지 않는 경향이 있다.

과정에 대한 이해

프레젠터는 프레젠테이션을 해야 할 과정을 올바르게 이해해야 한다. 단순히 교양강좌인지, 특별한 목적을 가진 양성과정인지, 자격증 취득과정인지, 학문적 이론이나 실제 사례를 프레젠테이션하는 것인지에 따라 프레젠테이션 스타일을 달리해야 한다. 따라서 프레젠터가 강좌의 취지나 목표, 기간 등에 대해 정확히 파악해 청중의 눈높이에 맞는 프레젠테이션을 해야 한다.

과정의 수준

과정의 수준이란 내가 프레젠테이션을 해야 할 과정이나 과목에 대한 수준을 의미한다. 프레젠테이션을 해야 할 과정에 대한 수준이 어느 정도인가를 알아야만 청중들의 눈높이에 맞는 프레젠테이션이 이루어진다.

청중의 자발적 참여 여부

연수나 세미나의 경우 청중들의 자발적 참여는 자기주도 학습에 지대한 영향을 미친다. 자발적으로 참여한 청중들은 자신들이 이번 연수나 세미나를 통해 많은 것을 배우고자 참여하기 때문에 프레젠터가 프레젠테이션하는 대로 잘 따라하며 반응한다. 그러나 강제적으로 하는 연수나 어쩔 수 없이 참여하는 세미나의 경우 청중들은 소극적인 성격을 띠게 된다. 프레젠테이션의 내용이나 프레젠터의 능력에 상관없이 프레젠테이션에 전혀 반응을 보이지 않거나 심지어는 조는 경우가 생긴다. 이러한 청중들을 만나게 되면 명프레젠터들도 매우 곤란해 한다. 이럴 때 경험이 부족한 프레젠터들은 오히려 청중들에게 부정적인 이야기를 하여 청중들의 부정적인 사고를 더욱 증가시키기도 하고, 어떤 프레젠터는 청중들이 자거나 떠들어도 그냥 내버려두는 경우가 있다. 만약 이러한 청중을 제어하지 못하면 프레젠테이션이 진행되는 동안 다른 청중들에게도 전이되어 프레젠테이션이 제대로 진행되지 못하는 경우가 발생한다. 따라서 이렇게 자발적으로 참여하지 않는 청중들이 흥미를 갖게 하여 프레젠테이션을 듣게 하는 것은 프레젠터의 능력이며, 이러한 난관을 노련하게 극복하는 것이 명프레젠터라 할 수 있다. 프레젠터는 청중들이 프레젠터의 말에 관심을 보이지 않기 시작하는 시점부터 좀더 자극적이고 흥미 있고, 재미있는 소재와 그들이 듣고자 하는 내용으로 프레젠테이션을 전환해 분위기를 쇄신해야만 한다.

청중의 감정

프레젠테이션을 받는 청중의 감정은 매우 다양하다. 프레젠테이션이나 세미나 자체에 대해 부정적인 생각을 갖고 어쩔 수 없이 참여한 경우, 가정이나 직장에서 남과 다투거나 불편한 마음으로 참석하게 되는 경우가 있다. 이러한 경우 프레젠테이션 스타일을 조정해야 한다. 프레젠터는 프레젠테이션이 시작됨과 동시에 청중들을 둘러보아 프레젠터에게 호의적인 반응을 보이는지 시큰둥한 반응을 보이는지를 빨리 간파하여 청중들이 불쾌해하지 않을 내용으로 이야기를 시작해야 한다.

청중은 자신을 알아주기를 바란다

청중은 프레젠터의 프레젠테이션 과정의 경과에 따라서 프레젠테이션에 대한 관점에 변화가 생긴다. 따라서 프레젠테이션 도중 청중의 변화에 대해 정확히 알고 적절히 대응함으로써 청중들의 요구를 만족시켜 준다면 프레젠터가 원하는 목표를 의외로 쉽게 이룰 수 있다. 그러나 청중의 관점을 정확히 읽지 못하면 프레젠터는 청중들의 생각과는 전혀 다른 방향으로 프레젠테이션을 하게 된다.

시작부분에서의 청중의 관점

◎ 청중은 스스로를 중요한 사람이라고 생각한다

청중은 프레젠테이션을 통해서 무언가 결정할 수 있는 자리에 있는 사람이라고 생각한다. 따라서 프레젠테이션 시작 전부터 얼마나 프레젠테이션을 잘 하는지 지켜보겠다는 생각을 갖고 있다. 이러한 청중을 위해 프레젠터는 청중을 배려하는 태도를 가지고 프레젠테이션을 시작해야 한다. 프레젠테이션 내용이 청중을 위한 것이라는 생각과 프레젠테이션 내용이 청중들에게 꼭 필요할 뿐만 아니라 도움이 될 것이라는 생각을 갖도록 만들어 주어야 한다.

◎ 청중은 존중받기를 원한다

사람은 누구나 존중 받기를 원한다. 특히 청중이 되면 프레젠터로부터 존중 받기를 원한다. 따라서 프레젠테이션이 시작되기 전에 공손한 태도로 청중들을 안내해야 하며, 프레젠테이션은 바로 청중들을 위해 존재한다는 생각이 들도록 해야 한다. 더불어 프레젠테이션 내내 청중이 프레젠테이션의 주인공이라는 인상을 심어주는 것도 간과해서는 안 된다.

● 청중은 바쁜 사람이다

현대인은 누구나 바쁘다. 그러나 청중은 더욱 바쁘다. 따라서 프레젠터가 중요하다고 생각하고 말하는 모든 것들을 귀담아 들으려 하지 않는다. 이러한 청중의 심리를 충분히 이해한다면 프레젠터는 프레젠테이션 내용을 만든 다음 청중의 입장에서 필요한 내용만을 다시 엄선해 핵심만을 전달해야 한다. 시간이 많다고 청중에게 도움이 되는 것이 아니라 짧은 시간이라도 청중을 내가 원하는 목적대로 움직이게 만드는 것이 명프레젠터의 역할이라 하겠다.

● 청중은 요구(Needs)를 가진 사람이다

청중은 프레젠테이션 장소에 목적을 가지고 온 사람들이다. 계약 체결이나 프레젠테이션 내용으로 행동의 변화를 기대한다거나 새로운 지식이나 중요한 사업 파트너를 찾기 위해 프레젠테이션을 듣는다. 따라서 프레젠터는 청중들의 요구를 정확히 파악해 그들이 필요한 내용을 프레젠테이션 해야 한다.

본론 부분에서의 청중의 관점

● 프레젠터의 아이디어가 나에게 도움이 되는가?

청중은 프레젠테이션 내내 프레젠터의 프레젠테이션 내용이 자기에게 도움이 되는 지를 판단한다. 도움이 되는 내용이면 열심히 듣지만 도움이 되지 않는다면 지루해 한다. 따라서 프레젠테이션 내용을 준비할 때는 청중에게 도움이 되고, 동시에 필요한 내용이 무엇인지 정확히 파악해야 한다. 프레젠테이션 중 청중들이 무관심해 하는 부분은 바로 건너 뛰어 다른 주제로 넘어가야 한다.

◎ 프레젠터의 아이디어 중 무엇이 사실인가?

청중은 프레젠터의 프레젠테이션 내용을 액면 그대로 믿으려 하지 않는다. 어떤 것이 사실이고, 어떤 것이 과장이고, 어떠한 부분이 청중에게 필요한 것인지를 가려내려고 한다. 청중을 설득하기 위해서는 개인적인 경험보다는 유명한 사례나 통계자료 등의 인용을 통해 객관성과 진실성을 높이는 것이 좋다.

◎ 청중은 프레젠터의 단점을 찾는다

한 가지 주제를 가지고 여러 프레젠터가 프레젠테이션을 하는 제안이나 프레젠테이션회를 하게 되면 청중들은 프레젠터의 장점보다는 단점을 찾으려 한다. 프레젠터가 청중으로 하여금 자신의 프레젠테이션을 선택하게 하려면 프레젠테이션 능력이나 프레젠테이션 내용에서 프레젠터 자신에게 마이너스가 될 수 있는 부분을 찾아 수정해 나가야 한다. 그래서 완벽한 프레젠테이션이 된다면 다른 프레젠터와 차별화 전략을 수행할 수 있다.

결론 부분에서의 청중의 관점

청중은 프레젠테이션이 끝나면 '선택해야 할 것인가, 말 것인가?' 또는 '행동으로 옮겨야 할 것인가, 말 것인가?' 에 대해 고민한다. 따라서 프레젠터는 결론 부분에서 나를 선택해야 한다는 확실한 신뢰감을 주어야 한다. 확실한 신뢰감을 주는 방법은 나의 프레젠테이션이 다른 프레젠터의 프레젠테이션보다 차별화된다든지, 프레젠터의 의지, 자신의 프레젠테이션을 선택해야 하는 당위성, 프레젠테이션 내용의 실현 가능성이 강조되어야 한다. 그리고 마음의 결정을 내렸다면 행동으로 신속하게 옮길 수 있도록 유도해야 한다. 마음의 결정을 했어도 행동으로 옮기는 시간이 너무 오래 걸려 원래의 목적이 퇴색되는 경우가 많다. 따라서 마음의 결정뿐만 아니라 행동으로 옮기는 전략을 마련해야 성공적인 프레젠테이션이라고 할 수 있다.

청중은 프레젠테이션에서 무엇을 원하는가?

에릭슨(E. H. Erikson)은 성인을 30~60세까지로 구분하고, 이 시기의 심리적 특징으로 전기는 부모로서 아이를 낳아 기르는 일에 책임을 지는 시기이며, 중기는 새로운 세대인 자녀에 대해 책임을 지는 역할을 맡는다 했다. 즉, 부모로서의 권위를 잃지 않고 자녀와 대등한 관계를 구축하는 새로운 삶을 발견하는 단계이다. 여기에서 성인은 자기를 뒤돌아보고 정체된 자신에게 새 삶을 불어넣기 위해 노력하고자 하는 심리적 특징을 지닌다.

성인기는 일반적으로 청년기까지의 생물학적 성숙을 바탕으로 생활의 경험에 의한 인식의 변화에 크게 영향을 받는 시기라고 할 수 있다. 또한 개인의 가정적·사회적 생활의 급격한 변화는 성인을 계속적으로 발생하는 문제를 해결해야만 되는 상황으로 몰아넣는다고 할 수 있다. 이러한 상황 속에서 성인은 자신의 태도, 신념, 판단력에 의해 문제를 해결하고 발달해 가는 것이다.

성인은 대개 일반화되고 추상적인 사고를 추구하며, 그들의 욕구를 피력하고 말로 표현함으로써 프레젠테이션에 참여하게 된다. 성인은 조직화되고 지속적인 자아 개념과 자존심을 소유하고 있으며, 독립된 인격체로서 프레젠테이션에 참여한다. 성인은 사회 내에서 맡고 있는 지위 때문에 늘 생산적인 사람이 되어야 한다고 생각한다. 성인 청중은 자기 주도적이며 많은 경험을 지니고 그 경험에 의거해 문제를 해결하려는 경향이 있다. 따라서 성인들의 육체적, 정신적, 감정적 특성들은 학습과 중요한 연관성이 있다.

◉ 자기 주도성

아동 및 청소년들에 비해 성인은 이성의지로 자신의 생활을 통제할 수 있는 능력이 있다. 성인은 자신에게 부족한 것이 무엇이고 그것을 보충하기 위해서 해야 할 일이 무엇인지 누구보다 스스로 잘 알고 있다. 따라서 청중 스스로 목표를 설정하고 전략을 선정하는데 능동적이다. 이러한 점을 감안해서 프레젠터는 프레젠테이션을 수행함에 있어 프레젠테이션을 주도할 것이 아니라, 청중의 자기 주도적 선택을 도와주고 촉진시킬 수 있는 방법을 모색해야 한다.

성인들은 프레젠테이션 과정에 능동적으로 참여하고자 하므로 수동적인 프레젠테이션 환경에서는 적극적인 반응을 보이지 않는다. 프레젠테이션의 초점은 성인 청중들이 중요하다고 생각하고 알고자 하는 것에 두어야 한다.

◉ 다양한 삶의 경험

성인은 직업, 연령, 학력, 사회 경제적 배경, 사회경험 등이 각자 다른 것이 특징이다. 성인은 프레젠테이션을 수행함에 있어서 성인 청중의 다양한 특성을 고려해 프레젠테이션 방법을 선정해야 할 것이다. 이것은 성인 청중의 다양한 경험을 촉진하고 참여할 수 있는 환경을 만들어 주어야 한다는 것을 의미한다. 아울러 프레젠터의 일방적 주도가 아니라 프레젠테이션 목표에 따라서 다양한 프레젠테이션 방법이 적용되어야 한다는 것을 의미한다. 성인 청중들은 이미 고정된 관념, 습관, 태도, 의견 및 신념을 지니고 있으므로 특정 그룹의 필요에 알맞은 정보를 제공하기 위해 프레젠터는 반드시 이 사실에 유념해야 한다.

◎ 문제 지향성

성인 학습의 내용은 청중들에게 문제를 해결할 수 있도록 도움을 줄 때 최고의 가치를 나타낸다. 성인 청중의 특징은 다음과 같이 요약될 수 있으며 학습에 대해 성인이 얼마나 관심을 갖고 있는지 알 수 있을 것이다. 성인들은 광범위한 실제 삶의 경험을 가지고 있으며, 이러한 경험을 토대로 새로운 학습을 체계화하고 범위를 한정하고자 한다. 성인 학습은 이전의 경험을 통해 획득된 의미, 가치, 기술 및 전략을 변형시키거나 확대시키는데 초점을 맞춰야 한다. 변화에 대한 압력은 주로 사회적 역할이나 직장에서의 역할, 기대감, 지속적인 생산성에 대한 개인적인 욕구, 정체성 확립 등에서 비롯된다.

◎ 상호학습의 원리

성인은 이미 기본적인 학교 교육과 사회생활을 통해서 풍부한 경험을 체험한 사람들이다. 경우에 따라서는 프레젠터보다 특정 영역에 있어서는 더 많은 경험을 축적했을 수도 있다. 따라서 성인을 대상으로 하는 프레젠테이션은 프레젠터와 청중 그리고 청중 상호간의 경험을 공유할 수 있는 방향으로 프레젠테이션 내용을 마련해야 할 것이다.

◉ 참여의 원리

성인을 대상으로 하는 프레젠테이션은 청중의 자율성에 바탕을 둔 것이기 때문에 프레젠터는 프레젠테이션을 설계하는데 있어 청중의 자율적인 참여가 장려될 수 있는 방안을 모색해야 할 것이다.

프레젠테이션 중 말문이 막히는 경우의 응급조치 요령

숙련된 프레젠터라도 프레젠테이션 도중 말문이 막히는 경우가 종종 있다. 이때는 잠시 동안 아무것도 기억할 수 없고, 상응하는 대목을 원고에서 쉽사리 찾지 못하는 경우도 일어난다. 이런 상황에서 프레젠터는 당황하게 되어 프레젠테이션을 망치기도 한다. 그러나 이럴 때일수록 침착해야 한다. 말문이 막히는 것을 피하기 위한 최상의 방법은 원고를 일목요연하게 구성하고, 완벽하게 본인의 것으로 소화해야 한다는 것이다. 그러나 잘 준비했는데도 말문이 막힐 때는 다음과 같은 방법으로 위기를 모면한다.

- 프레젠테이션 내용을 생각하는 동안 지금까지의 프레젠테이션 내용을 다시 한 번 요약한다.
- 창문을 열게 한다든가. 잠깐 동안 기지개를 켤 수 있게 만들어 준다.

- 청중이 메모할 수 있도록 1~2분가량 시간을 준다.
- 프레젠테이션과 관련된 내용에 대해 질문한다.
- 내색하지 않고 다음 항목으로 넘어간다.
- 가장 쉽게 할 수 있는 자신의 체험을 자연스럽게 이야기하면서 주제를 다시 떠올린다.
- 아무것도 생각나지 않아서 오랫동안 당황하게 되면 솔직히 청중에게 사과하는 것이 오히려 프레젠터의 정직성을 살리는 방법이다.

－전도근

나는 PT로 성형했다

　　나는 글 쓰는 재주가 없다. 학창시절 때도 독후감이나 글짓기 숙제를 제일 싫어했다. 그런 내가 이 글을 쓰는 이유는 한국 프레젠터 협회를 통해 비록 내가 가지고 있는 지식과 정보가 내 자신에게는 작고 보잘 것 없는 것처럼 느껴져도 다른 사람과 공유하고 의견을 나누었을 때 더 큰 의미로 활용 가능하다는 것을 깨달았기 때문이다. 나의 개인적인 이야기를 통해 충분히 활용 가능한 아이템이나 방법들을 따라 해보는 것도 도움이 되리라 생각한다.

기아자동차 입사

　　기아자동차㈜ 대구지역 본부 3층에서 면접이 있었다. 날씨만큼이나 기분이 상쾌했고, 머릿속도 맑았다. 떨리는 마음 반, 부담 반으로 나는 면접을 기다리고 있었다. 30명 정도의 사람들이 의자에 앉아 대기하고 있는 가운데 첫 번째로 내가 면접실에 들어가게 되었다. 3명씩 들어가 차례로 면접을 보게 된다는 안내자의 말이 떨어지기가 무섭게 면접실에 들어가니 눈빛에서부터 카리스마가 느껴지는 날카로운 표정의 면접관 세 분이 나란히 앉아 있었다. 정말 '눈앞이 캄캄해진다'는 말이 실감날 정도로 머릿속은 한 순간에 백지상태가 되어 버렸다. 그리고 바로 면접관의 질문 공세가 시작되었다.

"기아자동차에 왜 지원 했나요?"

"자동차에 대해서는 얼마나 알고 있습니까? 부품은 볼트, 너트 포함해서 몇 개나 되는지 알고 있는 대로 한번 말씀해 보시죠?"

"앞으로 자동차 회사의 전망을 어떻게 보고 계시나요?"

정말 한 가지도 제대로 대답하기 힘든 질문들이었다. 사실 그때는 너무 정신이 없어서 뭐라고 대답했는지조차 확실히 기억나지 않는다. 그래도 그 질문 중 가장 오래 기억에 남는 질문이 있다. 지금은 마케팅 팀장으로 계신 모 부장님께서 하신 질문이었다.

"서태지와 아이들이 김포공항에 나타나 교통이 정체되고, 많은 기자들이 몰려와 취재하는 모습을 뉴스에서 접했을 텐데 거기에 대해서 전현정 씨는 어떻게 생각하나요?"

그 때 나는 이렇게 대답했다.

"청소년에게는 그다지 좋은 영향을 끼치는 것 같지는 않습니다. 왜냐하면 한 사람을 영웅화하는 영웅 심리는 청소년에게 가장 큰 효과를 발휘하는데 그렇게 되면 학교폭력이나……(얼버무리며) 아무튼 좋은 것만은 아닌 것 같습니다. 그러나 저 개인적으로는 기아자동차에 입사해서 큰 성과를 거두어 모든 사람들이 저를 주목하게 만들고 싶습니다."

나 자신도 정리가 되지 않는 두서없는 얘기였다. 지금 생각해도 얼굴이 붉어질 만큼 부끄럽다. 그렇지만 그때, 자신감이나 열정이 넘쳤던 것만은 확실하다. 그 후로도 많은 질문을 받았지만 유일하게 기억하는 것은 서태지와 관련된 질문이다. 이렇게 면접은 50분 정도 이어졌고, 그 후 면접실로 들어간 다른 사람들은 10~15분 정도의 면접을 마치고 나왔다. 나는 면접이 길고, 많은 질문에 제대로 대답을 하지 못했기 때문에 '떨어졌구나' 하는 실망감으로 집에 돌아왔다. 신경성 두통으로 머리가 깨질 듯 아팠다. 몸을 가누기 조차 힘들어 저녁도 굶은 채 자리에 누웠다. 그 여파는 다음 날까지 이어졌다.

그런데 다음 날 저녁, 한 통의 전화가 걸려왔다. 나는 힘없는 목소리로 전화를 받았다. "저는 기아자동차 ○○○입니다." 내게 전화를 건 사람은 바로 기아자동차의 모 부장님이었다. 너무 깜짝 놀란 나는 벌떡 일어나 힘찬 목소리로 "아, 예……" 하고 대답했다. 그러자 부장님은 "아니 뭘 하고 있었는데 목소리가 그렇습니까?" 하고 물으셨다. 나는 당황해서 " 아…… 저…… 신경을 너무 썼더니 두통이 좀 있어서 쉬고 있었습니다." 하고 대답했다. "그래도 그렇지…… 목소리가 너무 이상하네요. 아무튼 축하드립니다. 면접에 통과하셨어요. 한국 사람들은 얼굴이 반반하면 일을 열심히 하지 않을 것이라는 고정관념을 가지고 있는데, 전현정 씨는 생활기록부를 보니 학교생활을 충실히 한 것 같아 마음에 들었습니다. 기아자동차에 들어와 사람들의 고정관념을 한번 깨보세요." 하고는 전화를 끊으셨다.

순간 나는 어디서 힘이 솟았는지 벌떡 일어나 큰소리로 '우와' 하고 소리를 질러댔다. 안방에 계신 어머니께서 이게 무슨 일인가 싶어 방으로 뛰어 들어오셨다. 면접에 통과했다는 소식을 전하고 어머니와 손을 붙잡고 방안을 돌며 뛰었던 기억이 아직도 생생하다.

면접을 많이 봤던건 아니지만 면접 시 길게 질문을 하거나 오래 본 면접은 붙을 가능성이 크다는 걸 알게 된 경우이기도 했다. 그리고 면접을 볼 때 자만심이 아닌 자신감이 얼마나 중요한지 또 내가 이 기업에서 일하고 싶은 열정이 얼마 만큼인지를 전달하고 표현하는 것이 중요한 것 같다. 나는 그렇게 기아자동차에 입사하게 되었다.

미스코리아 출전

정말이지 우연한 계기에 출전하게 된 미스코리아 선발대회. 여자라면 한 번쯤 꿈꿔 보았을 것이다. 나도 초등학교 때부터 '나는 커서 미스코리아 될 거야'라고 생각했다.

어느 날 친구와 함께 시내에 나갔다가 유명한 미용실에서 머리를 하게 되었다. 오랜만에 기분도 풀 겸 한껏 멋을 내고 계산을 하려는데 고객카드를 작성하라고 권하는 것이었다. 할인을 해준다는 말에 고객카드를 작성하고 가게를 나왔다. 그런데 다음 날 미용실의 부원장님이라는 사람에게서 전화가 걸려왔다.

"우리 직원들이 너무 예쁜 고객이 다녀갔다고 자랑을 해서 얼굴이나 한번 봤으면 하고 전화했습니다." 순간 '아, 그 미용실이 미스코리아를 많이 배출한 곳이었지' 하는 생각에 조금은 들뜬 마음으로 흔쾌히 승낙하고 가지고 있는 옷들 중 가장 잘 어울릴만한 옷을 골라 입고 다시 미용실을 방문했다. 면접도 아닌데 떨고 있는 나를 느낄 수 있었다. 떨리는 마음을 누그러뜨리기 위해 짐짓 담담한척 애쓰며 부원장님과 인사를 나눴다. 당시 그 분이 나에게 했던 질문을 떠올려 보면 다음과 같다.

웃어보세요(활짝 웃어보세요, 미소만 지어보세요), 머리카락을 머리 위로 올려 보세요(목선을 보기 위해서입니다), 일어서서 다리를 모아보세요(각선미를 보기 위해서 입니다), 손을 한번 볼까요, 워킹을 한 번 해보세요 등 시험대 위에 올려놓고 나를 가늠하는 듯한 느낌을 받았지만 기분은 그다지 나쁘지 않았다. 왜냐하면 부원장님의 표정이나 반응이 괜찮았기 때문이었다.

이런 저런 테스트가 끝나자 부원장님은 "부모님께서는 미스코리아에 나간다면 반대하지 않으실까요?"라고 물었다. 특별히 반대하실 이유가 없을 것 같아 "괜찮습니다."라고 했더니 "부모님과 함께 한 번 더 방문할 수 있을까요?"하고 물으셨다. 나는 며칠 후 어머니와 함께 미용실을 찾았다. 면담이 1시간 정도 이어졌고, 그 미용실은 출전하는데 드레스, 헤어와 메이크업, 피부 관리 등 이런저런 비용이 몇 백만 원이 든다고 설명했다. 돈이 많이 든다는 말에 가정 형편이 그렇게 좋은 편이 아닌지라 조금은 고민했지만, 엄마와 언니가 적극 찬성을 해주었고, 나 또한 기회는 언제나, 아무에게나 주어지는 것이 아니라는 생각에 굳은 각오로 미스코리아에 출전하게 되었다.

대회는 4월이었지만 준비는 1월부터 시작되었다. 같은 미용실에서 준비하는 다른 친구들은 1년 전, 길게는 2년 전부터 준비하는 친구들도 있었다. 1~2년 전부터 준비하는 경우는 성형 수술 기간을 포함한 것이었다. 물론 자연미가 가장 아름다운 것이지만 성형을 통해 더 당당하고 자신감 있는 인생을 살 수 있다면 개인적으로 성형을 찬성한다. 친구들 중에는 가문의 영광을 위해 어머니들이 더 적극적으로 출전을 준비하는 경우도 있었다.

준비 기간에 가장 먼저 하는 일은 수영복을 입고 15cm정도 굽의 하이힐을 신고 워킹하는 것이었다. 그당시 나는 회사를 다니고 있었기 때문에 일이 끝난 후 매일 미용실에서 혼자 워킹 연습을 해야 했다. 다른 친구, 동생, 언니들은 모두 학생 신분이었기에 학교 수업이 끝난 오후에 연습을 마치고 집으로 돌아갔다. 주말이 되면 모두가 함께 모여 연습을 했다. 워킹할 때의 포인트는 허리를 쭉 펴고 가슴을 내밀어 자연스레 아랫배에 힘이 들어가도록 하는 것이었다. 옆에서 보면 S자를 그린 듯 서 있는 상태이다. 그 상태를 유지하면서 우아하면서도 당당하게 걷는 연습을 하는 것이었다.

표정 연습 중에서 웃는 연습은 처음에 익숙하지 않아 경련도 많이 일어나고 근육이 뭉쳐 얼얼하기도 했지만 시간이 지나 익숙해진 다음부터는 무표정이 더 어색해질 정도가 되었다. 나는 입이 좀 작은 편이라 매일 볼펜을 물고 입이 찢어져라 웃는 연습을 해야 했다. 심지어 손가락으로 입을 벌려 최대한 크게 웃는 연습도 해야 했다. 근육을 최대한 많이 사용하면서 활짝 웃는 것이 가장 좋은 웃음이기 때문이다. 가끔 사람들을 보면 활짝 웃기보다는 미소만 머금는 경우가 있는데 이 같은 웃음은 왠지 어두워 보이고, 소극적인 사람으로 보이게 한다. 가끔 사람들은 "너무 활짝 웃으면 바보스러워 보이는 것 같아."라고 말하는 경우가 있는데 그것은 본인의 생각일 뿐 다른 사람들이 보기엔 활짝 웃는 모습이 가장 아름답다.

말하는 연습 또한 아나운서와 같이 말하는 코칭을 받아야 했다. 대구가 고향이었던 나는 표준어가 너무 어색해 웃기도 많이 했다. 그렇지만 당시 코칭 해준 선생님은 "대회는 아직 열리지 않았지만 여러분들은 이미 미스코리아입니다. 어색해 할 필요도 없고 '나는 미스코리아다' 라고 스스로에게 주문을 걸어보세요." 라고 말씀하셨다.

그렇다. 그러한 신념이 나를 더욱 당차게 만들 수 있는 계기였다.

적극적이고 활달하지 않은 사람들의 공통적인 특징을 보면 매사에 자신감이 부족하고 자신이 다른 사람들보다 못난 사람이라는 생각을 많이 하는데 사람은 누구나 장점과 단점을 가지고 있다. 자신의 단점을 보기보다는 장점과 강점이 무엇인지를 알아 계속해서 키워 나가는 것이 중요하다. 태어날 때부터 미스코리아인 사람은 없다. 미스코리아도 자신이 만들어 가는 것이다. 아름다움은 꾸미기보다는 스스로 내면에 불어 넣는 것이다.

연습기간에 방문하신 미스코리아 선배님들도 조언을 아끼지 않으셨다. "아름다운 보석도 볼 줄 아는 사람에게 아름답듯이 자신이 먼저 자기 자신을 사랑할 줄 알아야 합니다."

나는 미스코리아에 출전한다는 것만으로도 기뻤지만 예전 미스코리아 선배님을 알게 된 것과 또 예쁜 친구들, 동생들을 많이 사귀게 된 것에 대한 기쁨도 컸다. 역시 사람은 자기가 발을 뻗는 만큼 시야가 넓어지고, 인맥이 깊어지는 것이다. 이래저래 돈을 많이 썼지만 아깝다는 생각은 들지 않았다. 젊기에 가능한 일이며 나에게 투자한다는 생각으로, 즐거운 마음을 갖게 되니 돈이 별로 중요하지 않았던 것이다. 기회비용은 언제나 존재한다. 중요한 일과 급한 일 중 어느 것이 '우선이다' 라고 얘기하기는 어렵지만 무슨 일이든 때가 있는 것이다.

그렇게 몇 달을 준비한 후 대회 출전을 앞둔 마지막 날 밤, 부모님을 모두 한자리에 모셔놓고 최종 리허설을 마친 후 대회에 임하게 되었다.

합숙하는 동안의 소감을 말하라 한다면 정말 내 자신을 사랑하며, 내 자신이 얼마나 소중한 사람인가를 깨닫게 된 기회였다고 말하고 싶다. 그리고 나를 건강하고 예쁘게 낳아주신 부모님에게 너무 감사하는 마음이었다. 가끔 장애우의 강의를 들을 때면 육신은 멀쩡해도 정신적인 장애를 가진 사람이 얼마나 많은가 생각한다.

사람들은 스스로 얼마나 소중한 존재인지 얼마나 고귀한 존재인지 잊고 사는 사람들이 많다. 가장 중요한 것은 자기 자신을 사랑할 줄 아는 사람이 다른 사람도 사랑할 줄 알게 된다는 것이다. 다시 떠올려 봐도 함께 웃고 울며 행복하게 지낸 일주일의 합숙 기간이 오래도록 기억에 남는다. 합숙기간은 대회의 전반적인 연습과 대회 전 치르는 전야제 준비가 가장 큰 부분을 차지했고, 봉사활동, 기업체 방문 등의 일정으로 짜여졌다.

대회에 나가기 전까지는 미스코리아가 어떻게 선발되고 어떤 활동을 하는지 궁금했었는데 직접 경험하게 되어 뜻 깊은 시간이었다. 대회는 생방송으로 진행되었기 때문에 혀가 꼬이지 않고 또박또박 말하기 위해 같은 멘트를 수십 번 연습하고 코칭 받는 과정을 거쳐 대중 앞에 서는 두려움이 많이 사라졌다. 실수를 하지 않기 위한 가장 좋은 방법은 연습밖에 없다. 연습보다 더 나은 스승은 없다고 얘기하는 것도 그러한 이유 때문이다. 자다가도 건들면 바로 멘트가 나올 정도로 연습한 결과 본 방송 때는 생각보다 떨지 않고 말할 수 있었다.

사람들이 미스코리아 대회에 관해 가장 궁금해 하는 것 중 하나가 '별로 예뻐 보이지 않는 사람이 왜 진(眞)이 되는 가?' 하는 문제이다. 사실 미스코리아 대회는 꾸며진 각본이라고 보면 된다. 대회는 보여 주기 위한 쇼인 셈이다. 화장하지 않은 얼굴 심사, 면접관들과의 면접을 통해 순위는 이미 결정된다. 화장을 하지 않은 얼굴과 화장한 모습에서 상당히 차이가 나는 선수들도 많이 있다. 대회 전에 심사가 모두 끝나고 대회당일 최종 발표를 하는 것이다. 대회는 길어야 2시간 동안 진행되는데 그 시간 동안 한 사람 한 사람의 개성을 알기란 힘든 노릇이기 때문이다. 합숙하는 동안의 태도나 참여도도 심사 기준에 상당 포함된다. 그리고 운도 따라야 한다. 메이컵 아티스트를 잘 만나는 것도 본인에게 잘 어울리는 코디를 하는 것도 그날의 컨디션도 매우 중요하다.

대중 앞에서의 두려움을 없애는 방법에는 큰 대회를 나가거나 작은 규모의 노래자랑 또는 강의 중 발표를 하는 등의 여러 사람 앞에 자주 서보는 방법이 도움이 된다. 항상 적극적인 자세로 내가 조금은 어수룩하지만 말을 해보겠다는 의지가 중요한 것이다.

모델 활동

어렸을 때 키가 작았던 나는 학교에선 늘 앞에서 2번째나 3번째 줄에 앉아야 했다. 중학교에 입학할 때만 해도 나는 키 150㎝에 몸무게 30㎏의 왜소한 체격이었다. 한창 성장기에 키가 크지 않으니 부모님의 걱정이 이만 저만이 아니었다. 그래서 시작한 것이 운동이었다. 솔직히 말하면 게으른 덕분에 운동을 별로 좋아하지는 않는다. 어떤 운동을 좋아하냐고 물으면 "그냥 숨쉬기 운동을 좋아합니다."하고 농담할 정도로 운동을 즐기는 편이 아니었지만, 친구들은 쑥쑥 커 가는데 나만 자라지 않는 것 같은 불안감에 수영을 시작했다. 그리고 평소에 밥보다 우유를 더 많이 먹을 정도로 우유를 많이 마셨다.

그리고 1년 후 믿을 수 없을 만큼 키가 자라기 시작하더니 무려 13㎝나 자랐다. 물론 키가 1㎝ 커갈 때마다 몸무게도 1㎏씩 불어갔다. 수영이 큰 도움이 된 것인지 우유를 많이 먹어서 큰 것인지는 알 수 없지만 중학교 3년 내내 수영을 꾸준히 했고, 그 결과 20㎝나 키가 자라서 졸업할 때는 키가 170㎝이 되었다. 그리고 고등학교 진학 후 4㎝가 더 자라 지금의 174㎝가 되었다.

고등학교 시절에 나는 그 시기의 또래들이 그랬듯 패션 잡지 보는 것을 즐겨했다. 자연스레 모델 활동에도 관심이 갔다. 누구나 모델이 되고 싶다고 생각은 하지만 중요한 것은 실제 행동으로 옮기냐, 아니냐 이다. 내가 하고 싶다면 하고 싶은 일을 찾아보는 것이 중요한 것이다. 그리고 도전해야 한다.

그러던 어느 날 수업이 끝나고 집으로 돌아가는 길에 전봇대에 붙어 있는 전단지를 발견하게 되었다. 헤어 모델을 구한다는 광고 전단이었다. 나는 전단지를 확인하기가 무섭게 전단지에 적혀 있는 전화번호를 눌러 전화를 걸었다.

미용실에서 시장배 대회를 위한 모델을 구하고 있었던 것이다. 그러고 보면 나는 미용실과 참 인연이 깊은 것 같다. 미용실에 찾아가 원장님과 면접을 마친 후 모델을 하게 되었다. 그렇게 해서 나는 모델 활동의 첫발을 내딛게 되었다. 학교를 다니고 있었던 터라 염색이나 머리를 자유롭게 할 수 없었기 때문에 쇼가 있는 날은 아프다는 핑계로 수업을 빠지기도 여러 번 했다. 그래도 후회는 없다. 내가 좋아하는 일을 할 수 있었기 때문이다. 부모님을 속여 가며 활동했던 모델일로 나는 무대에 대한 두려움을 없앨 수 있었고, 대중 앞에서 스포트라이트를 받는 것을 즐기게 되었다. 그 후 미스코리아 출전을 통해 더욱 왕성한 모델 활동을 하게 되었다. 미스코리아 출전 후 행사나 쇼가 있으면 여러 곳에서 연락이 왔다. 그렇게 지내다 슈퍼엘리트 모델 대회에도 참여했다. 자신감은 충만했지만 엘리트 모델이 되기에는 키가 작은 편이었다. 그래서 더 이상 엘리트 모델 대회에는 출전하지 않았다.

사람은 여러 분야에 도전해 보는 것이 다양한 경험과 자신의 경력을 쌓는데 도움이 되는 것 같다. 그래서 여러 분야를 접해 보는 것이 중요하다. 처음에는 창피하고 남들이 뭐라고 생각할까 하는 두려움에서 벗어날 수 없었지만 내가 이겨냈던 방법은 '그들도 모두 나와 똑같은 심정일거야' 라는 마음으로 부정적인 생각을 무시해버렸다. 당시에는 내 생각이 옳다고 판단되면 뒤돌아보지 않고 일단 저질러 버렸던 것 같다. 또 '이건 창피한 게 아냐, 도전이야' 라고 생각하며 내 스스로에게 주문을 걸었다.

모델이라고 하면 사람들이 가장 많이 던지는 질문이 다이어트를 어떻게 하는지에 관한 것이다. 그러나 나도 뚱뚱했던 적이 있었다. 지금은 52kg의 날씬한 몸매를 유지하고 있지만, 60kg 이상까지 살이 쪘던 때도 있었다. 여자들은 2~3kg만 쪄도 금세 몸이 무거워지는 것을 느낀다. 몸이 무거우면 만사가 귀찮아지고, 잠만 자고 싶어진다.

66사이즈가 너무 몸에 꽉 끼었던 때, 77 사이즈까지 고려했었던 그때는 정말 여러 가지 다이어트를 다 시도했었다. 재즈댄스, 에어로빅, 스쿼시, 헬스까지 해봤지만 다른 일들로 자꾸 빠지게 되어 집에서 쉽게 할 수 있는 운동을 찾기로 했다. 일단은 식사량을 반으로 줄이고 밤마다 줄넘기를 300개 이상 했다. 처음에는 100개에서 출발해 나중에는 1000개 이상씩 했다. 자동차 사용량도 줄이고 걷기를 즐겨 했다. 한국 사람들을 자동차를 주차할 때 목적지에서 5분 이상 떨어진 곳에는 주차하기를 꺼려하는데 나는 일부러 20분 이상 되는 거리에 주차한 후 걸어 다녔다. 아파트에서도 엘리베이터보다는 계단을 직접 오르내렸다. 움직이는 것도 습관이었다. '나는 못해' 라고 얘기하기 전에 '나는 게을러서 못해'로 바꿔 자신에게 질문해 보면 정말 못하는 것이 아니라 안 하기 때문에 못하는 일이 더 많다는 것을 깨닫게 될 것이다.

역시 다이어트는 특별한 방법보다는 식사량을 줄이고 몸을 움직이는 것이 최상의 방법이다. 단기간에 살을 빼기 위해서는 요플레 다이어트나, 과일 다이어트, 고기 다이어트, 초콜릿 다이어트 등 한 가지 음식 섭취를 이용한 방법들이 있지만 요요 현상이 심하기 때문에 권장하고 싶지는 않다. 건강관리를 위해서라도 한 가지 운동 종목을 정해 꾸준하게 하는 것이 가장 좋은 방법이다.

세련된 강사의 모습으로 거듭나기

처음 회사에 입사했을 때만 해도 촌스럽다는 얘기를 많이 들었다. 물론 회사 사람들은 내가 모델 활동을 했다는 사실을 모르고 있었고, 나 또한 알리지 않았기 때문에 당연히 촌스러워 보일 수도 있었으리라 생각된다.

모델 활동을 했다고 해서 모두 세련되고 멋있게 하고 다니는 것은 아니다. 물론 자신만의 스타일이 있고, 개성이 있기 때문에 모두가 똑같은 시각으로 바라보지는 않겠지만 나는 유독 정장에 있어서는 꽝이었다. 꾸미지 않은 헤어스타일에 화장하지 않은 얼굴. 지금 생각하면 피식 웃음이 난다. 그러나 지금은 많이 달라졌다.

나는 정장구매 시 아울렛 매장을 자주 찾았다. 백화점에서 구매하기는 부담스러웠기 때문이다. 아울렛 매장은 같은 가격으로도 다양한 옷을 구매할 수 있다. 백화점에서 구매할 1벌의 옷 가격이면 아울렛 매장에서는 최소 2~3벌은 구매할 수 있기 때문이었다. 또 정장 한 벌이면 블라우스나 스카프 등 다양한 코디와 연출이 가능하기 때문이기도 하다. 남성들도 마찬가지지만 겨울철에는 속에 입은 드레스셔츠가 어떻게 달라지느냐에 따라 전혀 다른 느낌의 옷이 된다.

스카프도 여러 개 준비해 두는 것이 좋다. 스카프 한 장이 사람을 화사하게 또는 우아하게 만드는 매력이 있기 때문이다. 그 스카프를 어떻게 하느냐에 따라서도 느낌이 달라진다. 비싸다고 무조건 좋은 것은 아니지만 남들에게 보여지는 부분이기 때문에 보기에 좋아 보이는 것으로 구매하면 좋을 것 같다.

사람들은 보통 옷을 구매할 때 같이 구매했던 옷만 계속해서 입는 경우가 많은데 전혀 다른 옷과도 의외로 잘 매치되는 경우가 있다. 본인이 가지고 있는 옷들을 입던 스타일대로만 입는 것보다는 다른 사람들에게 조언도 구해보고 패션 잡지도 보면서 다양한 방법으로 코디를 해보자. 자신이 보기에 어색하고 어울리지 않는 것 같지만 그렇지 않은 경우를 발견할 수 있기 때문이다.

흔히 전형적인 아줌마 스타일이라고 얘기하는 액세서리 착용 방법으로 목걸이와 귀고리, 반지를 세트로 하는 경우가 있다. 거기에 팔찌와 시계까지 본인이 가지고 있는 모든 귀금속을 한꺼번에 착용하는 경우가 있는데 이것은 오히려 역효과를 가져올 때가 많다.

액세서리를 사용할 때는 2가지 이상 넘지 않는 범위 내에서 하는 것이 좋다. 귀걸이와 브로치를 했다면 목걸이는 생략하고 시계를 차는 정도로 2~3가지가 넘지 않게 하는 것이 세련되 보이고 액세서리로 하여금 의상이 상대적으로 죽지 않게 하는 방법이다.

소재가 같은 스타일로만 코디하는 것보다는 다른 소재의 옷으로 입는 것이 세련미를 더할 수 있다. 벨벳 소재의 슈트를 입었다면 드레스 셔츠는 실크의 느낌으로 입는다든지 니트 소재로 입는 것이다. 치마를 세트(벨벳)로 입는 것도 좋지만 마찬가지로 슈트 안에 입은 옷과 비슷한 스타일로 입는 것도 괜찮다.

옷을 잘 입는 것이 왜 중요한가 하면 옷을 어떻게 입느냐에 따라 사람들의 대우도 달라지기 때문이다. 정장 차림의 깔끔한 복장으로 사람들을 만나거나 가게에서 물건을 살 때와 청바지와 티셔츠 또는 운동복 차림으로 같은 장소에서 물건을 살 때의 대우는 차이가 있다.

'먹는 것은 나를 위해 먹되 입는 것은 남을 위해 입으라' 는 말이 있듯 본인이 어떻게 옷을 입고 있느냐에 따라 자신의 가치가 평가되는 것이 사실이다.

한 친구가 이런 말을 한 적이 있다. "중국집 배달원은 전국 모임을 갖나 봐. 그냥 보기에도 '나는 중국집 배달원이요' 하고 써 있잖아." 자신은 가꾸기 나름이다.

'나는 옷 잘 입는 것에는 자신이 없어', '나는 센스가 없어서 안돼' 라고 말하기 전에 다양한 옷차림으로 입어 보는 것이 중요하다. 내가 평소 안 입는 스타일이기 때문에 어색한 것일 뿐 다른 사람들에게는 매력적으로 보일 수도 있다.

친절한 "현정씨" 만들기

내가 CS강사를 하기 이전부터 항상 친절하고 매너 있는 사람이었던 것은 아니다. 사람의 직업이라는 것은 정말 큰 영향력을 차지하는 것 같다. 또한 '내가 CS강사구나' 하는 마음가짐이 중요하다.

사람을 만날 때마다 자연스레 웃는 것이 습관이 되고, 긍정적인 생각을 하게 된 것을 돌아보면 정말 직업을 잘 선택했다는 생각이 든다. 어른을 만날 때도 공손하게 손이 먼저 모아진다. CS강사가 되고 나서 남자 친구 집에 인사를 갔던 적이 있다. 그때 남자 친구의 아버님, 어머님께서는 내가 너무 공손하고 예의가 바르다며 칭찬을 아끼지 않으셨다고 한다. 그런 얘기를 전해 들으며 나는 스스로 '내가 많이 달라졌구나' 하는 것을 느낄 수 있었다.

사람을 만날 때도 상대방의 좋은 점을 먼저 보려고 노력하게 되었고, 말을 할 때도 좋은 얘기를 많이 해주려고 노력하게 된다. 단점에 대한 조언을 할 때도 상대방이 최대한 기분이 상하지 않도록 좋은 점과 개선해야 할 점, 장점의 순서로 얘기하는 샌드위치 화법을 구사하게 되었다.

예를 들어 '너는 왜 매일 그런 식으로 일하느냐'를 샌드위치 화법으로 바꿔 얘기하면 '넌 항상 일 처리를 빨리빨리 진행하고 마무리를 참 잘 하는데 조금 더 꼼꼼하게 체크해서 일한다면 훨씬 더 좋은 방법으로 처리할 수 있을 것 같아' 하는 식으로 얘기하는 것이다.

예전에는 식당에서 '여기요, ○○○ 갖다 주세요' 하고 퉁명스럽게 말했다면 요즘은 '○○○ 좀 갖다 주시겠습니까?' 혹은 '○○○ 좀 갖다 주시면 감사하겠습니다' 라고 얘기한다. 실제로 어느 식당에서는 직원들보다 더 친절한 손님이 오셨다며, 밥값을 받지 않았던 적도 있었다. 사람이 친절하고 예의가 바르다고 해서 나쁠 일은 없다. 그렇지만 반대로 내가 CS 강사이기 때문에 다른 장소에 가게 되면 상대방의 말투나 행동에 예민해진다는 단점도 있다. 다른 것보다 직원들의 친절도가 먼저 보이기 때문이다.

얼마 전 모 백화점에 구두를 사러 갔다. 쇼핑할 때는 늘 그렇듯 여러 곳을 둘러보고 비교해 보면서 구두를 구매하기 때문에 이곳저곳을 둘러보고 있는데 한 직원이 내게 달려와 이렇게 말하는 것이었다. "고객님께서 어떤 스타일의 구두를 찾으시는지는 모르겠지만 제가 무조건 고객님 마음에 들도록 주문을 넣어서 만들어 드리겠습니다." 직원이 친절하게 설명을 잘 해주었고 디자인도 내가 원하는 구두와 비슷비슷해서 마음의 결정을 하고, 구두를 주문했다.

일주일 후 다시 백화점을 찾았는데 그 직원은 쉬는 날이었다. 주문을 넣은 신발을 찾아 달라고 말한 후 기다리고 있는데 한참 주문지를 찾던 직원은 "죄송하지만 고객님, 주문이 안 들어가 있네요."라고 말하는 것이었다. 순간, 너무 황당하고 어이가 없었다. 신발을 팔 때는 간, 쓸개 다 빼줄 것처럼 굽실거리며 친절했던 직원의 태도가 가식이었다는 생각이 들자 너무나 서운했다. 팀장이 와서 사과를 했지만 성이 풀리지 않았다. 나는 곧장 고객센터로 향했다. 담당직원에게 가서 최대한 침착한 척 또박또박 내 의견을 전했다.

"여차여차 해서 여기까지 올라왔는데 제가 얘기하고 싶은 건 딱 두 가지입니다. 첫째, 담당직원의 정중한 사과와 둘째, 내가 여기까지 헛걸음한 비용적 보상을 해달라고 전해주세요."라고 말하고는 백화점을 나왔다.

그 직원만 아니었다면 나는 다른 곳에서 구두를 샀을 것이다. 친절함 하나만 보고 일주일을 기다렸기 때문에 나는 너무나 속상한 마음으로 불만을 쏟아 붓고 돌아섰다. 하지만 마음이 그리 편치는 않았다. 30분쯤 지났을까 담당 직원에게 전화가 걸려왔고 나는 사과를 받고 그 일을 그냥 넘겼다.

'아는 만큼 보인다'고 했던가. 내가 CS강사가 아니었다면 그냥 지나칠 수도 있는 일이 있었을 것이다.

사람을 대할 때 흔히 겉으로 하는 말이나 행동이 결국은 드러난다는 사실을 알 수 있다. 항상 진심은 통한다. 사람을 대할 때 정말 진정한 마음으로 친절을 베풀면 그것이 씨앗이 되어 수확을 거둘 수 있다는 것을 느낀다. CS강사가 되어 강의를 하면서 나는 사람들에게 지식이나 정보를 제공하기도 하지만 내 자신도 바뀌게 되었고 자꾸만 스스로를 돌아보게 된다. 친절은 힘들지 않다. 친절은 행동이다.

- 전현정

SPOT으로
행복을 주는 프레젠터

"**네**가 개그맨이냐?" 레크리에이션 강사에서부터 시작해 현재 조직 활성화 과정을 진행하는 강사로 활동해 온 지난 10년 동안 나에겐 변하지 않는 철학이 있다. 강사로의 삶을 살아갈 수 있도록 많은 가르침을 주었던 한 선배와의 만남을 통해 갖게 된 나의 철학은 바로 '행복을 주는 강사'이다.

한창 레크리에이션 강사로 잘나가던 어느 날, 그 선배로부터 크게 질책을 받은 일이 있다. 나의 레크리에이션 진행을 뒤에서 묵묵히 지켜본 선배가 진행이 끝나자 굳은 얼굴로 내게 다가와 크게 화를 내면서 이렇게 호통을 치는 것이었다.

"네가 개그맨이냐?"

사람들을 즐겁게 해주기만 하면 되는 줄 알았던 그 때, 그 말은 나에게 큰 충격이었다. 그 화두는 그 후로도 계속해서 나를 괴롭혔다. 레크리에이션 진행에 있어 자신감을 잃은 것은 물론이거니와 세상 넓은 줄 모르고 철없이 설친 내 자신에게도 크게 실망했기 때문에 한동안 실의에 빠져 지내기도 했다. 결국, 나를 어두운 동굴에서 꺼내 준 사람은 그 선배였다. 묵묵히 괴로워하는 나를 지켜보던 선배는 어느 날, 술 한 잔을 건네며 내게 큰 교훈을 던져 주었다.

"네가 마이크를 들고 사람들 앞에 서는 순간, 니는 앞에 있는 수많은 사람들의 인생을 책임지는 자리에 서 있게 되는 것이야. 너의 말 한 마디에 그 사람들이 상처를 받기도 하고, 너의 행동 하나에 그 사람들이 분노를 느낄 수도 있어. 반대로 너의 말과 행동에 자신을 각성하고 보다 행복하고 보다 성공적인 길로 가는 사람들도 있을 것이고……. 그런데 지금까지 네가 했던 레크리에이션 진행은 단지 개그일 뿐이야. 하지만, 앞으로는 사람들에게 네가 행복을 줄 수 있다는 것을 가슴에 크게 담길 바란다. 그러한 마음일 때 단 1분이 너에게 주어지더라도 사람들 앞에 설 때는 그 사람들에게 단순히 재미와 즐거움을 주는 강사가 아닌 삶의 진정한 변화를 이끌어내는 강사가 되길 바란다."

나에게 강사로서 주어진 시간이 단 1분, 아니 30초의 시간이 주어진다 해도 그 시간의 소중함과 나의 강의를 경청하는 수많은 교육생들에게 뜻 깊고, 의미 있는 시간이 되도록 만들어야 한다는 것을 그 때 처음 깨닫게 되었다. 아마도 그 때 그 선배가 아니었다면, 지금처럼 성장한 나의 모습은 볼 수 없었을지 모른다.

대부분의 강사들은 SPOT이라 하면 강의 도중 강의에 대한 집중력을 높이거나 좀더 재미있는 강의를 하고자 할 때 부분적으로 진행하는 게임 등의 프로그램으로만 생각하는 경향이 있다.

처음 기업교육 현장에서 활동하기 시작했을 때, 나는 SPOT 강사에서 출발했다. 그 때는 딱 10분의 강의라도 기회를 잡기 위해 무척

이나 노력했을 때였다. 당시 나와 함께 SPOT 강사로 활동하던 사람들 대부분은 어떻게 하면 재미있게 10분 동안의 SPOT을 구성할지에 대해 고민하는 모습이 역력했다. 실제로 현장에서 그분들의 강의는 재미있었고, 때로는 지루할 수도 있는 교육에 큰 활력소가 되기도 하였다. 하지만, 그것으로 끝이었다. 그 강사들을 기억하는 대부분의 교육생들은 '아, 그 재미있는 강사', '아, 그 웃긴 강사' 등의 모습으로만 그들을 기억할 뿐이었다.

재미있고 웃긴 강사는 강사가 아니다. 그것은 단지 교육생 앞에서 개그맨처럼 개그를 한 것뿐이다. 하지만, 짧은 10분 동안의 SPOT 일지라도 사람들의 의식을 높일 수 있는 주제가 있는 SPOT을 진행한다면, 교육생들은 짧은 만남의 SPOT 강사라 해도 후에 재미있고 웃겼던 강사가 아닌 충분히 가치 있는 강사로 기억하게 될 것이다.

마음의 공감대를 형성하라

○○○ 조선 협력업체의 생산직 사원들을 대상으로 조직 활성화 과정을 진행할 때의 일이었다. 과정에 참여한 사람들은 40대 후반에서 60대 초반으로 나이 드신 분들이 많았고, 피부는 검다 못해 까칠한 모습의 삶의 피곤이 느껴질 정도로 심신이 약해진 분들이었다. 한글을 깨우치지 못해 글을 제대로 읽지 못하는 분도 계셨고, 옷에서는 몇 년은 달고 다녔을 법한 기름 냄새가 가득했다.

내가 느낀 그분들의 가장 큰 공통점은 웃음이 없는 무표정한 얼굴이라는 것이다. 같은 현장에서 일하는 동료들과도 형식적인 미소 외에는 웃는 모습을 찾아 볼 수가 없었다. 먼저 다가가 따뜻하게 말이라도 건네려 하면 경계하는 눈빛이 역력했다. 낯선 사람들과의 대화보다는 혼자 있는 시간을 누가 더 많이 가지나 경쟁이라도 하듯 묵묵히 혼자만의 시간을 즐기는 모습이었다.

나에게 주어진 시간은 과정 진행 중 세 번째 순서의 SPOT 시간이었다. 10분의 SPOT 세 번, 그것을 준비하기 이전에 내가 가장 먼저 해결해야 할 과제는 닫혀 있는 교육생들의 마음을 여는 것이었다. 교육생의 마음이 열려야 진심으로 그들에게 정신적인 행복을 가져다 줄 수 있는 프로그램을 본격적으로 진행할 수 있기 때문이다.

그래서 강의가 시작되기 전 가장 먼저 음악을 선곡했다. 교육생들에게 편안하게 다가가 가슴과 가슴으로 대화를 나누기 위해 따뜻한 클래식 음악을 선곡한 후 한 분 한 분 찾아다니며 인사하고 먼저 밝은 웃음을 보여드렸다. 그리고 그분들의 삶에 대해 묻고 경청했다. 먹고 살기 위해, 사랑하는 자녀들의 성공을 위해 자신의 건강이나 삶은 돌보지 않은 채 무작정 앞만 보고 달려온 분들이었다. 어떤 분은 '내가 한글도 모르는 부모라 그런지 성인이 된 후 자식들이 나하고는 대화도 안 한다'며, 한숨을 길게 내쉬었다. 웃음이라는 단어를 잊은 지 오래되었다고 말씀하시기도 했다. 드디어 교육이 시작되었고, 나는 문 앞에서 "행복한 시간 되십시오."하고 진심으로 말씀드렸다. 그리고 첫 번째 SPOT을 진행하기 위해 강단으로 향했다.

마이크를 들고 밝게 웃으며 진심에서 우러나오는 인사를 드린 후 내 가족의 이야기로 강의를 시작했다. 보일러 설치 및 공사판에서 힘들게 일하면서 두 형제를 키워주신 지금은 하늘에 계신 아버지 이야기부터 이른 새벽부터 잠들 때까지 두 형제의 앞날을 위해 기도하시는 어머님의 이야기까지 그분들과 진솔하게 나누었다.

"제가 지금 가슴에 아픔을 하나 가지고 있습니다. 그것은 우리 두 형제를 위해 자신의 건강은 돌보지 않으시고 앞만 보고 달려가셨던 저희 아버님입니다. 아버지는 언제부터인가 자신의 스트레스를 술로 푸시며, 웃음을 잃어버리셨고, 그 잃어버린 웃음을 다시 찾아 드리지 못한 아픔이 지금 제 가슴에 남아 있습니다. 오늘 여기 계신 분들을 뵈니 저희 부모님이 생각납니다. 그래서 오늘은 제가 여기 계신 모든 분들께 아버지께 못다 한 효도를 하고 싶습니다. 오늘 하루는 돈 걱정, 자식 걱정, 친척 걱정 등 모든 걱정들을 다 잊으시고, 오로지 나 자신만을 생각하는 시간이 되시길 바랍니다. 그 동안 앞만 보고 달려오느라 미처 돌아보지 않았던, 그래서 사랑해주지 못했던 나 자신만을 생각하고 자신을 바라보시기 바랍니다. 그리고 저는 여러분들께 잃어버렸거나 그 동안 꺼내 보기 힘들었던 웃음을 찾아드리고 싶습니다. 이것이 저희 부모님 같으신 여러분들께 제가 드리고 싶은 효도입니다. 저의 효도를 받아 주시겠습니까?"

사람은 나와 다른 환경에서 살고 있는 사람과 첫 대면을 하게 되면, 이질적인 감정이 있기 때문에 쉽게 자신의 진심을 보이지 못하는 경향이 있다. 하지만 그 상대에게서 자신과 비슷하거나 같은 부분을 발견하게 되면, 이질적인 상대에 대한 경계의 벽이 허물어지면서 자신의 속마음을 편히 보일 수 있게 된다. 비록 짧은 멘트였지만 이를 통해 나는 그분들과 마음의 공감대를 형성할 수 있게 되었고, 첫 SPOT은 그것만으로도 큰 교육 효과를 얻을 수 있었다.

SPOT을 통해 행복을 주고자 한다면, 우선 진정한 마음의 공감대를 형성하기를 바란다. 그러기 위해서는 진심이 담긴 마음을 행동으로 표현해야 한다. 교육이 시작되기 전 반드시 교육생들과의 대화를 통해 그들의 삶으로 들어가 보자. 교육생들의 삶을 알아야 나의 진심을 전달할 수 있는 방법을 구할 수 있기 때문이다.

동기부여는 필수다

일반적인 레크리에이션의 경우 어떠한 게임 등을 유도할 때 동기부여를 하는 경우는 극히 드문 편이다. 예를 들어 웃음을 유도하는 게임의 경우 왜 웃어야 하는지, 웃음이 나에게 어떤 효과가 있는지, 웃음을 통해서 얻는 것들이 무엇인지, 혼자 웃는 것과 함께 웃는 것에 어떠한 차이가 있는지 등에 대해 재미있게 설명한다면, 사람들은 '아, 웃어야 되겠구나' 하는 생각 즉, 확실한 동기부여를 받을 수 있을 것이다.

SPOT의 경우도 마찬가지이다. 박수 유도를 통해 산만해진 분위기를 집중시키고자 할 때, '박수 한 번 시작, 두 번 시작, 세 번 시작' 등의 멘트로 자신에게 이목을 집중시키고 다시 강의나 SPOT 순서로 들어가는 때가 있다. 물론 시간 안에 진행하려다 보니 급하게 넘어갈 수 있는 부분이라 생각할 수도 있다. 하지만, 차라리 이럴 바에는 SPOT 안에 박수에 대한 내용을 프로그램으로 구성해 두는 것이 더 좋다.

또 다른 멘트의 예로 "박수를 많이 치면 건강에 좋다고 합니다. 박수 30번만 쳐보도록 하겠습니다. 준비 시작!"의 멘트도 그다지 좋은 동기부여는 아니라고 생각한다. 그렇다면 동기부여를 크게 전달할 수 있는 멘트는 어떤 것이 좋을까? 다음 멘트를 한 번 읽어 보자. "박수 한 번 시작, 두 번 시작, 세 번 시작, 박수를 많이 치면 칠수록 건강에 좋다고 합니다. 사람의 손바닥에는 인체의 모든 혈들이 모여 있기 때문입니다. 그래서 꾸준하게 자극을 주면 줄수록 혈액순환이 좋아지는 효과를 볼 수 있게 되므로 자연스럽게 자신의 건강을 위한 좋은 방법이 되는 것입니다. 박수를 치실 때는 그냥 치는 것보다는 손바닥 끝과 끝이 마주칠 수 있도록 손바닥을 활짝 편 상태에서 크게 부딪치시기 바랍니다."

위 멘트는 박수 유도를 통해 사람들의 시선을 집중시킨 후, 박수치는 것이 나의 건강에 어떻게 좋은 것인지, 왜 박수를 많이 쳐야 하는지, 또 효과적으로 박수를 치는 방법은 무엇인지에 대한 간략한 설명이 들어가 있다. 사람들은 이러한 논리적인 설명을 통해 내가 박수를 많이 쳐야겠구나 하는 이미지를 자신의 머리 속에 각인시키게 된다. 이렇게 한 번 각인된 것은 교육이 진행되는 동안 잊혀지지 않으며, 교육 진행 중 박수를 치게 될 경우에 스스로 건강을 위해 올바른 방법으로 박수를 치는 모습을 볼 수 있게 될 것이다.

짧은 정리 멘트를 통해 변화를 유도하라

일반적으로 SPOT은 짧은 시간 안에 이루어져야 하기 때문에 마무리하는 시점에서 정리 멘트를 하는 것조차 힘들 때가 많다. 하지만, 정리 멘트는 필요하며 반드시 해야 한다. 정리 멘트가 빠지면, 단지 즐겁고 재미있는 시간이었다는 생각만 교육생들에게 전해줄 뿐, 결과적으로 의미 있는 시간은 되지 못한다.

정리 멘트는 SPOT의 구성 상 짧은 시간 안에 이루어져야 하며, 다음 프로그램과 연계되어야 하기 때문에 신중하게 구성해야 한다. 자칫 SPOT의 정리 멘트로 인해 연결 될 다음 프로그램의 진행이 어색해질 수도 있기 때문이다.

연결 될 다음 프로그램이 강한 프로그램일 때는 정리 멘트 또한 밝고 강하게 하는 것이 좋으며, 내용 또한 부드럽게 연결될 수 있도록 해야 한다. 예를 들어 웃음에 관한 SPOT을 진행하고, 연결 프로그램이 긍정적인 마인드일 경우 '사람은 많이 웃으면 웃을수록 밝아진다고 합니다. 밝은 사람에게는 항상 사람들이 함께 하려고 하지만, 웃음이 없고 밝지 못한 사람에게는 사람들이 그 곁을 떠나려 할 것입니다. 많이 웃을 수 있는 여러분들이 되길 바라며, 많이 웃기 위해서는 나의 마인드 즉, 의식이 긍정적이어야 할 것입니다. 그렇다면 긍정적 의식이란 과연 무엇인지, 어떻게 하면 내가 긍정적인 의식을 가질 수 있는지 등을 계속해서 알아보도록 하겠습니다.' 의 멘트처럼 적절한 정리 멘트와 연결 멘트를 신중히 생각해 구성해야 한다.

행복을 주는 SPOT

교육생들과의 공감대와 도입부에서의 동기부여, 효과적인 정리 멘트의 중요성을 다시 한 번 강조하면서, 이제 SPOT의 본론 부분이 될 게임과 내용을 어떻게 가져갈 것인지에 대해, 그리고 어떠한 프로그램들로 구성하는 것이 효과적인가에 대해 생각해보자.

일반적으로 SPOT을 진행하는 강사들은 어떻게 하면 보다 재미있게 진행할 수 있는가와 교육생들의 집중도를 높일 수 있는가에만 치중해 프로그램을 구성한다. 하지만, 거기에 하나를 더 추가해 짧은 SPOT을 통해 변화를 줄 수 있는 프로그램으로 무엇이 좋을까를 생각한다면 가치 있는 SPOT을 진행할 수 있을 것이다.

이러한 것을 소스 찾기라고 한다. 나의 경우 삶의 행복지수를 높여야 하는 교육 과정들을 주로 진행하는 관계로 행복에 관한 소스를 많이 찾게 되고 개발하게 되었다. 주위를 돌아보면 교육 시 SPOT으로 사용할 만한 소스들이 수없이 존재함을 볼 수 있을 것이다.

예를 들어 아이들의 웃는 모습을 통해 순수라는 소스를 선택할 수 있으며, 공원에서 체조하는 분들을 보며 건강이라는 소스를 찾아낼 수도 있다. 또한, 구구단이나 손가락 접기 게임 등을 통해 노인 분들의 치매예방에 좋은 두뇌회전 SPOT 소스로 응용할 수도 있고, 목이 터져라 소리 지르는 것에서 스트레스 해소라는 소스를 발견할 수도 있다.

SPOT의 주제는 큰 것보다는 작은 주제로 가는 것이 좋다. 예를 들어, 행복에 대한 것을 진행하고자 할 때 행복이라는 포괄적 주제보다는 행복해지기 위해 필요한 요소들 중 하나를 선택해 그것을 중심으로 프로그램을 구성하는 것이 효과적이다.

그렇다면 행복이라는 큰 주제를 가지고 SPOT 구성을 시도해 보자. 우선 행복이란 무엇인지에 대해 생각해 보기를 바란다. '행복하십니까?' 라는 질문을 먼저 나 자신에게 해봐야 한다. 그리고 주위에 있는 사람들에게 질문해 보기 바란다. 당당하게 나는 지금 행복하다고 말하는 사람들에게 과연 행복한지에 대해 다시 한 번 물으면, 행복해지기 위해 지금 노력하는 중이라고 표현하는 모습을 볼 수 있다.

사람은 저마다 자신의 위치와 자리에서 수많은 고민을 하며 살고 있다. 아마도 그것은 더 높은 곳을 꿈꾸며 살기 때문이 아닌가 싶다. 기업을 대상으로 하는 교육 중 조직 활성화 과정을 실시하다 보니 사람들의 행복에 대해 생각하는 시간이 많다.

얼마 전 북한산 등산 중 잠시 절에 들렀다. 그곳에서 마주친 한 스님께 행복에 대한 질문을 드렸더니 그분께서 말씀하시길 '행복이란 고통과 번뇌를 이겨내는 사람만이 느낄 수 있는 커다란 은혜입니다.'라고 하셨다.

행복은 갑자기 찾아오는 것이 아니라 만들어 가는 것이라 생각한다. 현재 나에게 닥친 고통과 역경을 이겨냈을 때 느낄 수 있는 축복이 행복이 아닌가 싶다. 하지만, 그 고통과 역경의 시간을 이겨내는 것은 짧은 시간에 이루어질 수도 있지만, 긴 시간을 필요로 할 수도 있다. 나와 가족의 행복을 위해 앞만 보고 달려가는 사람들 대부분이 세월이 흘러 뒤를 돌아보았을 때, 나 자신을 위한 삶에 미련을 보이며 눈물을 흘리는 경우를 많이 보았다. 대기업 임원진, 공무원, 생산직 직원 등 인생을 오래 살아온 분들일수록 앞만 보고 달려왔기 때문이다. 자신을 위한 시간을 가지지 못하고 건강과 젊은 날 꿈꿔왔던 모습들을 망각하고 살아왔음에 지난 세월을 후회하거나 아쉬워하며 눈물을 흘리는 모습을 볼 수 있었다.

그렇다면 삶이 더 행복해지기 위해 현재 우리가 가져야 할 삶의 자세에는 어떠한 것들이 있는지 생각해 보자. 그 생각 속에서 나오는 다양한 내용들이 곧 행복을 위한 SPOT 소스가 되는 것이다.

예를 들어, 현재 나는 불확실한 미래를 향해 달려가는 현대인들에게 지금 현재의 삶을 행복한 마음으로 살아갈 수 있도록 하는 여러 가지 많은 삶의 기술들 중 가장 중요한 행복 아이템 10가지를 선택해 행복에 대한 강의를 실행하고 있다. 행복하기 위한 10가지 아이템과 그것이 갖는 의미는 다음과 같다.

웃음을 생활화 하자

하루에 15초씩 크게 웃을 때마다 이틀을 더 살 수 있으며, 1회 크게 웃으면 650개 근육 중 231개의 근육이 움직입니다. 행복 뒤에 웃음이 오는 것이 아니라, 웃음 뒤에 행복이 오는 것처럼 많이 웃을 수 있는 2006년 되시기 바랍니다.

많이 표현하자

한국인들의 특징 중 하나가 자신을 나타내지 못한다는 점입니다. 적극적으로 자신을 알리고, 나의 생각과 의견을 표현하게 되면, 삶 자체가 능동적으로 변화됩니다. 적극적이고 능동적인 표현을 생활화하시기 바랍니다.

진심으로 경청하는 삶을 갖자

최근 영국에서 연구·조사해 나온 행복에 대한 방법 중 하나가 이웃의 대화에 경청하라는 부분이었습니다. 나의 의견을 잘 표현하는 만큼 타인의 의견을 진심으로 경청하는 자세 또한 중요하지 않나 생각합니다.

항상 건강을 생각하자

수천 번을 말해도 부족하지 않은 부분이 바로 건강인 것 같습니다. 후에 내가 원하는 모든 것을 이루었다 해도 건강을 잃는다면, 그 사람은 성공한 사람일까요? 항상 나 자신의 건강과 가족의 건강을 생각하고 가꾸어 가시기 바랍니다.

일을 갖도록 하자

사람으로서 일을 한다는 것 자체가 바로 행복입니다. 일을 하게 되면 자발적 삶인 긍정적 의식이 스스로를 감싸게 되지만, 일이 없는 사람은 무기력과 우울증의 현상을 가져오는 부정적 의식의 세계로 빠져들게 됩니다. 그래서 일이라는 것 자체가 바로 행복인 것입니다.

좋은 동료와 함께 하자

함께 성장할 수 있는 동료, 마음과 마음으로 만날 수 있는 친구, 같이 있는 것만으로도 행복한 가족, 우리는 항상 곁에 있기에 소중한 것을 느끼지 못하는 사람들에게 감사해야 할 것입니다. 나를 위해 보이지는 않지만 끊임없이 파이팅을 외쳐 줄 수 있는 좋은 동료와 함께 하시기 바랍니다.

도움을 주는 삶

주위를 살펴보면 큰 경제적 도움이 아닌 작은 손길만으로도 따뜻한 정을 나눌 수 있는 방법이 많다는 것을 알 수 있습니다. 누군가에게 나의 작은 도움이 힘이 된다면, 그 자체만으로도 며칠 동안은 가슴 따뜻한 생활을 하실 수 있을 것입니다.

꿈꾸는 삶

모 기업의 생산직 사원 분들에게 여쭈어 보았습니다. 회사의 비전이 무엇입니까? 그럼 당신의 꿈은 무엇입니까? 앞의 질문에 잘 대답하시던 분들의 대부분이 뒤에 던진 화두에 대해서는 쉽게 대답하지 못하셨습니다. 언제, 어느 때, 누가 물어봐도 큰소리로 외칠 수 있는 나의 꿈을 다시 한 번 생각해 보는 소중한 시간을 가져보길 바랍니다.

감사하는 삶

어떤 일을 행했을 때 주어지는 성공과 실패의 결과에 항상 감사하는 삶을 살기를 바랍니다. 비록 실패하더라도 그 결과에 감사하는 마음으로 다시 한 번 일어서기 바랍니다. 어떤 상황에서도 부정적인 의식을 버리고, 긍정적인 결과를 도출해 내기 위해 노력하기를 바랍니다.

나 자신을 믿고 사랑하며 자랑스러워 하자

학창 시절 나를 꾸짖던 선생님의 말씀을 아직도 가슴에 담고 있습니다. '네가 네 자신을 버리는 순간 모든 것은 끝이다' 어떠한 상황과 순간에서도, 절대로 빠져 나오지 못할 구렁텅이에 빠지더라도, 나 자신의 잠재된 역량을 믿고 나 스스로를 사랑하고 자랑스러워 할 수 있는 삶을 사시길 바랍니다.

행복이라는 큰 주제 중에서 웃음을 소스로 삼아 SPOT을 진행하고자 한다면, 먼저 웃음이란 것이 사람에게 미치는 긍정적 요인들에 대해 정보를 얻어야 한다. 그것들이 왜 내가 웃어야 하는가에 대한 동기 부여가 되기 때문이다.

나는 웃음에 대한 SPOT을 진행할 때 먼저 9가지 사람의 얼굴을 스크린을 통해 보여준다. 무표정한 얼굴, 화난 얼굴, 찡그린 얼굴, 우는 얼굴, 슬픈 얼굴, 기쁜 얼굴, 살짝 미소 띤 얼굴, 웃는 얼굴 등을 공유하는 동시에 자연스럽게 자신의 현재 얼굴이 어떠한 모습인지 스스로 바라보게 한다. 또한 옆에 앉아 있는 동료의 얼굴이 현재 어떤 모습인지 살펴보게 한다. 내가 보는 나와 남이 보는 내가 다르기 때문이다. 간단한 그림과 옆에 앉아 있는 동료의 얼굴을 보는 것만으로도 청중들은 웃음이라는 것에 대해 생각하게 된다. 그리고 스쳐 지나가듯 스스로가 웃음이란 것을 잃고 살았던 것은 아닐까 생각하게 된다. 바로 그 순간, 웃음이란 것이 어떠한 능력을 발휘하는지에 대해 청중들과 공유한다. 하루에 15초 크게 웃을 때마다 이틀을 더 살 수 있다는 것, 웃음이 가득한 사람의 곁에는 많은 사람들이 가까이 하지만, 웃음을 잃은 사람의 곁에는 아무도 가까이 가려하지 않는 다는 것 등에 대해 설명하며, 자연스럽게 스스로 웃는 삶을 살아야겠다는 마인드를 갖게 유도한다.

그리고 얼굴 근육 풀기나 아, 에, 이, 오, 우를 최대한 큰 얼굴 표정으로 반복할 경우 얼굴에 뭉친 굳어 있는 근육들이 풀리는 효과가 있다. 이를 통해 자연스럽게 웃는 표정이 나올 수 있도록 준비하고, 처음에는 가볍게 미소 짓기부터 시작해 작게 소리 내어 웃어 보기, 크게 소리 내어 웃어 보기, 옆 사람과 함께 마주 보고 웃어 보기, 좌우 앞뒤의 동료들과 함께 웃어 보기 등으로 SPOT을 진행한다.

비록 1분도 안 되는 짧은 시간 동안 마음껏 웃어보았을 뿐이지만, 웃음이 끝난 후 상기된 자신의 얼굴과 가슴 뿌듯한 무엇인가가 내면에서 따뜻하게 충만 되는 느낌을 갖게 될 것이다. 그러한 느낌들은 대화를 통해 나누게 되었을 때, 사람들은 하나의 진리를 떠올리게 될 것이다. 행복 뒤에 웃음이 오는 것이 아니라, 웃음 뒤에 행복이 오는 것이라는 사실을 말이다.

또 하나, 행복을 위한 건강한 삶에 대해 SPOT을 준비하고 싶다면, 왜 건강이 중요한지에 대해, 건강을 위해 무엇을 어떻게 생활 속에서 실천해야 하는지 등에 대한 정보를 먼저 찾은 후에 그것을 통해 전개해 나갈 SPOT 프로그램을 구성한다.

사실 건강이 중요한 이유를 모르는 사람은 없을 것이다. 단지, 그것을 평소에 중요하게 생각하면서도 바쁜 생활로 인해 잊고 사는 것이 문제가 되는 것이다. 내가 건강에 대한 SPOT을 진행할 때는 먼저 밝은 음악에 맞춰 박수치는 것부터 시작한다. 손뼉치기, 손등치기, 뒷목 부분 손바닥으로 쳐 주기, 가슴 두드리기 등의 순서로 진행하면서 각각의 위치를 자극했을 때의 장점을 설명한다. 예를 들면 손뼉의 경우 손바닥 안에 인체의 앞 쪽에 해당하는 혈들이 모두 모여 있다는 것, 손등이 인체의 등 부분에 해당하므로 자극을 주면 줄수록 좋다는 점 등 설명을 곁들여 진행한다(뒷목 부분을 자극하면 머리가 맑아지고, 가슴 두드리기는 스트레스 예방에 좋다)

다음으로 청중들에게 건강의 중요성을 다시 한 번 상기시킨 후, 직접 현재 나의 몸이 건강한지에 대한 간단하면서도 재미있는 동작 테스트를 해본다. 몸의 경직 정도, 유연성, 균형 감각 등에 대한 간단하면서도 재미있는 테스트를 통해 청중 스스로가 내 몸이 굳어 있는지 건강이 유지되고 있는지를 평가하는 것이다.

마지막으로 현대 성인들의 건강을 해치는 가장 큰 요인이 스트레스인 만큼 그것을 어떻게 해소하는지에 대해 공유한다. 한방에서 말하는 수승화강(水升火降), 즉 배는 따뜻하게 머리는 차게 유지하면 되는 것이다. 사람이 스트레스를 받게 되면 인체의 정 중앙선, 즉 인맥을 타고 배에서 가슴을 거쳐 머리끝으로 뜨거운 스트레스 기운이 올라오게 된다. 다시 말해 스트레스로 인한 고혈압, 심근경색 등을 예방하기 위해서는 자신만의 스트레스 해소법을 가져야 하는 것이다. 그러나 바쁜 생활로 대다수의 사람들이 그렇게 하지 못하는 실정이므로 일상 생활에서 편하게 할 수 있는 방법을 SPOT을 통해 전달하는 것이다. 그 방법은 바로 가슴 두드리기와 크게 소리 지르기이다. 예로부터 어머님들이 속으로 화를 삭일 때마다 가슴을 두드리는 모습을 많이 보았을 것이다. 가슴을 두드리는 것만으로도 위로 올라오는 스트레스성 열의 기운이 내려가는 효과가 있기 때문이다. 또한 소리를 크게 지르면 뜨거운 열의 기운이 입을 통해 바깥으로 나가기 때문에 스트레스 해소 및 예방에 큰 효과를 볼 수 있다.

짧은 시간 안에 이루어져야 하는 SPOT의 특성상 위의 10가지 아이템을 다 공유하지는 못할 것이다. 나 또한 교육과정을 진행하는 중 SPOT을 하는 횟수가 적게는 3회에서 많게는 6회 정도에 지나지 않기 때문에 대상에 따라 중요하게 생각되는 것들을 선택해 SPOT 프로그램을 구성하고 있다. 그렇지만, 정작 중요한 것은 짧은 SPOT을 어떻게 구성하는가에 따라 청중들의 변화를 유도해 낼 수 있다는 점이다.

강사에게는 단지 지식의 전달이 중요한 것이 아니다. 더 중요한 것은 변화를 이끌어 내는 것이다. 자신의 교육 프로그램 안에서 또는, 타 강사의 교육 프로그램 안에서 지극히 작은 시간을 차지하고 있는 SPOT이지만, SPOT을 SPOT으로만 보아서는 안 된다.

SPOT은 청중을 변화시킬 수 있는 기술이다. 만약 청중 앞에 설 수 있는 30초의 시간이 주어진다면, 30초 안에 사람을 변화시킬 수 있다는 자신감을 가지고 도전하기를 바란다. 또한, 나의 SPOT을 통해 청중 중에 단 한 사람만이라도 변화되었으면 하는 간절한 마음을 가져야 한다. 그러한 진심과 열정을 갖는다면 SPOT 강사가 아닌 변화를 이끌어내는 SPOT 강사, 행복을 주는 SPOT 강사로 인정받게 될 것이다.

- 최창수

최강스피치 비법

종로의 ○○스피치 학원에서 한 수강생이 다음과 같은 내용으로 3분 스피치를 했다.

"전에는 부서의 전담자가 프레젠테이션을 했었는데 이제는 자기가 맡은 업무에 대한 프레젠테이션은 자신이 해야 합니다. 막상 해보지 않았던 프레젠테이션을 하려니 걱정이 태산 같았습니다. 발표일이 다가오니 잠도 오지 않고 밥맛도 없었습니다. 어떻게 하면 프레젠테이션을 피할 수 있을까 궁리해봤지만 뾰족한 수가 없었습니다. 정말 피를 말리는 고통이었습니다. 발표를 하루 앞두고 저는 제 승용차로 앞에 서 있던 차를 들이받았습니다. 목에 가벼운 부상을 입어 병원에 입원을 하게 됐고 그렇게 해서 프레젠테이션을 피할 수 있었습니다. 그러나 퇴원 후 다시 프레젠테이션을 해야 하는 기회가 왔습니다. 결국 저는 프레젠테이션을 하지 않고는 직장생활을 할 수 없겠다는 결론을 내렸고 스피치학원에 등록했습니다. '피할 수 없다면 즐겨라'라는 말처럼 저도 오늘부터 프레젠테이션을 즐기고 싶습니다."

두려움을 극복하는 제일 좋은 방법은 행동하는 것이다. 프레젠테이션을 두려워하지 말고 스피치 비법을 배워서 프레젠테이션의 달인이 되는 것, 그러한 과정 속에서 우리는 프레젠테이션의 달인이 될 수 있다.

스피치란 일반적으로 언어, 말, 이야기, 담화, 화술, 말투, 연설을 일컫는다. 청중을 대상으로 하는 강연, 연설, 이야기로 그것이 미리 준비한 것이든 즉석의 것이든 무방하다.

스피치를 잘하면

첫째, 프레젠테이션을 잘할 수 있다. 스피치 기법인 바른 자세, 분명한 발음, 제스처와 아이컨텍을 통해 청중과 쌍방향 커뮤니케이션을 하면 프레젠테이션을 잘할 수 있다.

둘째, 건강하게 살 수 있다. 남에게 상처를 주지 않으면서 내가 해야 할 말을 제대로 할 때 가슴에 응어리가 생기지 않는다. 암(癌)은 할 말이 태산 같이 많은데 말을 하지 못하고 가슴에 담아두기 때문에 생기는 병이다.

셋째, 가정을 지킬 수 있다. 결혼해서 80년 동안 행복하게 살았던 영국의 퍼시 부부(남편은 105세, 부인은 100세로 별세)는 자신들이 누린 행복의 비결이 '사과하는 것을 주저하지 않는 것'이었다고 한다. 부인이 '여보! 미안해' 하면 남편은 '그래, 여보'라고 화답했으며, 다툰 채로 잠자리에 들지 않고 키스한 후, 손을 잡고 잠들었다고 한다.

우리나라는 명절 직후에 이혼 신청이 평소의 배로 늘어난다고 한다. 귀성길의 밀리는 차안에서 시댁(媤宅) 얘기, 돈 얘기, 명절 음식 등으로 다투다가 결국, 명절이 끝나면 법원에 가서 이혼을 신청한다는 것이다.

내가 아는 모 대학 교수는 부인에게 젊은 시절부터 '네가 아는 게 뭐가 있느냐?', 'TV만 보지 말고 공부 좀 해라' 등 부인의 자존심을 긁는 이야기를 평소에 많이 했는데 결국 자식들을 모두 결혼시킨 후 57세에 이혼했다.

스피치를 잘하는 법

자신감을 갖자

로마 콜로세움 경기장에서 죄수를 공개 처형하는 날이었다. 수많은 관중들이 모인 가운데 경기장 안으로 죄수를 들여보낸 후 며칠을 굶긴 맹수를 풀어놓았다. 사람들은 비명을 질렀고 차마 그 광경을 볼 수 없어 눈을 감았다. 그런데 이상한 일이 벌어졌다. 죄수가 맹수의 귀에 뭐라고 속삭이자 맹수의 얼굴이 새파랗게 질려 뒷걸음질치는 것이었다. 왕은 다른 맹수를 들여보내라고 지시했다. 그런데 이번에도 똑같은 현상이 벌어졌다. 왕이 경비대장을 보내 원인을 알아보라고 했다. 그가 알아보니 죄수가 맹수의 귀에 대고 '너 저녁 식사 후에 스피치를 해야 하는데 자신 있느냐?' 였다는 것이다.

굶주린 맹수가 저녁식사를 마다할 만큼 스피치는 두렵고 부담스러운 일이다. 떨지 않는 사람은 바보거나 약을 먹었거나 둘 중의 하나일지도 모른다. 얼굴이 붉어진다고, 목소리가 떨린다고, 말에 조리가 없다고 너무 자책해서는 안 된다. 내 자신을 청중에게 잘 보이려고 하면 떨게 된다. 그러나 있는 그대로 내가 가진 그대로를 보여준다고 생각하면 떨지 않는다.

스피치 중 떨다 죽은 사람은 없다. 그리고 제 아무리 준비를 많이 했어도 자신감이 없으면 스피치를 잘 할 수 없다. 시작할 때 준비가 부족하다고 생각하거나 주제에 대해 아는 게 없어 미안하다고 생각하거나 청중들에게 고백하면 그 순간부터 자신감은 사라지고 목소리는 떨리며 심장은 고동친다(초보자인 경우 많이 떨릴 때는 지금 떨고 있다고 청중에게 고백하면 떨림이 덜해지는 경우가 있으나 이것은 초보자 시절의 극도의 떨림을 방지하는 임시방편이다. 좀더 세련된 스피치를 하기 위해서는 자신 있고 당당한 자세로 임하는 것이 최선의 방법이다).

언덕을 오르는 승용차처럼 액셀러레이터를 힘차게 밟아야 한다. 머뭇머뭇하다가는 길 중간에서 차가 서 버릴지도 모른다. 다시 말하지만 속으로 자신이 말 할 주제에 대해 미흡하거나 준비가 부족하다고 자책해서는 안 된다. 일단 청중 앞에 나서기로 했으면 내가 잘 할 수 있다는 확신을 갖고 힘차게 말해야 한다.

◎ 긴장 시 대처법

혀를 깨문다. 발표하기 바로 직전 자신의 순서를 기다리는 시간이 가장 긴장이 고조된다. 긴장을 이완시키려면 심호흡을 하면서 자신이 잘 할 수 있다는 이미지를 그린다. 청중이 보이지 않는 곳이라면 간단한 스트레칭을 하면서 자신을 격려하고 자신감을 갖는다. 발표를 할 때 목이 마르는 경우가 종종 생기는데 목이 마를 때는 따뜻한 물을 마시는 것이 좋다. 물을 자주 마시면 주의가 산만해지고 전문가가 아닌 것처럼 보이기 때문에 신경을 써야 된다. 침이 마를 때 윗니로 혀를 지그시 깨물면 침이 나와서 물을 자주 마시지 않아도 된다.

◎ 불안을 극복하는 법

- 심호흡을 천천히 여러 차례 반복한다.
- 손과 손목의 힘을 빼고 풀어준다.
- '나는 할 수 있다' 고 자신을 격려한다.

시 낭송을 하라

시는 시인이 영혼으로 빚어낸 최상의 언어이자, 언어의 춤이며 우리의 삶을 정화시키는 문학의 한 갈래이다. 이러한 시를 청중에게 감동이 전해지도록 소리 내어 읊는 예술적 행위를 시 낭송이라 한다.

◎ 시 낭송은 왜 하는가?

- 유쾌함과 기쁨을 얻기 위해
- 시적 감성과 감동을 많은 사람에게 전달하기 위해

◎ 시 낭송을 하면 어떤 점이 좋은가?

- 마음이 순결해진다.

  시 삼백 사무사(詩 三百 思無邪 ; 시를 300편 읽으면 마음에 조금도 나쁜 생각이 스며들지 않는다)라는 공자님 말씀이 있다. '죽는 날까지 하늘을 우러러 한점 부끄럼 없기를 잎 새에 이는 바람에도 나는 괴로워했다' 라는 윤동주 시인의 서시를 읽는 사람이 어떻게 도둑질과 사기꾼이 될 수 있겠는가?

- 스피치를 잘 할 수 있다.

이어령 교수와 김동길 교수는 말씀을 잘 하시기로 평판이 높은데 이 분들은 어려서부터 시 300편을 암송해 스피치를 잘 하게 되었다고 한다. 아름다운 시어를 인용하고 시 낭송을 하며 익힌 리듬을 활용할 수 있었기 때문일 것이다.

시 낭송을 잘 하려면 어떻게 하면 되는가?

◎ 명시를 고른다

문학적으로 깊이 있는 시가 청중에게 감동을 줄 수 있다. 수준 낮은 작품을 낭송하면 오히려 낭송하는 이의 시적 안목을 의심 받을 수 있다. 줄거리가 있는 서정시, 청중이 듣고 쉽게 상상이 되고 이해가 되는 시, 점층법, 영탄법으로 구성된 시, 기승전결, 클라이맥스가 있는 시를 골라야 한다.

◎ 시를 바르게 해석해야 한다

완벽한 이해만이 시의 완전한 전달을 가능하게 하기 때문이다. 작품이 쓰인 연대와 시대배경, 시인의 고향 및 성장배경, 시인의 여러 대표작과의 상관관계를 살펴야 한다. 예를 들면, '행복'이란 유치환의 시는 이영도 시인과의 사랑 때문에 탄생한 시라는 배경을 알면 이해하기가 쉽다.

◎ 외워야 한다

낭독과 낭송은 다르다. 많은 사람들 앞에서 낭독을 하다보면 시를 제대로 읽기가 어렵고 감동을 주기가 어렵기 때문에 시를 외우는 것이 좋다. 시를 음미하며 시인이 표현하려는 느낌과 작품의 흐름을 이해하면서 반복적으로 외우는 것이 중요하다. 작품을 외운 후에는 감정을 배제하고 낭독해 본다. 시의 이미지를 연상하면서 한 줄씩 외우고, 다 외운 다음에 처음부터 다시 외우면 쉽게 외울 수 있다.

○ 마음에 악보를 그린다

외우다 보면 마음에 악보가 생긴다. 낭송자는 시 속의 주인공이 되어 마음에서 우러나오는 진실한 감정으로 시를 낭송한다. 다시 말해 낭송자가 시를 다시 창작하는 것이다.

○ 발성연습을 꾸준히 해서 목소리를 가꾸어야 한다

○ 발음할 때 주의해야 한다

초원의 빛이여 – 비치여(윌리엄 워즈워드의 '초원의 빛')
나에게로 와서 꽃이 되었다 – 꼬치(김춘수의 '꽃')
내일 밤이 남은 까닭이요 – 까달(윤동주의 '별헤는 밤')

○ 자연스러워야 한다

낭송을 처음 시작할 때 톤의 설정이 중요한데 톤을 너무 높거나 낮게 잡지 말고, 편안하고 자연스럽게 하되 음성이 매체가 되므로 정확한 발음, 발성, 호흡에 유의한다.

○ 지나친 기교, 감정과다, 불필요한 장음, 숨소리, 꾸민 목소리, 동화구연식 시낭송은 삼간다. 너무 과장된 제스처를 취하지 않고 물 흐르듯이 해야 한다

● 올바른 예의를 갖춰야 한다

낭송을 위해 무대에 발을 딛는 순간부터 무대를 내려오기까지 일거수일투족에 유의해야 한다.

• 예의를 갖춘 우아하고 단정한 복장이 좋으며, 시의 분위기와 일치하면 더욱 좋다.

풍경달다

한승호

운주사 와불님을 뵙고 돌아오는 길에
그대 가슴의 처마 끝에 풍경을 달고 돌아왔다

먼데서 바람 불어와 풍경 소리 들리거든
보고 싶은 내 마음이 찾아간 줄 알아라

이야기 내용을 암기하면 안 된다

이야기 내용을 암기하면 기억이 나지 않아 스피치에 실패할 확률이 높다. 스피치 원고를 외웠다가 날씨가 흐린 날, '날씨도 화창한데 모임에 나와 주셔서 감사하다'고 말해서 청중을 웃긴 연사도 있다.

김 전도사가 목사 시험을 보러 가서 있었던 일이다. 김 전도사는 체격이 좋았는데 면접관이 "무슨 운동을 좋아하나요?" 묻자 "축구를 좋아합니다."라고 대답했다. 면접관은 계속해서 "좋아하는 축구선수가 있나요?" 물었다. 목사는 "예전에는 안정환 선수를 좋아했습니다만, 요즈음에는 박주영 선수를 좋아합니다."라고 대답했다. 그런데 갑자기 면접관이 "예수님은 몇 년 전에 태어나셨나요?"라고 묻는 것이었다.

목사는 "예, 2000년 전에 태어나셨습니다."라고 대답했고 "당신은 예수님의 부활을 믿나요?"라는 질문에 "예, 과학적으로 증명할 수는 없지만 저는 믿습니다."라고 대답했다. 김 전도사가 면접을 마치고 나오자 같이 갔던 오 전도사가 그에게 면접시험 내용을 물었다. 김 전도사는 면접 내용을 그대로 오 전도사에게 말해주었고 그는 순식간에 그것을 외웠다. 그런데 면접실에서 "77번" 하고 수험번호를 말하는 순간 오 전도사는 너무 긴장한 나머지 자신의 이름을 말하는 것을 잊어버렸다. 면접관이 "당신 이름은?" 묻는데도 외웠던 내용만 떠올라 "예전에는 안정환이었습니다만, 요즘은 박주영입니다." "언제부터 그렇게 되었나요?" "2000년 전부터입니다." "당신은 그것을 믿나요?" "저는 과학적으로 증명할 수는 없지만 믿습니다."라고 대답했다는 것이다. 이러한 실수를 하지 않으려면 핵심 단어만 메모해서 이야기하면 된다. 핵심 단어를 사용해서 거울 앞에서 몇 번씩 연습하는 것이 중요하다.

낭독을 해야 한다

매일 신문사설을 낭독하면 발음이 명료해지고 논리적인 사고를 하는 데 도움이 된다. 내가 아는 분은 거울 앞에서 책 31권을 낭독해 발음이 분명해졌고, 제스처가 좋아져 명강사가 되었다고 한다. 낭독 스피치는 외교문서, 직장, 교회, 모임 등의 중요한 자리에서 틀려서는 안 되는 중요한 문서를 읽을 때 반드시 필요하다. 우리가 무슨 기념식에서 낭독하는 것을 보면 연습 부족으로 고개 한번 들지 못하고 낭독을 끝내는 저명인사들을 많이 보게 된다. 청중과 눈 한번 마주치지 않는 스피치가 전달력이 얼마나 떨어질 것인가는 말하지 않아도 알 수 있다. 낭독을 할 때 한 손은 낭독할 문서를 들고 다른 손은 제스처를 하는 것이 좋다.

사과하지 않는다

스피치를 시작할 때 '아무런 준비도 없이 사회자가 강권해서 이 자리에 나왔습니다', '요즘 바빠서 아무 준비도 못했습니다' 라고 말하거나 말미에 '두서없이 말씀드려 죄송합니다' 라고 말해서는 안 된다. 청중은 말할 것이 없는 연사의 이야기를 들으려고 하지 않는다. 그리고 잘 들었는데 두서없이 말했다고 하는 것은 자신의 스피치를 들은 사람의 긍정적인 감정을 싸늘하게 만들 소지가 있다.

유머를 사용한다

유머가 없는 스피치는 빡빡하다. 유머는 스피치를 하는데 있어 윤활유와 같다. 당신의 이야기에 기름을 칠해야 한다. 유머가 없는 스피치를 하는 연사는 청중을 괴롭히는 사람이다. 유머를 잘하려면 다음 다섯 가지 사항에 유의하자.

- 유머노트를 만들자.
- 알게 된 유머는 반드시 제3자에게 실습하여 자기 것으로 만들어야 한다.
- 재미있는 유머를 하겠다고 말하며 시작해서는 안 된다. 자기가 재미있다고 상대방도 재미있으리라는 보장은 없다. 자연스럽게 유머를 시작하는 것이 좋다.
- 분위기에 어울리는 유머를 해야 한다. 상황에 맞지 않는 유머는 하지 않는 게 낫다.
- 품위 있는 유머를 해야 한다. 저속한 유머는 오히려 인격을 의심받는다.

실례와 예화로 이야기를 만든다

재미있는 실례와 예화를 많이 드는 것이 청중을 흥미롭게 한다. 자신의 체험담을 이야기할 때 감동을 줄 수 있다. 자신의 이야기는 자신이 '오리지널'이다. 자신의 이야기는 자신만이 할 수 있다. 다른 사람을 모방하지 말고 당신 자신이 되어야 한다.

예행연습을 하자

이야기 줄거리를 구상해서 거울 앞에서 연습하고 어느 정도 자신이 생기면 가족이나 친구 앞에서 예행연습을 하는 것이 좋다. 청중의 시선을 잡는 법, 보디랭귀지를 하는 법 등을 연습하자.

유연한 발상을 하자

남이 다 아는 이야기에 청중은 흥미를 갖지 않는다. 재미있는 이야기를 구성하려면 많은 경험을 해야 한다. 신문, 잡지, 책 등을 많이 읽고, 세미나, 강연회, 모임에 자주 참석하거나 영화, 연극을 자주 보고 여행을 많이 해야 한다.

유연한 발상을 한 사람의 예로 다음과 같은 이야기들이 있다. 1923년 당시 23살이었던 미국인 루트는 유리공장에서 병 만드는 일을 하고 있었다. 어느 날, 그는 놀러 온 여자 친구의 호플 스커트(무릎 부분이 오므라져서 히프라인을 강조한 스타일의 치마)를 보고 치마 모양의 병을 만들었다. 그는 이것으로 특허를 내었고, 코카콜라사에 180억에 팔았다고 한다.

어느 곳에 3개의 가게가 나란히 붙어 있었다. 왼쪽 가게가 '최고의 상품'이라는 간판을 걸자, 오른쪽 가게는 '가장 싼 가격'이라는 간판을 달았다. 두 가게 사이에 장소도 협소하고 가격과 품질도 내세울 게 없는 가게가 있었는데 그 가게의 주인은 고민이었다. 결국 그는 자신의 가게 간판을 '입구'라고 써 붙였다.

음식점을 운영하는 갑돌이는 남자 화장실의 청결 문제가 항상 마음에 걸렸다. 맥주를 마신 손님들이 변기 주변에 소변을 흘리는 일이 잦았기 때문이었다. 그래서 그는 '남자가 흘리지 말아야 할 것은 눈물만이 아닙니다. 한 발짝 앞으로! 당신의 그것은 그리 길지 않습니다'라는 표어를 써 붙였다. 하지만 효과가 없었다. 그는 다시 심사숙고한 끝에 변기에 파리를 만들어 붙였다. 그러자 변기 밖에 흘리는 소변의 양이 현저하게 줄어들었다. 파리를 조준하려는 본능을 자극했던 것이다.

다음 세 가지 사항을 실천하면 유연한 발상법을 익히는 데 더욱 도움이 된다.

첫째, 취미 활동을 통해 머리를 식혀야 한다.
둘째, 다른 직장, 다른 업종의 사람들을 만나 인맥을 확대해 나간다.
셋째, 신문의 사설을 자주 읽어 자신의 의견과 비교·분석해 본다.

스피치 공식을 사용한다

◉ 주요사마 공식

일본에서 인기를 끌고 있는 배용준 씨를 일컫는 '욘사마'를 떠올리면 기억하기가 쉬울 것이다. 주요사마는 스피치를 짜임새 있게 구성할 수 있는 네 가지 요소이다.

첫째, '주의 끌기' 이다. 우리가 스피치를 하려고 할 때 강연을 들어야 겠다고 동기 부여를 받은 청중은 그리 많지 않다. 그래서 주의를 끌어 청중의 집중을 유도하는 것이다. 우리가 글을 대할 때도 흥미 있게 시작하면 글을 읽어보려고 하지만 재미없게 시작되면 읽지 않게 된다. 이야기도 그와 같다. 재미있게 시작하지 않으면 청중은 들으려 하지 않는다. 이때 먼저 질문을 해서 듣는 사람의 주의를 끄는 방법이 있다. '당신은 어렸을 때 타잔처럼 나무에 매달려 본적이 있습니까?' 라고 질문해 놓고 한 호흡 쉰 후(pause) '지금 세상은 정글과 같습니다. 우리가 어떻게 살아야 될 지를 한 번 생각해 봅시다. 예를 하나 더 들겠습니다. 까만 점이 찍힌 백지를 청중에게 보이며 질문한다. "무엇이 보입니까?" 묻고, "까만 점이 보입니다."라는 답이 들리면 이렇게 말하는 것이다. "보이는 것처럼 이 백지에는 무수히 많은 흰 여백이 있습니다. 하지만 우리는 여기에 찍힌 까만 점을 먼저 보게 됩니다. 우리가 다른 사람을 볼 때도 이와 같습니다. 우리는 그 사람의 많은 장점보다 그 사람의 단점을 먼저 보게 됩니다." 한 호흡 쉰 후(pause), "저는 오늘 '칭찬합시다' 라는 주제로 말씀을 드리겠습니다."라고 말하면 주의 끌기와 동시에 요점까지 말한 것이 된다. 주의 끌기의 방법으로 쇼킹한 말을 하는 것도 효과적일 수 있다. "어느 암(癌)전문의는 이렇게 말하더군요. 주위에 있는 사람 네 사람만 둘러보십시오." 청중이 주위 사람을 둘러보면 "그 네 사람 중에 한 명은 암으로 죽습니다."

둘째는 '요점' 이다. 요점은 긍정문으로 5~10자 이내로 말하면 된다. '음주운전을 하지 맙시다' 보다는 '안전운전을 합시다' 라는 표현이 청중을 움직인다.

셋째는 '사례'이다. 요점을 보강해주는 재미있는 사례를 많이 드는 것이 흥미 있는 이야기를 하는 지름길이다. 사례는 본인의 체험담이 제일 좋다. '칭찬합시다'라는 요점으로 이야기할 때 나는 중학교 때의 경험담을 주로 말한다.

'저는 충청도 두메산골에서 중학교를 다녔습니다. 그런데 1학년 때는 교무실에 가기가 꺼려졌어요. 교무실에 가면 머리끝에서 발끝까지 지적을 받고 꾸지람을 들었거든요. 1학년 때 반장이 되어 어쩔 수 없이 두근거리는 가슴으로 교무실에 가게 되었어요. 긴 복도를 걸어가서 교무실 문을 드르륵 열고 "충성, 1학년 1반 ○○○ 교무실에 용무 있어 왔습니다."라고 말한 후 거수경례한 손을 막 내리려는 찰나, 호랑이 수학선생님과 눈이 딱 마주쳤지요. 저는 그분이 또 무슨 트집을 잡을까 싶어 가슴이 철렁 내려앉는데 그 분이 이렇게 말씀하시더군요. "어허, 고놈 눈썹 좀 보게, 범눈썹이야, 크게 될 녀석이야." 그 말을 듣는 순간, 제 가슴에 커다란 태양이 떠올랐어요. 가정 형편이 좋지 않아 중학교만 졸업하고 농사꾼이 되어야 했던 저는 용기를 얻어 서울로 올라와 수업료 면제에 교복까지 주는 국립○○고등학교를 다니게 되었습니다. 졸업 후에는 공무원이 되어 직장 숙직실에서 자취를 하며 야간 대학을 졸업했죠. 대학 졸업 후에는 모 신문사에 입사해 ○○대 언론홍보대학원을 졸업했습니다. 만약 그때 그 선생님이 "그놈, 눈썹 참 잡초 같이 생겼군." 이렇게 말씀하셨다면 저는 지금 여러분 앞에 서 있지 않았을 것입니다. 이처럼 칭찬 한 마디가 한 사람의 일생을 바꿀 수도 있는 것입니다.'

넷째는 마무리다. '지금까지 칭찬합시다'라는 주제로 말씀을 드렸습니다. 경청해 주셔서 감사합니다.' 이처럼 마무리는 요점을 반복하면 무난하다. 좀더 울림이 있게 마무리를 하려면 명언, 속담, 시를 인용해서 마무리하면 좋다. '고운 말을 씁시다' 라는 주제로 강연을 했다면 마무리는 '가루는 칠수록 고와지고 말은 할수록 거칠어진다' 는 속담을 사용하면 좋을 것이다. 음지에서도 묵묵히 일하는 사람을 격려해 주는 말을 했다면 '어둠을 탓하기보다 한 자루의 촛불을 켭시다' 라는 서양 격언을 사용하는 것이 좋다. 시를 사용해서 마무리 한다면 함민복 시인의 시 〈가을〉을 활용하면 좋을 것 같다. '당신 생각을 켜 놓은 채 잠이 들었습니다' 라는 구절을 '여러분의 생각을 켜 놓은 채 이만 물러가겠습니다' 라고 활용하는 것이다.

◎ 1.2.3 화법

1.2.3 화법은 한 번 말하고, 두 번 듣고, 세 번 맞장구치라는 의미이다. 귀가 두 개고, 입이 하나인 것처럼 듣는데 더 많은 비중을 두라는 뜻이기도 하다. 들을 청(聽)자는 귀이(耳)+임금 왕(王), 열십(十)+눈목(目), 한일(一)+마음심(心)자로 풀이할 수 있다. 임금의 귀를 갖고 사방을 살피면서 하나의 마음으로 열심히 듣는다는 의미일 것이다.

내가 아는 사람 중에 정신병동에서 20년 정도 근무한 수간호사가 있다. 그분의 말씀에 따르면 자기가 정신병동에서 상담하는 사람이라고 하면 사람들이 다들 말을 잘 하는 줄 아는데 사실은 그렇지 않다는 것이었다. 그분이 환자와 나누는 말은 '아, 그래서요' 라는 말 밖에 없다고 한다. 환자의 말을 잘 들어주기만 해도 환자들은 신나게 얘기한 후 '좋은 말씀을 해주셔서 감사합니다' 라며 편안해진 얼굴로 돌아간다는 것이었다. 이 사례는 경청과 맞장구의 중요성을 말해 준다. 맞장구를 잘 치는 방법을 몇 가지 소개하면 다음과 같다.

- 동의의 맞장구
- 맞아요, 정말이에요, 과연, 그렇지요.

- 공감의 맞장구
- 아(오), 재미있네요, 고생하셨네요, 알 것 같아요.

- 흥을 돋우는 맞장구
- 그래서요, 그리고요, 그 밖에 또 뭐가 있을까요.

- 정리의 맞장구
- 그 말씀은 이러저러한 말씀이시군요. 이러저러한 게 요점이시죠.

- 바람직하지 못한 맞장구
- 그래서 어쨌다고요. 나도 알아요. 그게 아니라요. ……라는 거죠?

○ KISS(Keep It Simple and Short) 말은 단순하고 짧게 하라

영국의 수상 처칠경은 자신의 모교에서 연설할 때 'Never give up(포기하지 마라)' 이라고만 말했다고 한다. 스피치를 할 때는 단순하고 짧게 하는 것이 좋다.

○ PEP(Praise Evaluation Praise 칭찬 + 평가(지적) + 칭찬)

샌드위치 대화법이라고도 한다. 어떤 사람과 이야기를 할 때 또는 피드백을 할 때, 평가나 지적을 하기 전에 먼저 칭찬을 함으로써 상대가 마음의 문을 열도록 한 후에 평가하고, 평가를 한 후에도 상대의 상처 받은 마음을 칭찬으로 어루만져 자신이 말하고자 하는 목적을 달성하는 대화법이다.

◉ YES/BUT

세게 던진 공을 직접 받으려면 튕겨나가지만 손을 뒤로 끌면서 받으면 쉽게 받을 수 있다. 이처럼 상대방의 말도 일단 긍정으로 받아들인 후에 '그러나' 하고 자신이 하고 싶은 말을 하면 부드럽게 대화할수 있다. 다음은 애꾸눈이었던 일본의 이누가이 의원이 의회에서 대외정책을 논할 때의 예화이다.

이누가이 의원에게 한 의원이 "애꾸눈으로 복잡한 세계정세를 어떻게 살필 수가 있습니까?" 하고 비난했다. 그러자 이누가이 의원이 "예, 저는 애꾸눈입니다. 그러나, 일목요연(一目瞭然)이라는 말을 못 들어 보셨습니까?"라고 응수해 상대방의 비난을 일거에 무마시켰다고 한다. 세일즈 대화에서도 YES/BUT 대화법을 사용할 수 있다.

• 이 제품은 비싸군요
– 예, 그렇습니다. 그러나 비싼 데는 그만한 이유가 있지요

◉ YES/AND

YES/BUT 기법은 '그러나' 하고 이야기하는 순간, 상대방의 기분이 나빠질 수 있다. 그래서 남을 설득하거나 세일즈를 할 때는 YES/AND 기법이 더 좋다.

• 이 제품은 비싸군요
– 예, 그렇습니다. 사실 비싼 데는……

• 이 제품은 비싸군요
– 그렇게 말씀하시는 분이 많습니다. 더 자세하게 말씀드리면……

◎ 메아리법

상대방의 말을 되받아서 메아리처럼 따라하는 방법이다.

- 이 제품은 비싸군요
- 비쌉니다. 비싸기 때문에 추천하는 것입니다.

- 지금은 바빠서 만날 수가 없어요
- 바쁠수록 더 만나야지요. 나중 일은 알 수 없잖아요.

◎ 만약법

상대방이 허락하지도 않았는데 허락한 것을 전제로 대화하는 방법이다.

- 레스토랑에서 웨이터가 식사 주문을 받고 나서
- 만약 드신다면 와인은 레드와 화이트 중 어느 쪽으로 하시겠습니까?

- 데이트를 할 때 상대방에게
- 만약, 만난다면 5일이 좋을까요? 8일이 좋을까요?

◎ 질문하는 법

화룡점정(畵龍點睛), 마지막에 점을 확실히 찍어야 한다. 질의응답을 확실히 해서 유종의 미를 거둬야 된다. PT를 잘했어도 질의응답 시간에 무너지는 경우를 종종 보게 된다. 질문을 하면 일단 프레젠터가 요약을 해서 다시 한 번 반복해 주는 게 좋다. 그렇게 함으로써 다른 청중에게 확실히 들을 수 있도록 배려해주고 프레젠터는 질문에 대해 생각할 여유를 가질 수 있다. 잘 모르는 질문에 대해서는 질문자에게 "선생님은 그 문제에 대해서 어떻게 생각하십니까?"라고 역으로 질문하던가, 아니면 청중들에게 "이 문제에 대해서 고견을 말씀해 주실 분은 안 계십니까?라고 물어보면 된다. 그렇지 않으면 쉬는 시간에 개별적으로 답해 주겠다고 말해도 좋다.

◉ Form을 잡고 자기 소개하는 법

모임에서 자기를 소개할 때는 Family(가족사항), Occupation(직업), Recreation(취미), Message(하고 싶은 말)을 중심으로 소개하면 좋다.

- 이름을 쉽게 기억하는 법
- 상대가 소개할 때 확실히 물어서 알아둔다.
- 반복해서 외우고 불러준다.
- 인상의 특징을 기억한다.
- 어디서, 언제 만났는지, 인상의 특징을 명함에 적어둔다.

예) 배상오라는 사람의 자기소개: '며칠 있으면 추석인데요. 추석 차례상 위에 배 다섯 개를 기억해 주세요.'
예) 전장식이라는 사람의 자기소개: '성과 이름 첫 자의 받침을 빼고 기억해 주세요.'

효과적인 전달을 위한 기법

◉ 발성연습

- 크레시아 발성법

발음 연습을 통해 음질과 음량·음폭을 개선하고 단련하기 위한 특

수 발성 연습법이 있다. 스피치하기 전에 목 풀기용으로 활용하면 좋은 방법이다. 이 특수 연습 속에는 단전, 복식호흡과 장·단 발음(길고 짧은 발음) 완급발음(느리고 빠른 발음) 강·약 발음(강하고 약한 발음) 등의 훈련이 종합적으로 혼합되어 있는 훌륭한 발성 연습법이다. 어깨, 목, 턱을 움직여 힘을 빼서 긴장을 풀고 심호흡을 10차례 정도 한 다음 천천히 시작한다.

로-얄, 막-파, 싸리-톨, 셀-레-우, 쥬피-탈, 캄파-큐률-와, 수네이-파-젠, 이-엘, 에룸-포, 푸렌-마-네-프, 슈멘-훼-워-제, 킹캉-후리와차 어-큐-향

- 음 : 입을 다물고 콧속을 진동시켜 10초씩 반복 연습한다.
- 음(나) : 10초 후 '나'에 힘을 주며 발성한다.
- 오 : 입을 오므려 10초간 발음한다.
- 오(패냥) : 10초 발음 후 '패냥'을 힘주어 발성한다.
- 오(캄샴) : 10초 발음 후 '캄샴'을 힘주어 발성한다.

음폭이 너무 가늘어 어린 아이같이 말하는 사람은 파열음을 연습한다.

예) 가 까 다 따 바 빠 파

● 발음연습

발음하기 어려운 문장을 연속해서 연습하면 발음이 명료해진다.

- 이분이 백 법학 박사이고, 저분은 박 법학 박사이다.
- 중앙청 창살 쌍 창살, 시청 창살 외 창살
- 간장공장 공장장은 강 공장장이고, 된장 공장 공장장은 장 공장장이다.

- 내가 그린 기린 그림은 암기린 그린 그림이고, 네가 그린 기린 그림은 숫기린 그린 그림이다.
- 앞집 팥죽은 붉은팥 풋팥죽이고, 뒷집 콩죽은 햇콩, 단콩, 콩죽이다.
- 강낭콩 옆 빈 콩깍지는 완두콩 깐 빈 콩깍지이고, 완두콩 옆 빈 콩깍지는 강낭콩 깐 빈 콩깍지이다.
- 한양 양복점 옆의 한영 양장점, 한영 양장점 옆의 한양 양복점

◉ 군소리를 하지 말아야 한다

프레젠터가 '에, 저, 마, 그러니까' 등의 군소리를 하면 내용이 아무리 좋아도 전달력이 떨어진다. 군소리를 없애려면 머리로 미리 생각하고 천천히 말하는 습관을 들여야 한다. Pause(중지, 휴지, 한숨 돌리기)를 두려워해서는 안 된다. Pause는 청중에게 호기심과 집중을 가져다준다. 침을 꿀꺽 삼키든가 숨을 한번 들이마셔서 군소리를 하지 않도록 해야 한다. 군소리를 하지 않거나 발음을 명료하게 하려면 매일 3~5분씩 낭독하는 것이 좋다. 낭독 자료는 신문사설, 칼럼, 시, 소설, 수필 등 무엇이든 좋다. 군소리를 체크해서 지적해 줄 때마다 포상금이나 선물을 준다면 주위 사람들이 열성적으로 협조해 줄 것이다.

◉ 제스처의 기법

- 손을 움직일 때는 가슴 중앙에서 하고 가급적 머리 위나 어깨를 벗어나지 말아야 한다.
- 분명하게 해야 한다.
- 제스처의 크기와 빈도는 상황에 따라 달라져야 한다.
- 말과 타이밍을 맞춰야 한다.

◎ 아이 컨텍

- 우선 제일 뒤에 앉은 사람과 시선을 맞춘다.
- 긍정적, 적극적인 청중을 찾아 시선을 맞춘다.
- 'One Sentence One Person'의 원칙을 지킨다.
- 청중과 1:1로 이야기하는 기분을 지속한다.
- 필요시 시선 안배의 순서를 정해 놓는다.

연습이 최고를 만든다

데모스테네스는 말더듬인데다가 선천적으로 폐가 약해서 긴 문장을 한꺼번에 말하지 못해 처음 그가 웅변을 했을 때는 청중으로부터 야유를 받았다고 한다.

그는 웅변을 잘하기 위해 입에 조약돌을 물고 발음 연습을 했고, 어깨를 들어 올리는 나쁜 습관을 고치기 위해 시퍼런 칼날 밑에서 어깨를 바로 잡았으며, 지식을 기르기 위해 머리와 수염을 반만 깎고 지하실 서재에서 실력을 길렀다고 한다. 호흡을 키우기 위해 다섯 번이나 실신하면서도 뒷동산을 뛰어 올랐고 연설문을 쓰기 위해 유명한 연설가의 책을 여덟 번이나 옮겨 적었다고 한다. 연설 하나를 1년간 준비했는가 하면 단어 하나를 선택하는데도 심혈을 기울였다고 한다. 그리고 마침내 그는 그리스 최고의 웅변가가 되었다.

무엇이 성공인가

랄프 왈도 애머슨

자주 그리고 많이 웃는 것
현명한 이에게 존경을 받고
아이들에게서 사랑을 받는 것
정직한 비평가의 찬사를 듣고
친구의 배반을 참아내는 것
아름다움을 식별할 줄 알고
다른 사람에게서 최선의 것을 발견하는 것
건강한 아이를 낳든
한 뙈기의 정원을 가꾸든
사회 환경을 개선하든
자기가 태어나기 전보다
세상을 조금이라도 더 살기 좋은 곳으로
만들어 놓고 떠나는 것
자신이 한때 이곳에 살았으므로 해서
단 한 명의 인생이라도 행복해 지는 것
이것이 진정한 성공이다.

- 김홍수

※ 참고문헌 : 『스피치핸드북』(파울 크리거.한스-위르겐 한첼 지음 백미숙 옮김, 도서
    출판 일빛, 2001년), 『7일 만에 말을 잘하게 되는 책』(마츠모토 유키오 지음 은영미
    옮김, 도서출판 나라원, 2003년), 『프레젠테이션 요럴 땐 요렇게』, 도영태 저(영진
    미디어, 서울, 2005년), 『시낭송 이론과 실제』(재능시낭송협회엮음, 재능교육, 서울,
    2002년) 크리스토퍼 리더십 프로그램

라이프 코치가
시대를 이끈다

미국의 사회학자 데이빗 리스만은 현대인을 일컬어 '고독한 군중(the lonely crowed)'이라고 표현하였다. 현대인은 누구나 수많은 군중 속에서 고독을 느끼고 있다는 것이다. 주변에 많은 사람들이 있어도 가슴 속 깊은 얘기를 나눌 사람이 없기 때문이다.

왜 사회가 발전해 갈수록 우리는 더욱 고독해지는 것일까? 이것은 우리 사회가 정신적 가치보다 물질적 가치를 우위에 두면서부터 인간 소외현상이 가속화되었기 때문이다.

또한 서구의 개인주의가 이기주의로 변질되어 사회 곳곳에서 집단 이기주의, 개인적 이기주의가 나타나고 있다. 이것은 사회의 공동체 형성을 방해하는 장애물로 부각되고 있을 뿐만 아니라 치열한 경쟁사회로 바꾸고 있다. 더욱이 사회는 정신 차릴 틈도 주지 않고 급속하게 변화하고 있다. 생존을 위한 경쟁과 투쟁에서 믿을 수 있는 것은 오로지 자기 자신밖에 없는 사회가 된 것이다. 남들과 달라야 하고, 빠르게 변화하지 않으면 도태되는 것이 지금의 현실이다.

이러한 사회에 적응하기 위해 현대인들은 바쁘다. 더욱이 끊임없이 변화를 요구받는 현대인들은 고독할 수밖에 없다. 끝없는 욕망과 결핍감에 쫓겨 질주하는 이들에게는 자신이 왜 거기에 있는지 둘러볼 여유도 없다. 그래서 선진국으로 가면 갈수록 물질적으로는 풍요롭지만 정신적으로는 더욱 황폐화되어 간다. 이러한 결과를 반증이라도 하듯 선진국일수록 자살률이 증가하고 있다.

사회가 발전할수록 사회의 변화에 대한 적응과 경쟁뿐만 아니라 개인이 경험할 수 있는 생활도 복잡해지고 직장생활, 가정, 건강관리, 재테크 등도 점차 전문성을 필요로 하고 있다. 누구나 쉽게 누렸던 가정생활이나 사회생활도 사회의 발달이나 제도의 변화로 심사숙고하지 않으면 안된다. 이제는 제대로 알지 못하면 자신이 원하는 일을 할 수 없을 뿐만 아니라 기회를 놓치거나 손해를 보는 경우가 생긴다. 따라서 사회적인 문제는 물론이고 개인적인 문제를 개인이 스스로 해결하기에는 역부족인 경우가 많다.

우리는 지금, 과거의 그 어느 때보다도 속을 터놓고 얘기할 수 있는 사람이 그리운 때이다. 힘들고 지칠 때 진정으로 나를 위로해 줄 수 있는 사람, 정말 힘든 일이 닥쳤을 때 그 무거운 짐을 함께 나눌 사람, 내가 가진 문제점을 말끔히 해결해 줄 수 있는 사람, 나의 아픔을 쏟아 놓았을 때 포근히 덮어주고 치료해 줄 수 있는 사람, 내가 가고자 하는 미래를 밝게 안내해 줄 사람이 필요하다. 사회가 발전할수록 일상적인 삶에서 일어나는 모든 문제에 대해 지속적으로 조언해 주고 도움을 줄 수 있는 사람을 필요로 하게 된다. 이러한 시대적인 요구를 반영이라도 하듯 최근 카운셀러, 개인 컨설턴트, 멘토, 코치 등의 새로운 직업이 생겨나고 있다.

라이프 코치란 무엇인가?

라이프 코치(life coach)는 원래 미국에서 20년 전 보험설계사들이 고객을 대상으로 재정적 문제뿐만 아니라 개인적인 고민까지 코칭해 주면서 시작된 직업이다. 그러나 요즘에는 경영학의 리더십의 한분야로 자리 잡아가고 있다.

오래 전부터 라이프 코치 역사를 가진 미국 및 유럽 선진국에서는 라이프 코치가 보편적인 직업으로 자리 잡았으며, 대중적으로도 인지도가 높아져가고 있다. 이러한 기반 위에 점차 사회가 발전할수록 인기를 끄는 신종 직업이라는 인식 때문에 라이프 코치를 전업으로 삼는 이들이 점차 늘고 있다.

우리나라에서는 라이프 코치란 말이 들어오기 전에 선진국처럼 보험설계사들이 라이프 플래너라는 이름을 사용했기 때문에 일각에서는 라이프 코치를 라이프 플래너로 이해하는 경우가 많다. 그러나 라이프 플래너와 라이프 코치는 엄연한 차이가 있다. 라이프 플래너는 고객의 재정적인 문제를 설계해 주는 한정적인 의미로 쓰이나 라이프 코치는 사람의 인생 전반에 걸친 모든 부분들을 일컫는 의미로 사용한다.

라이프 코치는 아직까지 정확한 개념 정의나 직무 분석이 이루어지지 않아 라이프 코치와 관련해 활동하고 있는 개인이나 단체에 따라 개념 정의나 직무에 대한 차이가 있다.

미국의 코치 양성 전문기관인 CCU(Corporate Coach University)는 발전하려고 하는 의지가 있는 개인이 잠재능력을 최대한 개발하고, 발견 프로세스를 통해 목표 설정, 전략적인 행동, 그리고 매우 뛰어난 결과의 성취를 가능하게 해주는 강력하면서도 협력적인 사람을 코치(coach)라 한다.

한국 라이프코치 연합회에서는 라이프 코치란 개인의 잠재능력을 발견하여 신속·정확하게 개인의 삶에서 일어날 수 있는 모든 문제해결이나 목표를 달성하도록 도와주는 강력하고 전문적인 촉진자를 의미한다. 간단히 말하면 개인의 삶에서 생기는 모든 욕구를 해결해 주는 전문가를 라이프 코치라고 하는 것이다.

CCU에서 말하는 코치에 대한 개념이 결과의 성과에 초점을 두고 있는 반면, 한국 라이프 코치 연합회에서 말하는 라이프 코치는 문제해결이나 목표 달성을 다루는 것으로 과정과 결과 모두에 초점을 두고 있어 좀더 포괄적인 의미를 담고 있다.

또한 CCU나 국내의 여러 코치 관련 단체들의 코치는 커리어나 직업, 코칭 등 한 가지나 소수에 국한하고 있으나, 한국 라이프 코치 연합회에서 말하는 라이프 코치는 인생 전반에 걸친 개인의 인생에서 마주칠 수 있는 다양한 분야를 대상으로 하고 있기 때문에 각 영역을 세부적으로 분류하여 명칭을 달리하고 있다. 한국 라이프 코치 연합회는 고객만족(CS) 코칭, 독서논술 코칭, 리더십 코칭, 레크리에이션 코칭, 마케팅 코칭, 메이크업 코칭, 성공 코칭, 섹스 코치, 에니어그램 코칭, 스피치 코칭, 이미지메이킹 코칭, 청소년 코칭, 커뮤니케이션 코칭, 커리어 코칭, 컬러 코칭, 프레젠테이션 코칭, 행복홈 코칭, 헬스힐링 코칭, 학습 코칭, 취업 코칭, 텔레마케터 코칭, 병원코디네이터 코칭, 명코치 코칭, 요리 코칭, 여행 코칭, 인맥 만들기 코칭 등 다양한 분야에서 코칭이 이루어지고 있다.

이처럼 코칭을 적용할 수 있는 분야는 가시적인 것이나 비가시적인 모든 것에 적용할 수 있다. 코치는 타인과의 관계, 학업성취, 직업탐

색, 직업상의 적응, 성공에 대한 욕망, 웰빙을 추구하는 삶, 일상생활의 습관 등과 같이 가시적인 것에서 발생하는 문제와 같이 어떠한 영역에서 도움이 필요한가에 따라 코칭의 목표가 결정된다. 또한, 코칭의 대상은 욕구좌절 상황에 대한 공황 상태나, 세상에 대한 고정관념, 다른 사람에 대한 인식을 변화시키는 것 같이 덜 구체적이고 비가시적인 것에 둘 수도 있다.

코치를 받는 사람에 대해서는 특별하게 부르는 명칭이 없으나 여기서는 코티(coty)라고 정의하며 이후 통일된 용어로 사용한다. 코치가 코치와 만나서 문제 해결이나 목표를 달성하는 과정을 코칭(coaching)이라고 한다.

코치는 아무나 하는 것이 아니고 경청, 관찰, 발견, 안내, 격려하는 데 있어서 전문적인 코치 양성교육을 받은 사람으로서, 개개인의 특성에 맞게 그들의 필요에 접근해 스스로 전략과 해결책을 도출하도록 하며 성공으로 이끄는 사람으로서 인내심과 전문성을 가져야 한다.

라이프 코치의 비전과 전망

우리나라에서 활동하고 있는 라이프 코치의 정확한 숫자가 집계된 적은 없지만 라이프 코치와 관련된 민간단체의 수와 각 기관별로 양성하는 라이프 코치의 수를 어림잡으면 현재 약 200여 명이 넘는 것으로 추정된다. 이 중에서 실제로 돈을 벌며 진정한 라이프 코치로 활동하는 사람은 대략 100여 명 정도라는 것이 전문가들의 이야기이다. 그러나 정신적으로 또는 육체적 웰빙에 대한 사회적 욕구가 점점 늘어가는 만큼 코칭 분야의 세분화와 인력 수요도 꾸준히 늘어날 것으로 예상된다. 실제로 워싱턴에 본부를 둔 ICF의 경우 회원이 지난 2000년 1,500명에서 현재 6,000명으로 증가하였다. 신규 회원도 매달 200명씩 늘어나 2년 사이에 3배의 증가율을 보이고 있다.

미국에서는 라이프 코치의 경력에 따라 비용이 다르지만 코칭에 드는 비용은 보통 한 달에 200~500달러 정도이다. 새내기 라이프 코치는 200~300달러, 경력자는 300~500달러 수준이다. 물론 실력이 우수한 라이프 코치의 경우는 500달러 이상도 받는다. 고객을 10명만 확보해도 매달 3,000~5,000달러를 벌 수 있기 때문에 비교적 수입이 좋은 편이다.

그러나 우리나라에서는 무료 코칭의 영향을 받아서 코칭을 받는 것에 대해 비용을 지출하는 것이 익숙하지 않은 편이다. 그래서 비용을 받고 일하는 라이프 코치는 그리 많은 편이 아니다. 우리나라에서는 시간에 따라 초보자의 경우 3~5만원, 경력자의 경우 5~10만원, 소문난 코치의 경우 10~30만원 정도를 받고 있다. 점차 사회적으로 코칭을 전문적으로 받기 위해 유료화가 필요하다는 사회적인 분위기는 고조되고 있으나 코칭의 수입은 코칭이나 조언보다는 강의를 통해 이루어지는 경우가 많다.

미국에서 라이프 코치가 본격적으로 알려진 것은 90년대이다. 지난 94년 라이프 코치를 활성화하고 전문인력 양성을 위한 ICF가 설립된 후 라이프 코치 관련 협회와 전문인력 양성기관들이 봇물을 이루었다. ICF의 보비트 리더 씨는 "95년 2개에 불과하던 라이프 코치 양성기관이 지금은 42개로 늘었다."고 말했다.

우리나라에 양성기관이 도입된 것은 불과 3~4년 전이지만 벌써 전문적으로 코치를 양성하고 있는 기관으로 한국라이프코치연합회

(http://www.seri.org/forum/topcoach), 라이프코치연구소 (http://cafe.naver.com/jdksos.cafe) 외에도 5~6개의 단체가 있으며, 코칭을 사업에 적용해 돈을 벌고 있는 업체들이 나타나기 시작하였다. 지금까지 설립한 단체들은 대부분 외국의 코치 관련 자격을 도입해 발급하고 있으나 한국라이프코치연합회는 국내에서 만든 자격을 발급하고 있다.

라이프 코치는 우리에게 무엇을 가져다 주는가?

행복 증가

라이프 코치의 코치는 인생을 살면서 행복한 생활을 하는데 방해가 되는 행동을 감소시켜 주거나 제거하도록 한다. 나아가 현재보다 더욱 만족스럽고 성공적인 삶을 누릴 수 있도록 도움을 준다. 이로 인해 코칭을 받는 사람은 현실에 잘 적응하는 자기 자신을 발견하게 되며, 자신에 대해 보다 편안한 감정을 갖도록 도움을 받음으로써 행복해진다. 결국 코티는 코칭에 의하여 본인이 어렵다고 고민했던 문제를 해결하고, 원하는 목표에 쉽게 달성할 수 있게 되어 보다 큰 행복감을 느낄 수 있다.

인생 설계

사람은 세상을 살면서 항상 선택의 기로에 놓인다. 작게는 '오늘 무엇을 먹을까?'에서부터 크게는 '대학을 갈 것인가, 말 것인가?', '어떤 직업을 선택할까?', '누구와 결혼을 할 것인가?' 등을 선택해야 한다. 이렇듯 우리의 인생은 항상 크고 작은 선택으로 이루어져 있다. 이러한 선택을 잘하면 짧게는 순간이지만 길게는 평생 만족감을 얻을 수 있다. 그러나 잘못된 선택을 하면 평생을 후회하게 된다. 이처럼 인생을 선택하는 일은 코티에게는 아주 부담스러운 일이 아닐 수 없다.

코칭은 인간의 삶에서 생길 수 있는 다양한 사례에 대해 전문적인 교육을 받은 사람에 의한 체계적인 지원활동이다. 그러므로 코티는 자기 자신보다 전문적인 능력을 갖추거나 먼저 경험한 코치를 통해 자신의 인생 설계를 부탁할 수 있다.

정신 건강

코칭의 목표는 단순히 외형적인 발전이나 목표 달성도 중요하지만 사회생활 속에서 생기는 부적응 현상의 수정이나 치료를 통해 적극적으로 정신건강을 촉진하는데 있다. 정신적으로 건강한 사람은 책임감이 있고, 독립적이며, 인격적으로 성숙한 사람이 된다. 그러므로 코칭은 정신질환의 원인이 되는 여러 가지 심리적 문제점을 제거하고 자신감을 얻도록 해 준다. 정신건강을 증진시키는 것은 사회생활에 대한 자신감을 얻어 정상적인 성장과 발달을 촉진시키는 것이다. 결국 성장과 발달은 자신의 목표에 도달하게 하는 원동력이 된다.

문제 해결

코티에게 코칭이 필요한 것은 그들에게 스스로 해결하기 어려운 문제가 있기 때문이다. 코티는 코치가 자신의 문제 해결에 코치가 도움이 될 수 있다고 믿기 때문에 코칭은 코티의 문제를 해결하는 것을 목표로 해야 한다.

그러나 모든 코티들이 자신의 문제가 무엇인지 혹은 자신이 불편해하고 괴로워하는 문제가 무엇 때문인지 명확히 알고 있는 경우는 많지 않다. 코칭이란 코티의 자발적 요구에 의해 이루어지는 것이므로, 코티가 호소하는 문제에 대한 해결은 필수이다. 만약, 코치와 코티의 문제에 대한 시각이 불일치한다면 해결해야 할 문제에 대해 합의해야한다. 효과적인 코칭이란 코티와 코치 간의 협력관계에 의해서만 가능하기 때문이다.

동기 부여

동기는 사람으로 하여금 행동을 일으키게 하는 내적인 요인을 말한다. 동기 부여는 어떤 행위에 있어 그 행위의 목표 달성을 위한 의지를 불어넣는 동기를 만들어 주는 것을 말한다. 목표를 달성하려면 어떻게 해서든 꼭 달성하겠다는 강한 의지가 필요하다. 동기 부여는 강한 의지를 부추기는 일종의 촉매제 역할을 한다. 코치는 코티에게 잠재능력을 개발하여 성공으로 이끄는 역할을 수행함으로써 코티에게 문제 해결과 성공하겠다는 동기를 부여한다.

목표 달성

코티는 저마다 자신이 세운 계획을 가지고 있을 수도 있고, 세우지 못할 수도 있다. 코치는 계획을 세운 코티에게는 목표 달성을 도와주며, 계획을 세우지 못한 코치에게는 계획을 세워주고 목표 달성을 돕는다. 계획을 세우는 것은 누구나 다 할 수 있지만 목표를 달성하는 일은 쉬운 것부터 힘든 것까지 다양하다. 코치는 어떤 목표든지 그 분야의 전문적인 코치에 의해 목표 달성을 이루게 한다.

자신감 부여

현대인들은 다른 사람에 비해 자신이 뒤떨어졌다거나 능력이 없다고 생각하는 만성적인 열등감에 휩싸이기 쉽다. 열등감에 빠진 사람은 자기 자신을 무능하고 무가치한 존재로 여기며, 무의식 속에서 자기를 부정하여 자포자기하게 만들어 아무 일도 할 수 없도록 한다.

코치는 코티의 부족한 부분이 무엇인가를 정확히 꿰뚫을 뿐만 아니라 잠재능력이나 장점도 무엇인지를 정확히 발견해 낼 수 있는 전문가들이다. 따라서 코치는 코티의 잠재능력과 장점을 발견해 그것이 외부로 발현되도록 강화하고 북돋아주는 역할을 함으로써 열등감을 버리고 자신감을 갖게 해 준다. 지금까지 자기 자신의 나약하고 자신감이 없는 모습만 생각하던 코티도 코치가 발견해 준 잠재능력이나 장점을 통해 자신감을 얻을 수 있다.

의사 결정력

원래 의사 결정은 기업소유자의 기업정책에 대한 중요한 정책을 결정할 때 사용하던 말로, 소유주가 각종 통계 자료 등에 근거해 경영 방침을 결정하는 것을 말한다. 넓은 의미의 의사 결정은 조직 관리자가 조직 목표를 달성하기 위한 총체적 과정을 말한다. 그러나 오늘날 의사 결정은 경영에서 뿐만 아니라 일반적인 생활에서도 사용하고 있다.

의사 결정력은 일상생활에서 코티가 선택 가능한 대안 가운데 가장 바람직한 행동 경로를 선택하는 능력을 말한다. 코치는 코티가 행하는 의사 결정 과정에 개입해 올바른 결정을 할 수 있도록 정보를 제공하고 도와주는 역할을 한다.

코칭, 카운슬링, 멘토링, 컨설팅의 차이

리더십(leadership)과의 차이

리더십이란 말이 21세기의 화두가 된 지는 오래다. 리더십이란 원래 우리말로 지도력, 통솔력, 지휘력 등으로 풀이해 사용되고 있다. 일반적으로 리더십은 한 개인이 다른 구성원에게 이미 설정된 목표를 향해 정진하도록 영향력을 행사하는 과정으로 정의하고 있다. 좀더 자세히 보면, 리더십은 리더로서 조직의 목표를 달성하기 위해 성공에 대한 적극적인 강화(positive reinforcement), 목표 설정(goal setting), 조직 관리(managing group relation) 등에 관한 실제적이고 효과적인 활동을 말한다.

즉, 리더란 목표를 제시하고 목표에 대해 구체적으로 설명함으로써 왜 그 목표를 달성해야 하는가를 의사 소통을 통해 설득하고 납득시키며, 리더 자신이 그 목표 달성을 위해 솔선수범하여 열심히 일하는 것을 의미한다. 따라서 리더십은 조직의 목표를 달성하기 위한 지도자로서의 역할이기도 하고 솔선수범하는 리더로서 자신을 발전시키기 위한 행동 목표라고도 할 수 있다. 다른 사람들이나 조직을 효과적으로 리드하기 위해서는 자신을 먼저 리드할 줄 알아야 하는데 이러한 의미에서 요즈음은 셀프 리더십을 중요시하고 있다.

카운슬링(counseling)과의 차이

상담이란 도움을 필요로 하는 사람과 도움을 줄 수 있는 사람 사이에서 대화를 통해 문제 해결이나 학습이 이루어지는 과정으로 내담자는 고민이나 문제를 가진 사람이고, 코치는 전문적으로 훈련을 받은 사람을 말한다. 즉 상담은 내담자와 코치가 대화를 통해 일상생활에서 생겨나는 고민이나 과제의 해결을 도모하는 과정이며, 또 과거나 현재의 행동, 생각 및 감정 조절을 변화시켜서 상호간의 인간적 성장을 촉진하기 위한 학습 과정이라고 할 수 있다.

일반적으로 집단 상담이나 가족 상담을 제외하고 상담은 1:1의 관계에서 이루어지며, 또 전화 상담을 제외하고는 얼굴을 마주보고 이루어진다. 그래서 내담자와 상담자 그리고 대면 관계를 상담의 3요소라고 한다.

그러나 여기서는 상담자가 개별적인 만남에 의해 1:1의 관계에서 상담을 할 수도 있지만 상담을 통해 내담자가 가진 문제나 고민을 해결해 준다면 그것도 훌륭한 상담이라고 할 수 있다.

멘토링(Mentoring)과의 차이

멘토라는 말의 기원은 그리스 신화에서 비롯된다. 고대 그리스의 이타이카 왕국의 왕인 오디세우스가 트로이 전쟁을 떠나며, 자신의 아들인 텔레마코스를 친구인 멘토에게 맡기게 된다. 멘토는 오디세우스가 전쟁에서 돌아오기까지 텔레마코스에게 친구이자 선생님, 코치이자 아버지가 되어 그를 돌봐주었다. 그 후로 멘토라는 그의 이름은 지혜와 신뢰로 한 사람의 인생을 이끌어 주는 지도자라는 의미로 사용되었다. 따라서 멘토는 상대방보다 경험이나 경륜이 많은 사람으로서 상대방의 잠재력을 볼 줄 알아, 그가 자신의 분야에서 꿈과 비전을 이루도록 도움을 주는 사람을 말한다. 예를 들면, 교사, 인생의 안내자, 본을 보이는 사람, 후원자, 장려자, 비밀까지 털어 놓을 수 있는 사람, 스승 등을 들 수 있다.

멘토링은 원래 기업에서 활발히 사용되고 있다가 민간에도 널리 보급되었다. 한 마디로 말해서 현장 훈련을 통한 인재 육성 활동으로 정의할 수 있다. 즉, 회사나 업무에 대한 풍부한 경험과 전문 지식을 갖고 있는 사람이 1:1로 전담하여 구성원(멘티 : Mentee)을 지도하고 조언하면서 실력과 잠재력을 개발·성장시키는 활동이라고 할 수 있다.

최근에 많은 기업들이 도입하고 있는 후견인 제도가 바로 멘토링의 전형적인 사례이다. 이 제도 역시 신입 사원들의 업무에 대한 신속한 적응을 유도하고 성장 잠재력을 개발시킨다는 면에서 볼 때, 그 기본 사상은 인재 육성에 있다고 할 수 있다. 이는 코칭의 형태와 매우 유사하나 멘토링은 멘토(mentor)와 멘터(mentee)의 관계에서 수직적이며, 상호간의 인격적 개입이 코칭보다 더 깊이 일어난다고 하는 점이 다르다.

컨설팅(Consulting)과의 차이

컨설턴트(consultant)는 원래 기업의 창설·경영·관리 등에 관해 조언·진단·상담하는 전문가를 말한다. 컨설팅은 전문 지식을 가진 사람이 전문지식을 필요로 하는 사람들에게 상담·자문을 해 주는 일이다. 전문지식을 필요로 하는 사람들에게 문제나 현실을 진단하고 해결책을 제시해 준다.

구 분	공통점	차이점
리더십	-성공에 대한 적극적인 강화, 목표 설정, 조직 관리에 대한 실제적이고 효과적인 활동	-리더십은 자신과 조직의 성공을 유도 하나, 코칭은 타인의 성공을 유도 -리더십은 리더의 노력여하에 따라 성공하나, 코칭은 코치와 코칭이 함께 노력해야 성공
카운슬링	-대화를 통하여 문제 해결이나 학습이 이루어짐 -상호간의 인간적 성장을 촉진하기 위한 학습 과정	-카운슬링은 들어주면서 치유하는 수동적 자세이나, 코칭은 방향을 제시하는 적극적 자세 -과거에 중심을 두고 치유하나, 코칭은 미래에 관심을 두고 진단
멘토링	-상대방의 장점을 발견하여 북돋아 줌	-멘토링은 생활 전반에 걸쳐서 이루어지나, 코칭은 직업적·개인적 성과 향상에 중점 -멘토링은 사안별로 단기적으로 이루어지나, 코칭은 지속적인 파트너십을 형성 -멘토링은 아무나 할 수 있으나, 코칭은 전문적으로 훈련받은 사람들에 의한 개개인의 특성에 맞는 코칭 제공 -멘토링은 수직적 관계이나, 코칭은 수평적 관계
컨설팅	-전문적으로 훈련받은 전문가에게 이루어짐 -자문을 구하는 모든 것에 통용	-컨설팅은 성공 여부에 대하여 책임을 지지 않으나, 코칭은 성공 여부에 따라 책임을 짐

코치는 누구인가?

코칭은 인간 삶의 조건에서 인간과 인간의 긴밀한 만남이고, 코치의 지혜가 암묵적으로 존재하는 조력적 관계이다. 지적으로 단순하고도 기계적인 상호작용이나 막연한 담화의 장이 아니라 코치의 인격적이고도 전문적인 자질이 전제된 내면화를 추구하는 관계가 이루어져야 한다. 이를 위해서는 코치가 전문적이고도 인간적인 자질을 겸비해야 한다.

우선 전문직으로서 고도의 지식과 기술이 요구되고 코치 자신의 개인적 코칭 이론을 개발해야 한다. 코칭을 위한 제반 코칭 이론과 임상 경험으로 코티의 현실을 폭넓게 이해해야 하고, 코치 자신이 처한 시대적 배경, 즉 문화적, 사회적 경향과 지배적인 철학적 사상들에 관한 정확한 이해가 필요하다. 코티 개인뿐만 아니라 코티가 속한 사회와 문화 등 제반 여건을 이해하여 코칭의 제 양상을 이해할 수 있을 때 코티의 다양한 문제에 대한 해결과 성장을 도울 수 있다. 마지막으로 전문가로서 끊임없는 자기 연구 자세가 있어야 한다. 코티와 사회의 변화에 적합한 이론과 제 양상을 철저히 연구해 실제 코칭에 적용할 수 있는 연구자로서의 자질을 갖추어야 하는 것이다.

다음으로 코치는 인간적 자질을 함양해야 한다. 먼저, 코치는 인간에 대한 선의와 관심으로 코티를 존중하고 신뢰해야 한다. 그때 코칭 관계가 형성되고 코티의 문제 해결과 성장이 담보될 수 있는 수용적 분위기가 형성될 수 있다. 그리고 코치는 자신에 대한 각성을 통해 개방적인 태도를 지녀야 한다. 자기 자신을 이해하지 않고 남을 이해하는 코칭 관계를 형성할 수 없기 때문에 자신의 장단점을 잘 지각하고 코티를 수용할 수 있도록 해야 한다. 또한 끈기와 유머 감각을 지녀야 한다. 코칭의 목적과 그 달성을 위한 연속적인 난관을 극복할 수 있는 끈기와 긴장되고 수축된 분위기를 이완시킬 수 있는 낙관적이고 효율적인 유머 감각이 필요하다.

마지막으로 코치는 창조적(創造的) 자질(자세)을 갖추어야 한다. 습관화된 기술이나 프로그램화된 자신을 코티에게 내놓기보다 끊임없이 새롭고 효과적인 방법을 고안하기 위하여 기존의 방법에 의문을 제기하고, 가능한 한 새로운 경험에 개방적이 되도록 힘써야 할 것이다.

코칭은 인간적인 만남의 가장 체계적인 장면이다. 그러나 코티와의 형식적이고 기계적인 만남이 되는 경우 코치와 코티 모두 성장과 발달을 지속하기는 어렵다.

그러므로 코치는 인간과 제반 지적 기반에 애착을 가지고 내면화하여 자연스럽고 진실한 코칭이 가능하도록 해야 한다. 이것이 바로 '사랑의 기술'로 통합되어 자기와 코티 및 사회를 성장으로 이끄는 지름길임을 명심해야 한다.

코칭 과정은 어떻게 이루어지는가?

코치와 코티의 만남과 관계 확립

코티는 대부분 성장 과정이나 발전하는 부분에서 어려움을 만나고 일부만이 자신의 노력에 의해 문제를 해결하고 목표를 달성한다. 그러나 대부분의 코티는 자신의 문제 해결과 목표를 달성하지 못한다. 결국 코칭의 대상은 자신의 문제 해결과 목표를 달성하지 못하는 코티를 대상으로 한다.

코칭이 이루어지기 위해서는 스스로 자신의 문제 해결과 목표를 달성하지 못하는 코티와의 만남이 이루어져야 한다. 코칭의 제안에 의해서 이루어지기도 하지만 코티의 필요에 의해 이루어지는 것이 보편적이다. 코치와 코티의 만남이 이루어지면 코치와 코티의 역할 관계를 정립하고 코치는 전문적인 촉진자로서의 역할을 수행하고 코티는 코칭을 받을 자세로 전환해야 한다.

신뢰감 형성

코치는 코티와의 만남이 이루어지면 신뢰의 관계를 만들어 나가야 하는데 이러한 믿음 쌓기는 코치가 코티들을 만나는데 기초가 된다고 할 수 있다. 코치와 코티들 간에 믿음이 형성되어 있지 않다면 여기서 말하는 코칭은 아무런 효과를 거둘 수 없다.

코티들은 나에 대해 어떻게 느끼는지, 내가 어떤 생각과 어떤 행동을 하더라도 있는 그대로 받아들일 수 있는지, 또 나를 항상 순수하게 대할 수 있는지, 자기 문제를 해결해 나갈 능력이 있는지 등을 예의 주시해서 코티들과 신뢰감을 형성해 나가야 코티들이 마음의 문을 열고 다가온다.

신뢰가 있는 관계 형성에 필요한 코치의 바람직한 태도 및 행동 특징은 공감적 이해, 수용적 존중, 일관적 성실성, 전문적 구체성으로 집약된다. 이러한 코치의 행동 특성이 코티에게 느껴지고 전달될 때 코티가 편안하게 자기를 탐색할 수 있고, 코치와 효과적으로 상호작용 및 정신적인 교류를 할 수 있다.

문제 파악

처음 만난 사람들끼리 처음 하는 이야기는 서로 공감대를 형성하는 것이다. 그래서 우리나라 사람들은 학벌과 지연에 대한 연결고리를 찾으려 한다. 따라서 코티의 신상에 대한 이야기를 통해 자연스럽게 말문을 열게 하고 코티의 고민이 무엇인지 들어보는 것이 좋다. 코치가 이 단계에서 잘 듣지 않으면, 코티가 말하는 사실을 왜곡하여 코칭할 가능성이 생길 수 있다.

이 단계에서 코치는 코티의 감정 표현을 촉진시키고 제시된 문제를 구체적으로 정의할 수 있게 되고, 아울러 그 문제에 엉킨 코티의 감정 및 생각을 탐색하고 정리할 수 있게 된다.

그러나 문제가 무엇인지 파악하는 것은 그리 쉽지 않다. 코티는 자신의 이야기를 하면서도 자신의 문제가 무엇인지 파악하지 못한다. 따라서 코치는 코티의 대화 속에서 문제가 무엇인지, 그가 속한 신체적 · 물리적 환경은 어떠한지, 코티의 심리적 · 지적 · 기능적 발달 수준, 대인관계 수준, 가족 및 기타 환경, 코티의 코칭에 대한 기대와 동기를 정확히 알아야 명쾌한 코칭이 이루어질 수 있다.

코티의 잠재능력 발견 및 촉진

코티의 잠재능력 발견 및 촉진은 성공적인 코칭을 하는데 가장 중요하다. 코치는 전문성을 가지고 코티의 장단점을 충분히 분석하고, 그들이 내면에 가지고 있는 잠재능력을 정확히 발견하는 것이 중요하다.

잠재능력을 발견하는 것은 많은 인간관계를 가진 코치일수록 쉽게 발견할 수 있으며, 발견한 코티의 잠재능력을 촉진시키는 것은 더욱 전문성을 요한다. 통산 코치는 코티의 잠재능력에 최대한 관심을 기울여야 하고 수시로 부각시켜 코티 스스로 성장과 발전을 촉진하도록 해야 한다.

세부적인 계획 수립

코칭이 성공적으로 이루어지게 하기 위해서는 일반적인 코칭 목표와 세부적인 코칭 목표를 세워야 한다. 일반적인 목표는 코치가 코티의 삶을 더 효율적이고 만족스럽게 살도록 하는 것이나, 세부적인 목표는 코티의 상황을 정확히 분석해 전략적으로 문제를 해결하거나 목표를 달성하도록 촉진하는 구체적인 계획을 말한다.

따라서 코칭은 처음에는 일반적인 목표에서 시작하나 차차 세부적인 목표로의 이동을 통해 코티는 세부적인 변화를 이루게 된다.

상호작용과 의사결정 과정

코칭은 코치와 코티 간의 상호작용에 의해 이루어진다. 코티의 자신에 대한 솔직한 표현을 통해 코치는 잠재능력과 장점을 발견하고 이를 촉진하기 위해 부단히 코티와 상호작용을 하게 된다. 코티가 세운 세부적인 목표를 적용하면서 코티와 맞는지, 맞지 않는지를 체크하여 세부적인 목표를 수정해 나가면 성공적인 코칭을 이룰 수 있다.

충분한 상호작용을 통해 코티에게 중요한 사안에 대한 의사 결정을 하게 만들고, 이것은 코티에게 목표를 달성하기 위해 자신이 해야 할 일을 스스로 선택하거나 여러 행동 중 하나를 선택하게 하는 것을 말한다. 코티는 의사결정 과정에서 개인적인 희생, 시간, 에너지, 돈, 위험 등과 같은 기준을 바탕으로 결과를 평가하는 가치의 범주를 배우게 된다.

코치는 코티 개인이 정보를 얻도록 돕고 개인적 성격과 의사 결정에 방해되거나 관련된 감정을 명확히 판단하도록 돕는다. 이것은 또한 개인이 그들의 능력, 관심, 기회뿐만 아니라 그들의 기회와 결정에 영향을 미칠 감정과 태도의 이해를 획득하는데 도움을 준다.

행동변화 촉진

코칭의 목표는 코티가 사회적 규범 안에서 더 효율적이고 만족스럽게 살도록 행동변화를 유도하는 것이다. 따라서 코치는 코티의 행동변화를 촉진하기 위하여 코티의 잠재능력의 위대함을 계속 일깨워 주며, 서서히 변화하는 모습을 확인시켜 줌으로써 코티에게 자신감을 심어 주어야 한다. 이러한 자신감은 강한 동기를 부여해 원하는 목표를 달성하도록 도와준다.

코칭의 종결

코티가 느끼는 문제가 해결되어 코티가 코칭을 마쳐도 무리가 없을 단계에서 코칭을 끝낸다. 너무 일찍 코칭을 정리할 경우 코티가 불안을 느끼며, 반대로 종결을 적절히 하지 못한 경우는 코치나 코티 모두 지루함을 느끼므로 종결을 잘해야 한다.

종결은 코치의 판단에 의한 종결과 코티의 제안에 의한 종결할 수 있으나 갑작스럽게 종결될 수도 있다.

그래서 적당한 시기에 종결을 해야 하지만 그렇게 쉬운 일은 아니다. 종결하기 전에 코티가 같은 상황에 부딪칠 경우 대응 방법을 연습하는 것도 반드시 거쳐야 할 과정이다.

또 코티의 문제가 코치로서는 이미 해결할 수 없을 경우나 다른 감정적인 문제로 코칭을 지속할 수 없는 경우, 다른 코치에게 의뢰하거나 전문인에게 의뢰해 코칭을 정리하는 것도 한 방법이 된다.

코치의 역할은 무엇인가?

코칭을 잘하기 위해서는 코치의 자세가 바로 되어야 하는데 기본 자세가 제대로 형성되지 않은 상태에서 코칭을 하게 되면 코티들이 마음의 문을 열지 않을 수도 있고, 코칭하는 과정에 불신을 갖게 되어 실패하는 코칭이 되기 쉽기 때문이다.

코티와 코치는 동등한 관계이다

인격 대 인격의 만남을 의미한다. 코치는 지시, 명령, 전달에 익숙해져 있는 권위적인 모습을 버려야만 코티가 마음의 문을 열고 대화하기를 원하고, 그래야만 코티는 코치를 자신의 문제를 해결할 수 있는 능력 있는 존재로 존중하게 된다.

코치는 해결사가 아니다

코치들은 일반적으로 코티와 코칭을 하면서 가질 수 있는 '내가 가지고 있는 정보나 지식을 빨리, 보다 많이, 코티를 위해 사용해야지' 하는 성급한 마음을 버려야 한다. 자칫 이러한 움직임은 코티들에게 부담으로 작용해 마음의 문을 닫게 하기 때문이다.

코칭은 상호 인격적으로 동등한 위치에서, 코티가 가지고 있는 문제를 명백하게 밝혀 주며 서로 도와 해결의 실마리를 찾아가는 과정이다.

인내심이 요구된다

코칭 활동은 보람되고 즐거울 수도 있으나, 때로는 힘들고 고달프다. 코티는 지금 고민에 빠져 있기 때문에 객관성을 잃는 경우가 많아서 어떤 코티는 한 얘기를 자꾸 반복하기도 하고, 귀 기울여 듣고 있어도 무슨 얘기인지 종잡기가 어렵게 횡성수설하는 경우가 많다.

이런 코티를 만나 코칭을 한다는 것은 코치의 인내심 훈련 과정이라고 해도 과언이 아니기에 코치는 사고의 불명료성, 모호함, 감정의 혼란에 대해 수용적인 인내를 보일 수 있어야 한다.

감수성, 반응성 훈련이 필요하다

코치는 다양한 속성을 가지고 있는 개인을 만나 코칭하는 사람이다. 코티를 선택할 수도 없고 내가 해결할 수 있는 문제 유형의 코티만을 기대하기도 어렵다. 그래서 코티의 감정이나 신념, 가치관 등을 빨리 정확하게 파악해 느낀 점을 코티에게 전달할 수 있도록 훈련할 필요가 있다. 그러기 위해서는 둔한 감수성은 촉진시키고 너무 예민해서 오히려 코치를 소진시키는 감수성은 둔화시킬 필요가 있다.

코칭은 지식에 호소하는 것이기도 하지만 정서적 문제를 취급하는 것이기도 하므로 코치의 감수성은 충분히 코티를 앞서 갈 수 있을 정도로 훈련할 필요가 있다.

코티가 호소하는 내용은 표면적인 것일 경우가 있다

코티의 첫 마디는 대개 단정적으로 시작되지만 이것은 극히 일반적이고 표면적이기 쉽다. 사실 어떤 코티는 자신의 문제가 무엇인지도 모르는 경우가 허다하다. 그러므로 코치는 코칭 기술을 이용해 실질적인 문제를 파악해 나가야만 한다.

즉 공부가 안 된다는 코티와 상담을 하다 보면 학습에 문제가 있기보다는 가족의 갈등에 문제가 있는 경우가 많다. 또 친구 문제를 코칭하다 보면 열등감 때문에 코칭하게 되는 경우가 있다. 따라서 코치는 표면적 고통과 실질적인 고통을 분리해 듣는 습관을 가져야 한다.

코티는 동조 받기를 원한다

코칭을 희망하는 코티들은 대부분 자신을 이해해 주거나 마음을 이해하는 사람이 없어 외로워한다. 그들과 코칭하면서 교훈적인 이야기나 코티를 평가하는 얘기를 할 경우 코티는 '이 사람은 역시 내 편이 아니구나' 하는 절망감에서 코칭을 포기하는 경우가 대부분이다. 그리고 어떤 경우는 코칭의 얘기를 듣고는 있어도 듣기 좋은 얘기만 골라 듣는 경향이 있는데 이런 코티에게 어떤 지시나 평가는 그야말로 코치만 만족하는 코칭이 될 수도 있다.

비밀을 보장해 주어야 한다

코치는 코티와의 코칭 내용을 철저히 비밀로 보장해 주어야 한다. 코칭할 경우에도 조용한 자리에서 은밀히 진행하고, 끝난 후에도 비밀은 지켜 주어야 한다. 어떤 경우에는 부모나 친구에게도 이 원칙은 지켜져야 한다.

효율적인 코칭을 위한 기본 조건

공감적 이해

공감적 이해란 자신이 직접 경험하지 않고도 다른 사람의 감정을 거의 같은 내용과 수준으로 이해하는 것으로, 구체적으로 '공감적' 이라는 것은 상대가 말하는 내용처럼 관찰될 수 있는 것으로부터 그의 감정, 태도 및 신념처럼 쉽게 관찰될 수 없는 것까지 정확하게 의미를 포착하는 것을 말한다.

상대를 공감적으로 이해하고 있음이 전달되면 상대는 자신이 이해받고 있다는 느낌을 갖게 되며, 상대를 보다 신뢰하게 되어 자신을 깊이 드러내 보이게 된다. 이를 위해서는 내용을 잘 듣고 있을 뿐만 아니라 심층적 느낌까지 이해하려고 노력한다는 사실을 상대에게 보여주려고 노력해야 한다. 상대를 잘 이해할 수 있고, 이해함을 전달할 수 있는 수단이 말과 행동이기 때문이다.

수용적 존중

코치가 누군가를 도우려 할 때, 자신의 문제를 스스로 해결할 수 있는 그의 능력을 믿지 못한다면 그를 도울 수 없다. 코치는 상대의 독특한 개성과 자질을 이해함에 따라 그를 존중하는 마음이 생기며, 상대에게 효과적으로 관심을 기울이는 행동과 상대의 능력에 대한 믿음 등을 통해, 상대에 대한 존중을 나타낼 수 있다. 그리고 상대방이 스스로 할 수 있을 때 그를 위해서 무엇인가를 지원해 주기보다는 오히려 그런 상대의 노력을 격려해 줌으로써 상대에 대한 존중을 보여줄 수 있게 된다.

상대와 의견 차이가 생길 경우, 거부나 이의가 상대방에 대한 수용이 아니라는 생각에 무조건 받아들이는 것은 좋지 않으며, 반대 의견의 표현과 상대에 대한 인격적 거부가 서로 다르다는 점을 상대에게 깨닫게 하는 것은 그 자체가 상대방의 성장을 촉진하는 것이다. 이때 미소와 침착하면서도 부드러운 목소리 등의 비언어적인 수단을 통해 온정이나 배려가 전달되지만 무엇보다도 상대방을 한 인격체로 대한다는 기본 자세가 중요하다.

일관적 성실성

일관적 성실성을 솔직성으로 표현하기도 하는데, 이것은 상대에게 개방적이고 정직하고 신뢰할 수 있는 사람임을 의미하는 것이지만 자신의 감정을 모두 표현할 것을 요구하는 것은 아니다. 다만 표현하는 것이 진실되고 일관성이 있기를 요구하며, 진실성은 적어도 거짓말을 하지 않고, 꾸미지 않으며, 이랬다저랬다 하지 않는 것을 말한다.

그러나 솔직하고 일관적이 되려면 많은 노력이 필요하며, 이러한 노력이 꾸며진 솔직성을 만들 수도 있다는 점을 주의해야 한다. 일관적 성실성을 위해서는 우선 자신의 감정, 태도, 가치관에 대한 이해가 선행되어야 한다.

우리는 일상생활에서 남을 배려한다는 마음에서, 부정적인 반응을 초래하리라고 예측되는 감정 표현을 자제하거나 회피하거나 심지어는 거짓말을 하는 경우가 많다. 그러나 이러한 비솔직성이 솔직히 말해주는 것보다 더 나쁜 부정적 결과를 가져온다는 것은 명심해야 한다.

코칭을 효율적으로 하기 위한 기술

코칭은 전문성을 요구한다. 아무 준비 없이 코칭을 맞게 되면 코티의 마음을 닫게 하거나 코칭 자체를 기피하게 만들 수 있다. 따라서 코티가 자신의 마음을 열고 자신의 문제를 쉽게 표현할 수 있는 다음과 같은 코칭 기술이 필요하다.

경청

코티의 말을 잘 듣는 것은 코칭 면접의 가장 기본이다. 경청을 잘하기 위해서는 첫째, 코티의 비언어적 반응에 대해 민감하게 지각할 수 있어야 한다. 둘째, 코치도 언어적 반응(그래요, 그랬군요, 아, 으흠, 응, 참)과 비언어적 반응(위치, 자세, 움직임, 눈 접촉, 표정, 팔다리, 신체 접촉, 목소리, 활력 수준 등)에서 관심을 기울이고 있음을 나타내야 한다.

'누군가 나의 고민을 들어준다는 사실만으로도 코티는 힘을 얻는다', '이야기 하고 나니 속이 풀리는 것 같다'는 코티의 이야기를 종종 듣게 된다. 남의 얘기를 아무 판단 없이 들어 준다는 것은 분명 기술이다. 비교적 합리적이고 도덕적으로 올바르게 살아왔다고 자부하는 코치들에게 경청은 특히 어려운 일이다. 자기의 삶의 틀을 버리고, 도덕적인 판단을 유보하고, 잠잠히 코티의 이야기에 귀 기울여야 한다.

부연(paraphrasing)

자신에게 전달된 메시지를 확인하기 위해 상대편의 말을 자기가 이해한 말로 바꾸어 다시 물어보는 것으로 코티가 말하고 있는 바를 코치 자신이 제대로 이해했는지 확인하는 과정이다. 이것은 코티의 입장을 이해하려는 코치의 노력을 알게 하는 역할을 하며 코티의 생각을 구체화·명료화시키는 역할을 한다.

▶ 코티 : "강의를 듣기 싫은데요."
코치 : "강의를 듣기 싫다고 했는데 왜 강의가 듣기 싫은지요?"

반영

코티가 코치를 신뢰하고 친밀감을 느끼고 일치감을 형성하는 과정에서 자신의 두려움이나 상처, 분노와 고통을 마음 놓고 터놓을 수 있는 분위기 형성이 필요하다. 반영을 잘하면, 코티는 안개 속에 갇혀 있는 기분을 걷어 내고 자신의 혼미한 상황을 정리해 줄 수 있는 코치를 만났다고 믿기 시작한다.

반영은 상대방의 말, 생각, 느낌, 행동 등을 거울처럼 비추어서 코티가 말한 것을 되돌려 주는 기술을 말한다. 대화하고 있는 내용을 코치가 얼마나 잘 느끼고 이해하고 있는지, 그리고 얼마나 세심하게 경청하고 있는지를 코티에게 고스란히 전달하는 일이다.

코티가 '맞아요, 지금 제 기분이 바로 그래요' 라고 말할 때 반영이 잘 되었다고 볼 수 있다. 올바른 반영은 코티가 이야기하는 정보나 생각을 올바르게 해독해 다시 이것을 코티에게 되돌려 주어 확인하고 수정하면서, 코티의 고민 속으로 들어가는 문을 여는 기술이라고 할 수 있다.

▶ 코티 : "가슴 속에 있는 감정을 다 말할 수가 없군요."
코치 : "가슴 속에 있는 것을 다 말하면 무엇인가 안 좋은 일이 발생할지도 모른다는 생각이 드는가 보군요."

공감

코티들은 심리적으로 극도로 약해 있으며, 때로는 자신에 대해 불확실한 느낌을 갖고 있다. 그러기 때문에 자신의 얘기를 들어줄 수 있는 사람을 찾고 있다. 따라서 코치가 코티와 대화를 나누는 동안, 코티와는 다르지만 코티의 입장이 되어 코티의 방식대로 그의 세계를 수용해 지각하고 그 생각과 느낌을 표현해 주어야 하는데 이것이 바로 공감이다.

공감은 코티에게 자신의 말이 주의 깊게 경청되고 있음을 전달하는 방법이며 이를 통해 코티의 방어심리가 축소되어 개방적인 표현이 보다 촉진된다. 공감을 느끼기 시작하면 코티는 부정적인 생각이나 감정도 수용된다는 생각을 하게 되어 자신의 부정적인 감정도 표현할 수 있게 되고 자신을 더 많이 노출함으로써 의사소통과 관계가 더욱 친밀해 진다.

> ▷ 코티 : "능력 있는 내가 이런 직장에만 처박혀 있으려니 정말 미치겠네. 에이 신경질 나."
>
> 코치 : "불러 주는 곳은 없고 지금 직장에 있자니 답답하고 그렇다고 막상 나가자니 불안하겠군요. 정말 짜증이 난 모양이군요."

직면

직면은 코티가 생각, 느낌, 행동이 말하는 것과 다를 때, 말하는 것이 행동하는 것과 다를 때, 그리고 코티의 생각과 타인의 생각이 다를 때 사용할 수 있다.

즉, 직면은 코티가 못보고 지나쳐서 코티를 문제 상황에 그대로 있게 하는 불일치를 검토해 보도록 인도하는 기술이다. 직면 기법은 코티와 코치의 신뢰 관계가 충분하다고 생각되어질 때까지는 가급적 사용하지 않는다. 또한 코티가 직면을 받아들일 마음의 준비가 되어 있지 않을 때 직면을 사용하면 지금까지 쌓아온 신뢰 관계가 깨어지기도 한다.

명료화

코티의 말 속에 내포되어 있는 것을 코티에게 명확하게 해 주는 것을 뜻한다. 명료화는 '당신이 하신 말씀은~이란 말씀이죠'를 의미한다.

열린 질문하기

'시험 끝나니까 기분이 홀가분하지?' 라고 물으면 코티가 말해야 할 답은 '예'나 '아니요'로 한정되는데 비해 '시험이 끝났는데 기분이 어떠니?' 이것은 코티가 가지고 있는 정보를 얻어내는데 도움을 줄 뿐만 아니라, 코티 스스로 자신의 내면 세계를 정확하고 구체적으로 알아 나가는데 도움을 준다.

요약하기

코티를 준비시키고, 흩어져 있는 생각과 느낌을 한 곳으로 모아 특정 주제를 마감하고 다른 주제로 넘어갈 때, 특정 주제를 더 탐색하기 위해 필요하다. 산만하게 이야기한 것을 체계적으로 묶어 전해 줌으로써 새로운 조망과 대안적 틀을 줄 수 있다.

자기 공개

코치 자신의 생각, 느낌, 가치, 태도 및 여러 가지 정보를 보여줌으로써 코티가 자신의 문제를 잘 그리고 구체적으로 표현할 수 있게 하는 기술이다. 코치가 마음을 터놓으면 코티는 코치를 인간적이라고 느끼면서 자신을 받아 줄 수 있는 사람으로 느끼게 된다. 코티는 자신이 다른 사람과 다르지 않고 코치 역시 실수도 하고 어려움도 겪고 있다는 사실을 알게 하는 기술이다.

적극적 칭찬

코티의 말, 행동, 태도, 비 음성 메시지 등을 토대로 거기에서 긍정적인 면을 발견하여 그 점을 부각시키는 기술을 말한다. 자신의 성격과 행동에 대해 불만이 많은 코티의 경우, 코치는 "당신은 자신에 대해 매우 잘 알고 있군요."라고 얘기해 준다. 코티는 코치의 이와 같은 반응을 통해 부정적으로 자신을 보던 눈을 긍정적으로 변화시켜 나갈 수 있게 된다.

－노희선

성공한 직업인들이
들려주는 15가지 지혜

2006년 8월 25일 인쇄
2006년 8월 30일 발행

저 자 : 신택현 외 14인
펴낸이 : 남상호

펴낸곳 : 도서출판 **예신**
140-896 서울시 용산구 효창동 5-104
대표전화 : 704-4233, 팩스 : 715-3536
등록번호 : 제03-01365호 (2002. 4. 18)
http://www.yesin.co.kr

값 **10,000원**

ISBN : 89-5649-044-9